Markus Väth
Feierabend hab ich, wenn ich tot bin

MARKUS VÄTH

Feierabend hab ich, wenn ich tot bin

Warum wir im Burnout versinken

Bibliografische Information der Deutschen Nationalbibliothek

Die Deutsche Nationalbibliothek verzeichnet diese Publikation
in der Deutschen Nationalbibliografie; detaillierte bibliografische
Daten sind im Internet über http://dnb.d-nb.de abrufbar.

ISBN 978-3-86936-231-1

Lektorat: Dr. Sandra Krebs, GABAL Verlag GmbH
Umschlaggestaltung: Martin Zech Design, Bremen | www.martinzech.de
Umschlagfoto: © c/fotolia.com
Satz und Layout: Das Herstellungsbüro, Hamburg | www.buch-herstellungsbuero.de
Druck und Bindung: Salzland Druck, Staßfurt

www.gabal-verlag.de
www.twitter.com/gabalbuecher
www.facebook.com/Gabalbuecher

Inhalt

»I heat up, I can't cool down
You got me spinnin' 'round and 'round
'Round and 'round and 'round it goes
Where it stops – nobody knows«
Steve Miller Band, »Abracadabra«

Vorwort

Das Telefon klingelt. Am anderen Ende eine Stimme, zögernd: »Sie sind mir empfohlen worden. Ich glaube, ich habe Burnout. Ich pack's nicht mehr. Können wir einen Termin vereinbaren?«

So oder ähnlich beginnt meist die Kontaktaufnahme mit mir als Psychologe und Coach. Auf meiner braunen Ledercouch – ein bisschen Klischee muss sein – sitzen sie dann: Geschäftsführer, Consultants, Abteilungsleiter, Spezialisten. Aber auch »ganz normale« Arbeitnehmer, Programmierer, Sachbearbeiter, Lehrer, Mitarbeiter gemeinnütziger Organisationen. Sie alle eint die selbst gestellte Diagnose *Burnout*. Man hat gelesen, gegoogelt, und der Nachbar habe das Problem ja auch.

Bei manchen stimmt die Selbsteinschätzung sogar: Sie haben sich aufgrund von persönlichen Umständen, Erfahrungen und Denkmustern tatsächlich in einen Burnout verstrickt. Löst man die individuellen Probleme, bessert sich bei diesen Menschen auch die Burnout-Symptomatik.

Immer häufiger muss ich nach eingehender Betrachtung des Falles und der Persönlichkeit des Klienten jedoch sagen: »Nicht Sie haben ein Problem. Ihre Firma hat eins!« Wie bei einer Kette, deren schwächstes Glied reißt, kann man das Glied – in diesem Fall den Mitarbeiter – reparieren oder austauschen. Das ist der Status quo in der heutigen Burnout-Behandlung. Oder man sorgt dafür, dass weniger Gewicht an der Kette zieht. Das wäre die intelligentere und langfristigere Lösung.

> **Nicht Sie haben ein Problem.**
> **Ihre Firma hat eins!**

Mittlerweile versuche ich, diesen *strukturellen Burnout* gemeinsam mit den Firmen an der Wurzel zu packen. Das kann funktionieren, wenn der unter Burnout Leidende zum Management gehört und gewillt ist, entsprechende Veränderungen im Unternehmen herbeizuführen. Bei »normalen« Angestellten stößt man naturgemäß schnell an Grenzen. Der Betroffene hat in der Regel keine Gestaltungsmacht in seiner Firma. Er kann keine Geschäftsprozesse verändern, keinen Wertewandel initiieren, keine Informations- und Trainingsmaßnahmen einleiten.

In solchen Situationen verarzte ich den Klienten so gut wie möglich. Trotzdem bleibt dies letztlich Symptombekämpfung. Es ist wie in den sozialpsychiatrischen Tagesstätten: Die Berater können sich ein Bein ausreißen; abends gehen die Kids wieder nach Hause zu ihren Drogenfreunden und ihrer kaputten Familie und nichts ändert sich. Ein für alle Beteiligten frustrierendes, ressourcenfressendes und unproduktives Phänomen. Daher wird es Zeit, mithilfe einer öffentlichen Debatte den individuellen vom strukturellen Burnout zu trennen und beide wirksam anzugehen.

Burnout ist ein Massenphänomen – und ein Massenmarkt. Ärzte registrieren landauf, landab eine Zunahme von psychischen Störungen, Depressionen und Burnout. Die Umfrage eines großen deutschen Karriereportals ergab, dass sich über 50 Prozent aller Fach- und Führungskräfte in Deutschland permanent überfordert fühlen. In der Presse werden Ursachen und Therapien

Burnout ist ein Massenphänomen – und ein Massenmarkt.

diskutiert. Eine ganze Industrie aus spezialisierten Ärzten, Therapeuten, Coachs und Programmen zum betrieblichen Gesundheitsmanagement ist erblüht.

Für den Einzelnen ist Burnout ein sehr persönliches Thema, das verbunden ist mit Leid – und dem Eingeständnis von Schwäche. Nicht umsonst kostet es Betroffene oft große Überwindung, sich bei Beratungsstellen, Kliniken, Therapeuten oder Coachs zu melden – und sich damit einzugestehen, dass es tatsächlich Dinge gibt, die größer sind als man selbst. Die man nicht mehr managen kann. Die einen wegreißen wie eine Springflut.

Burnout bedeutet: Ich kann nicht mehr! Ich schaffe nicht, wovon ich glaube, dass ich es schaffen sollte. Der Zusammenbruch im Burnout ist die Kapitulation vor dem »Höher, schneller, weiter«-Zerrbild unserer Zeit. Und vor den eigenen, zu hoch gesteckten Ansprüchen. Die Niederlage trifft den Dahingerafften ins Mark, zielt auf den Kern des modernen Selbstverständnisses: *Praesto, ergo sum.* Ich leiste, also bin ich.

Umso wichtiger ist es, sowohl die Ursachen von Burnout als auch wirksame Schritte zu benennen, die ihm vorbeugen beziehungsweise ihn eindämmen. Und genau hier läuft einiges verkehrt. Wir haben uns auf Burnout als Problem des Einzelnen eingeschossen. »Herr Müller war schon immer so perfektionistisch«, heißt es dann. Von »Burnout-Persönlichkeiten« ist die Rede, die sich wiederum selbst managen sollen: mit Seminaren zu Zeitmanagement, Stressmanagement, E-Mail-Management, Die-nächste-Mode-kommt-bestimmt-Management. Die Katze beißt sich in den Schwanz, während die Burnout-Industrie von Umsatzhoch zu Umsatzhoch springt.

Die Wahrheit ist: Für den Einzelnen gibt es oft nichts zu managen. Weil Burnout in vielen Fällen nicht allein sein Problem ist. Der tatsächliche Burnout Einzelner ist nur das Ende einer Kette von Fehlentwicklungen, blinden Flecken in Unternehmen und gesellschaftlichen Tabus, die nicht mehr hinterfragt werden: das inhumane Prinzip Multitasking, falsch verstandenes Zeitmanagement, fehlende Medien- und Kommunikationskompetenz bei Mitarbeitern und Führungskräften, die Entgrenzung des Arbeitslebens und eine damit verbundene Auflösung von Rollenmustern, überforderte, schlecht ausgebildete Chefs und ein unverbindlicher, komplex-diffuser Umgang mit Werten in unserer Gesellschaft im Allgemeinen und in Unternehmen im Besonderen.

Die Prävention von Burnout fängt bei jedem Einzelnen als Privatperson an und hört bei Führungskräften auf. Unternehmen bedeutet Führen. Auch Chefs und Manager haben ihren Anteil am kollektiven Burnout. Sie sitzen an den Schlüsselstellen der möglichen Veränderung und sind doch meist selbst Getriebene und damit Teil des Problems. Nicht aus bösem Willen, sondern systembedingt. Es geht um eine Überwindung des eigenen Schattens, um die Veränderung einer Tretmühle, die sie als Manager selbst mitgestaltet haben.

Das alles verlangt neben einer umfassenden Aufklärung einen persönlichen Leidensdruck, Mut und die Gelegenheit, selbst aktiv zu werden. Andernfalls bleibt die Bekämpfung von Burnout ein Symptom-Ringelpiez, der die unterliegenden organisatorischen und strukturellen Bedingungen in Unternehmen nicht wahrnimmt, geschweige denn wirksam bekämpft. Show für die Galerie.

Das werden wir uns so bald nicht mehr leisten können. Nicht nur die Humanität verlangt, dem Burnout endlich wirksam entgegenzutreten. Auch der demografische Faktor sorgt dafür, dass wir Arbeitsausfälle durch Burnout noch empfindlicher spüren werden. Im Sinne von Ethik und Ökonomie müssen wir daher die wahren Ursachen von Burnout diskutieren und angehen – auf gesellschaftlicher, wirtschaftlicher und individueller Ebene.

Dies bedeutet eine Verlagerung der Diskussion weg von der Bringschuld des Einzelnen und seiner individuellen Therapie. Burnout geht alle an: Führungskräfte und Unternehmenslenker, die Auswege aus der »Weiter so«-Mentalität suchen. Politiker, die in der öffentlichen Debatte neue Impulse setzen wollen. Wissenschaftler, die den strukturellen Aspekt von Burnout weiter erschließen möchten. Und nicht zuletzt den »ganz normalen« Arbeitnehmer, der müde und erschöpft nach neuen Wegen und Möglichkeiten sucht, damit er nicht mehr sagen muss: »Feierabend hab' ich, wenn ich tot bin.«

P.S.
Alle Personennamen sind frei erfunden. Ähnlichkeiten mit lebenden oder verstorbenen Personen sind rein zufällig. Die in Einzelfällen geschilderten Problemstellungen beruhen auf tatsächlichen Geschehnissen, sind jedoch generalisiert und verfremdet worden.

1. KAPITEL
Die alltägliche Überforderung

Sabine Meister zog ihren Schlüssel aus der Tasche und öffnete die Woh-
nungstür. Durch den Flur ging sie beschwingt in die Küche. Dienstag.
Eigentlich ein guter Tag. Sie setzte ihre Tasche ab, öffnete den Kühlschrank,
ließ kurz ihren Blick schweifen, nahm sich eine Limo und schaltete den
Rechner an. Sie arbeitete bei einem Versicherungskonzern und seit sie
vor zwei Jahren befördert worden war, legte sie immer noch eine kleine
Abendeinheit ein. Nichts Großartiges, ein paar Mails, Dokumente etc.

    Sie hatte leichte Kopfschmerzen, achtete aber nicht darauf. Sie war
hart im Nehmen und das machte sie stolz. Nicht ohne Grund hatte sie sich
beruflich so weit hochgearbeitet. »Nur die Harten kommen in den Garten«,
hatte ihr Vorstand einmal – nicht mehr ganz nüchtern – zu ihr gesagt.
»Worauf du deinen Porsche verwetten kannst«, dachte sie lächelnd. »Stress
ist mein zweiter Vorname.« Sie wollte noch kurz Martin anrufen, erinnerte
sich aber seltsamerweise nicht mehr an seine Nummer. Egal. Würde ihr
schon wieder einfallen.

    Sabine Meister setzte sich an ihren Rechner, warf die Post auf den
Schreibtisch und öffnete ihren E-Mail-Eingangsordner. Nach ein paar
Sekunden füllte sich der Bildschirm mit neuen Nachrichten. Zuerst hatte
sie das Gefühl, irgendetwas stimme nicht. Und dann traf sie die Erkenntnis
wie ein Schock: Sie erkannte die Namen der E-Mail-Absender, wusste aber
nicht mehr, wer sie waren. Christian Ruthe, verflixt, Christian Ruthe. Wo
hatte sie den noch mal getroffen? Ruthe war einer ihrer engsten Mitarbei-
ter, doch das wusste sie in diesem Moment nicht. Genauso wenig wie sie den
Namen ihres Chefs erkannte oder den ihrer besten Freundin, die sie fragte,
ob sie sie am Wochenende besuchen könne.

Eine Woge der Panik ergriff sie. Ihr wurde abwechselnd heiß und kalt. Zitternd stand sie auf und ging im Zimmer umher, um sich zu beruhigen. Zuerst dachte sie an einen Schlaganfall, aber sie war völlig klar. Sie zählte bis 20 – auch das klappte. Nur ihr Gedächtnis schien mit einem Mal ausgesetzt zu haben. Völlig verwirrt schaltete Sabine Meister ihren Rechner aus, legte den Kopf in die Hände und versuchte, ihren Atem wieder unter Kontrolle zu bringen. Morgen würde sie als Erstes ihren Hausarzt anrufen.

Im Jahr 1992 fiel ein Sänger namens Jon Bon Jovi in New York vor seinem Publikum auf die Knie und schmetterte ins Mikrofon: »I sleep when I'm dead!« – »Ich schlafe, wenn ich tot bin!« Die Menge raste. In den abschließenden Trommelwirbel rief er seinen Fans zu: »You can quote me on that one!« – »Da könnt ihr mich ruhig zitieren!« Gern geschehen.[1]

Anders als Prominente in der Öffentlichkeit – von denen manche (wie Keith Richards von den Rolling Stones) tatsächlich aussehen, als würden sie erst schlafen, wenn sie tot sind – plagen uns »normale« Menschen meist profanere Dinge. Wir schlafen nicht erst, wenn wir tot sind – aber viele von uns haben erst Feierabend, wenn sie tot sind. Das ist jedenfalls die Bekenntnislage bei vielen Arbeitnehmern, die im Laufe der Zeit einen immer größeren Druck verspüren, mehr zu leisten, pausenlos präsent zu sein und Höchstleistungen abzuliefern.

Wir schleppen uns mit einem ständigen Gefühl der Ermüdung und des Nicht-Hinterherkommens durch den Alltag, sind Getriebene unserer Uhren und Terminkalender. Wir fühlen, dass etwas nicht mehr stimmt, dass die Dinge in unserer Arbeitsgestaltung aus dem Ruder gelaufen sind. Etwas ist gesellschaftlich aus der Balance und ins Rutschen geraten, das wir aber nicht benennen können. Dafür haben wir einen untrüglichen Instinkt entwickelt, eine Art Schwarmintelligenz. Leider geht dieser Schuss, diese kollektive Denkanstrengung, meist nach hinten

Wir sehnen uns nach Einfachheit.

los. Statt uns zu fragen, wie wir unsere Arbeitswelt als Ganzes neu strukturieren können, packen wir den Wellness-Werkzeugkoffer aus, nehmen Moorbäder, Yogastunden und Seminare zur Zeitgestaltung. Wir sehnen uns nach Einfachheit und der schlichten Eleganz eines überschaubaren Tagwerks.

Die Realität sieht anders aus. Der Chef macht Druck, von Politik und Medien werden wir praktisch jeden Tag in Angst gehalten, unseren Job zu verlieren, wir stolpern dahin in unserem Jonglierspiel, um die bunten Bälle der Anforderungen aus komplexer Arbeit, Beziehung, Kindern und ein bisschen sozialem Leben in der Luft zu halten.

Ein mir bekannter Trainer, seines Zeichens Schweizer Staatsbürger, mokierte sich einmal über eine Neujahrsrede von Angela Merkel. »Schauen Sie sich das mal an«, meinte er, halb fasziniert, halb angewidert. »Diese Frau spielt mit den Ängsten der Bürger. Es werde ›ein schweres Jahr‹ und ›man müsse den Gürtel enger schnallen‹. Kein Optimismus, nirgends. Nur ein Häufchen Ängstlichkeit. Also entweder sie ist wirklich so verzagt – dann tun mir die Deutschen leid – oder sie ist verdammt gerissen, die Leute so in Angst zu halten. Denn gucken Sie sich mal Obama an: Yes – we – can. Das ist der wahre Geist. Anpacken. Den Leuten Mut machen. Merkel dagegen – da seid ihr Deutschen wahrlich nicht zu beneiden.«

Es wird Zeit, sich zu besinnen. Zeit, auf unsere Gesellschaft, unsere Wirtschaft und uns selbst zu blicken, auf unsere Werte und Denkmuster. Damit wir keine buddhistischen Klöster mehr besuchen müssen, um Frieden zu finden, sondern an unseren Arbeitsstätten zu mehr Ausgeglichenheit kommen. Es geht um eine nicht nur an Zahlen orientierte Arbeitswelt. Es geht um Menschlichkeit, vernünftige Produktivität, Grenzziehungen und eine Sinnstiftung, die den Menschen und das Unternehmen befruchtet – damit beide nicht im Burnout verbrennen.

> **Es wird Zeit, sich zu besinnen.**

Missverständnis Arbeitsgesellschaft

Es gibt eine hübsche, sehr bekannte Werbung für einen Tampon. »Die Geschichte der Menstruation ist eine Geschichte voller Missverständnisse«, flötet die gutaussehende Schauspielerin und lässt den Rollladen hinter der Präsentationswand herunter. Ein durch mannigfaltigen Kabarettgebrauch mittlerweile ebenso viel zitierter wie legendärer Satz.

In gewisser Weise geht es, provokativ formuliert, der westlichen Arbeitsgesellschaft wie der Menstruation: Sie ist eine Tatsache, einen Großteil der Bevölkerung betrifft sie – und ihre Geschichte ist eine voller Missverständnisse. Diese Missverständnisse haben zu einer neuen, modernen Sichtweise von Arbeit geführt, die sich, kurz gefasst, auf die Gleichung bringen lässt: Arbeit = Sinn.

Dass die individuelle Arbeit ein sinnstiftendes und damit die Existenz des Einzelnen entscheidend prägendes Moment sein sollte, ist ein relativ junges Phänomen der letzten 100 Jahre. Früher arbeitete man, weil man musste. Nicht, um sich zu verwirklichen. Im griechischen Altertum galt Arbeit als Strafe der Götter. Die Griechen strebten nach einem Ideal aus Grundbesitz, Wohlstand und Tugenden. Arbeit wurde nur im sportlichen und militärischen Bereich geleistet und war im Übrigen Sache der Sklaven. Die Griechen nahmen mit ihrer Teilung der arbeitenden Sklavenbevölkerung von der der Muße frönenden Bürgerschicht die Entwicklung der europäischen Ständegesellschaft vorweg. Auch in der Sprache drückt sich der historische Zwangscharakter von Arbeit aus: Die Franzosen verwenden für »Arbeit« das Wort »travail«, das sich vom lateinischen »tripalus« ableitet – dem »Dreipfahl«, einer Vorrichtung, mit der man widerspenstige Pferde bändigte.[2]

Noch im 17. Jahrhundert dozierte der englische Philosoph John Locke: Arbeit nur um der Arbeit willen ist gegen die menschliche Natur. Arbeit muss getan werden, um Essen auf dem Tisch zu haben, für Geld, für Kleidung und ein Heim. Arbeit hieß seinerzeit, mit der Sonne aufzustehen, sein Tagwerk zu verrichten und abends

> **Früher arbeitete man, weil man musste. Nicht, um sich zu verwirklichen.**

müde auf den Strohsack oder das Bett zu fallen. Ohne Perspektive, Karriereplanung oder Rentenabsicherung. Allein die Adligen konnten aus diesem Mechanismus ausbrechen: Sie mussten gar nicht arbeiten, sondern konnten sich der Kunst, der Wissenschaft oder der Religion widmen. Schnöde Arbeit verwirrte den Geist und hielt einen ab von der Betrachtung der schönen Künste, den Studien der Mathematik und den diplomatischen Verpflichtungen. Arbeit bedeutete in der Regel Knochenarbeit und war ein Garant für körperliche Schäden, frühes Altern und einen stillen Tod. Bauern und Handwerker konnten ein Lied davon singen.

Mit der Aufklärung setzte sich ein bislang unbekanntes Phänomen durch und eroberte langsam, aber sicher die Arbeitswelt: das Büro. Der Autor Hajo Eickhoff pointiert scharf, dass im 17. und 18. Jahrhundert »Beamte, mathematisch versierte Kaufleute und Versicherungsexperten, Geistesarbeiter und Kanzleiarbeiter erst zu Büromenschen erzogen werden [mussten]. Denn nicht nur der Mensch ordnet das Büro, sondern das Büro zwingt den Menschen in eine neue Ordnung des Denkens, Fühlens und Verhaltens.« Und weiter: »Eine Begleiterscheinung der Aufklärung ist eine gewisse Verdunkelung und Begrenzung des Menschen, denn Büroarbeit ist Verlust an Licht und an Beweglichkeit. Im Büro ist das Tageslicht vermindert, die frische Luft reduziert, ein strenges Einhalten von Zeit erforderlich und vielfach Bewegung und Beweglichkeit eingeschränkt.«[3]

Wie erfreulich. So manche Bankfiliale oder Amtsstube verströmt heute noch den Charme eines möblierten, dunklen Erdlochs, aus dem Freude, Sonnenlicht und Kreativität als verbannt erscheinen. Laut Eickhoffs Betrachtungen randalierten damals tatsächlich einige Adlige mit Waffengewalt, weil sie ihren Alltag nicht einem

Das Büro hat die Arbeitswelt verändert.

stereotypen Büroablauf unterwerfen wollten. Es wäre wahrhaft ein Schauspiel, flögen heute Schreibtische durch Fenster, geworfen von adrett gekleideten Büromenschen mit Zornesröte im Gesicht.

Noch bis in die 60er-Jahre des 20. Jahrhunderts hinein, nach zwei Weltkriegen und einer Gesellschaft im Schockzustand, war Arbeit ein notwendiges Übel, dem man aus Geldgründen nachging. Legal oder auf dem Schwarzmarkt. Auch die Möglichkeit der Berufswahl war eher gering ausgeprägt. Bauern vererbten ihre Höfe an den Sohn, Handwerksbetriebe gingen an die Kinder über. Ebenso größere Firmen, bei denen man, zum Beispiel bei den Unternehmerfamilien Quandt oder Merck, die Grundlagen und Verläufe der Deutschland AG nachzeichnen konnte. Ein weiteres Gesicht der Arbeitslandschaft waren die »Trümmerfrauen«, die nach 1945 zum Symbol des deutschen Wiederaufbaus wurden. Sie versinnbildlichten harte Arbeit, ohne viel zu fragen, eine aus Leid geborene Schaffenskraft, die sich zu Recht als historische Leistung quasi in den genetischen Code der deutschen Nachkriegsgesellschaft eingeprägt hat.

Erst mit den 68ern und ihrer pädagogischen, intellektuellen und sexuellen Revolution stellte man auch im Bereich der eigenen Arbeitsleistung die Frage nach dem Warum. Eine Verbreiterung der Bildungswege, das dreigliedrige Schulsystem und die zunehmende Definition der eigenen Persönlichkeit durch Arbeit wurden zum Bestandteil des kollektiven Unterbewusstseins nach dem Wirtschaftswunder. Bis in die heutige, schnelllebige Zeit der *Job rotation* hinein gehört das »Du kannst tun, was du willst«-Mantra zum Selbstkonzept vieler qualifizierter Fachkräfte und Wissensarbeiter. Oder, wie es mein damaliger Studienberater beim Arbeitsamt ausdrückte: »Psychologe? Warum nicht? Wenn schon arbeitslos, dann doch wenigstens in einem Beruf, der Ihnen Spaß macht.« Ich muss zugeben, dass mich diese Begegnung in meinem Verhältnis zur staatlich regulierten Arbeitsvermittlung einigermaßen geprägt hat.

Während der letzten 60 Jahre hat die Bedeutung der Arbeit für das eigene Selbstbild einen enormen Wandel durchlaufen: Man arbeitet nicht mehr (nur) um des Geldes willen, weil man den Betrieb geerbt hat oder weil man einfach nichts anderes machen konnte, als Schornsteinfeger in Obertraubling zu werden. Der Beruf als solcher ist zu einer, wenn nicht gar *der* entscheidenden Stütze des Selbstkonzepts geworden. Die eigene Arbeitsleistung ist heutzutage Ausweis einer individuellen Sinnstiftung und damit umfangreicher Teil der eigenen Identität.

Heute bilden die 20- bis 30-Jährigen den genauen Gegenpol zu ihrer Eltern- und Großelterngeneration, die nach dem Zweiten

Weltkrieg Tritt fassen mussten. Ging es in den späten 1940er- und frühen 1950er-Jahren vor allem darum, auf dem Schwarzmarkt zu handeln, jeden Job anzunehmen und irgendwie durchzukommen, hat die heutige junge Generation vor allem das *Süßwarenladen-Problem*: Es gibt so viele Möglichkeiten der Berufswahl, dass wir überwältigt sind und gar nicht wissen, wohin wir zuerst greifen sollen. Weil wir heute so frei wählen können, sind wir für unsere Wahl und deren Ergebnis umso mehr verantwortlich. Darum tun wir alles, was möglich ist – und im Burnout auch darüber hinaus –, um uns und der Welt zu bestätigen, dass unsere Wahl richtig war und wir die Meister unseres Lebens sind. Und weil im Süßwarenladen von Beruf und

Der Beruf ist zu *der* entscheidenden Stütze des Selbstkonzepts geworden.

Karriere sehr viel von unserer Wahl abhängt, überwältigt uns das Angebot bis zur Frustration. Aus Angst, im Leben gleich zu Beginn einen falschen Pfad einzuschlagen, geraten auf diese Weise junge Leute neuerdings in eine Art Schockstarre.

Die junge Journalistin Nina Pauer liefert dazu eine hellsichtige Analyse. »Was uns umtreibt, ist die schizophrene Panik davor, unser Leben falsch zu leben«, schreibt sie. Die heutige Generation der 25- bis 35-Jährigen sei besessen von der Angst, im Leben etwas zu verpassen. Gleichzeitig fürchte sie, sich nirgendwo wirklich zu verwurzeln und damit eine Verpflichtung über ein rasches Dahingleiten im Strom des Lebens hinaus einzugehen. Man binde sich nicht mehr an eine Stadt, einen Partner, einen Verein, eine Kirche. Man unterliege der zwanghaften Vorstellung, ständig mobil sein zu müssen, seine Zelte abbrechen zu können, sich aufzumachen zu einer besseren, passenderen, einträglicheren Lebensperspektive. Pauer nennt das die Jagd nach der »richtigen Version unserer selbst«. Der Segen unseres multioptionalen Lebens sei gleichzeitig dessen Fluch: Alles ist möglich.[4]

Grundsätzlich ist es zwar nicht schlecht, wenn die Arbeit zum »Glück spendenden Grund« des eigenen Lebens wird, wie Viktor Frankl, Psychotherapeut und Begründer der Logotherapie schreibt. Doch Frankl, der große Denker und Verfechter eines sinnerfüllten

Lebens, erkannte genauso die Gefahr, die einer entgrenzten Sinn-suche innewohnt. Im Gegensatz zum Tier, dozierte er, gebe es beim Menschen keinen ursprünglichen Instinkt, der ihm sage, was er tun *müsse*. Und in unseren modernen Zeiten, in denen sich traditionelle Rollenbilder und soziale Verbindungen zunehmend auflösen, habe er auch keine Vorgabe aus Tradition oder Familie mehr, was er tun *solle*. Als Ergebnis versage der heutige Mensch darin, zu wissen, was er grundsätzlich *wolle*.[5]

In der Konsumwelt findet man ein ähnliches Phänomen: Die Kon-sumforschung hat herausgefunden, dass der Kunde zwar grundsätz-lich Wahlfreiheit will, jedoch ebenso schnell überfordert ist, wenn *zu viel* Auswahl herrscht. In Studien der Textilindustrie wurde gezeigt, dass Frauen beispielsweise maximal acht Hosen miteinander verglei-chen können. Bringt der Verkäufer mehr, schlägt die Kauflust in Frust um. Die Wahl scheint nicht mehr beherrschbar und mit ange-messenen Mitteln in einer angemessenen Zeit zu bewältigen. Schon die Stellung der Kleiderständer und -tische in einem Kaufhaus kann Frust auslösen, wenn der Kunde vom Angebot visuell überwältigt wird.

In der Arbeitswelt kann sich ebenfalls ein solcher Frust bilden, allerdings in Zeitlupe. Ich beschäftige mich so lange mit Ausbil-dungswegen und Karrieremöglichkeiten, bis ich mich im Angebot des Aus- und Weiterbildungsdschungels verloren habe. Denn woher will ich wissen, ob der Ausbildungsweg tatsächlich meinen Talenten entspricht? Ob ich es schaffen werde? Halte ich mich für fähig, auch schwierige Situationen zu meistern und unvorhergesehene Proble-me zu lösen?

Im Übrigen erkennt man anhand solcher Überlegungen den Un-terschied zwischen Optimismus und Selbstvertrauen. Optimismus ist die einfache Hoffnung, es werde schon alles gut. Selbstvertrauen ist die aus der eigenen Erfahrung gewonnene Überzeugung, Proble-me angehen und überwinden zu können. Das ist ein enormer Unter-schied – nämlich der zwischen Erfolg und bloßem Glück. Niemand hat diesen Gedanken so perfekt verkörpert und transportiert wie der US-Präsident Barack Obama mit seinem Slogan »Yes, we can!« – auf der ganzen Welt längst ein geflügeltes Wort.

Ein solches Selbstvertrauen brauchen wir auch im Hinblick auf unsere Berufswahl. Im Großen und Ganzen jedoch scheint der moderne Mensch Mühe zu haben, seinen ganz speziellen Berufs- und Karriereweg unter den vielen Angeboten zu wählen. Hat er ihn aber erst einmal gefunden, wird er zu einem wichtigen Teil seines Selbstbilds, zu einem sinnstiftenden Korsett, das den Einzelnen durch den Alltag trägt. Management-Coach Maren Fischer-Epe benutzt hierzu das Bild der fünf Säulen der Identität: Arbeit und Leistung, soziales Netz, Körper, materielle Sicherheit, Normen und Werte.[6]

> **Der Bereich »Arbeit und Leistung« lässt bei den meisten Menschen keinen Raum für anderes mehr.**

Der Bereich »Arbeit und Leistung« spielt bei den meisten Menschen eine so große Rolle, dass dadurch andere Bereiche zu kurz kommen. Wer kennt nicht den Manager, der seine Frau nur alle zwei Wochen sieht, oder die Führungskraft, die über schwerwiegende körperliche Symptome der Überarbeitung klagt. Entsprechend durchschlagend ist hier das Ergebnis eines Burnout. Wie wir später noch sehen werden, kann ein Burnout den eigenen Selbstwert als Arbeitskraft empfindlich stören. Obwohl (oder gerade weil) man also noch in Lohn und Brot steht, brennt man aus. In den Kategorien von Fischer-Epe gesprochen, wächst der Bereich »Arbeit und Leistung« zu einem sogenannten Roten Riesen heran. Rote Riesen heißen in der Astronomie alternde Sonnen, die kurz vor der Explosion stehen. Und ähnlich wie bei Sternen passiert bei Burnout-Betroffenen das, was passieren muss: Sie implodieren und fallen aus dem System heraus.

Noch düsterer sieht es aus, wenn Menschen ihre Arbeit verlieren. Fischer-Epe beobachtet in ihren Studien, wie Führungskräfte durch Arbeitslosigkeit in eine ungewöhnlich große Krise gestoßen werden, die »in ihrem Ausmaß oft nur aus der besonderen Bedeutung dieses Themas für das Selbstwertgefühl« nachzuvollziehen ist.[7] Das gilt beileibe nicht nur für Manager und Führungskräfte. Nimmt man Menschen ihre Arbeit als tragende Säule ihrer Identität, wirft man sie zurück auf grundlegende Fragen: Was macht mich eigentlich als Person aus, auch ohne gut bezahlten Job? Bin ich überhaupt noch etwas wert? Verändert sich mein Verhältnis zu meiner Familie, meinem Partner? Viele Arbeitnehmer haben sich diesen Fragen bislang nicht gestellt; als entsprechend belastend werden sie nun erlebt. Bislang war fast jede Situation durch Selbstdefinitionen wie »hart arbeitend«, »Ernährer«, »sozialer Status« geerdet. Im Burnout fällt dieses Korsett weg und man muss zu einem Selbstverständnis jenseits der Arbeitsrolle finden.

Als Teil der westlichen Wohlstandsgesellschaft war ich darum verblüfft, als ich 2003 auf einer Reise durch Australien mit der Kultur der Aborigines in Kontakt kam. Die Ureinwohner Australiens kannten bis vor Kurzem das westliche Arbeitskonzept überhaupt nicht. Im Norden des Kontinents, in Darwin, unterhielt ich mich mit einem Veranstalter von Outback-Safaris, der mir diese Mentalität schilderte. Man versuche, die Aborigines in Jobs zu vermitteln – als Angestellte einer Wäscherei, als Touristenführer, Verkäufer etc. »Es funktioniert nicht«, berichtete der Reiseleiter. »Sie begreifen nicht, dass sie dableiben müssen. Wenn sie den Ruf des *Walkabout* [die Aufforderung, an einer Stammesversammlung teilzunehmen] hören, lassen sie einfach alles stehen und liegen und verschwinden in den Busch. Das Konzept ›Arbeit gegen Geld‹ ist ihnen völlig fremd.«

> **Was macht mich als Person aus?**
> **Bin ich noch etwas wert?**

Es ist erfrischend und erhellend, hautnah eine völlig andere Einstellung zum Thema »Arbeit und Geld« zu erfahren. Geld als symbolisches Tauschmittel für Arbeitsleistung, Erfolg und materiellen Konsum kommt im kulturellen Koordinatensystem der Aborigines nicht vor. Die Ureinwohner Australiens haben seit über 40 000 Jahren ein sehr entspanntes Verhältnis zu dem für sie nebensächlichen Thema »Arbeit« – ganz anders als wir in der westlichen Welt, die wir die Arbeit an sich auf einen Altar heben und aufgrund des mit Arbeit verdienten Geldes lächerliche »Mein Haus, mein Boot, mein Auto«-Vergleiche veranstalten.

Können wir im Gesellschaftsspiel um Karriere, Geld und erkauftes Glück keine neuen Karten mehr zücken, wird es für manche eng. Besonders Männer trifft beispielsweise eine Entlassung in ihrer Rolle als Ernährer, Versorger und Beschützer der Familie hart. Im modernen männlichen Selbstkonzept hat sich das frühzeitliche Beschützen vor dem Säbelzahntiger in die eher materielle Fürsorge für die Familie verwandelt. Entlässt man den modernen Mann, schlägt man ihm die Keule aus der Hand und verstößt ihn aus dem Stamm, in dem er nun mal keine sinnvolle Funktion mehr hat. Es gibt arbeitslose Männer, die ihren Frauen noch monatelang eine heile Arbeitswelt vorspielen: Sie gehen morgens aus dem Haus und tun so, als gingen sie zur Arbeit. Dabei verschwinden sie im Café um die Ecke und tauchen erst abends wieder auf, möglicherweise noch mit erfundenen Geschichten aus dem Kollegenkreis. Daran erkennt man, wie groß das Leid der aus der Gruppe der arbeitenden Bevölkerung Ausgestoßenen ist.

Burnout, Entlassung und Arbeitslosigkeit sind die neuralgischen Punkte einer Gesellschaft, die Arbeit zu ihrem Daseinszweck erhöht. Hast du Arbeit und leistest du was, bist du was wert. Wenn nicht, dann nicht. Kein Wunder, dass in Deutschland alles, was mit Arbeit zu tun hat, in teilweise hysterisch-neurotischen Tönen diskutiert wird: Hartz IV, Mindestlöhne, Reichensteuer, Managerbezüge. Weil Arbeit praktisch bei jedem Menschen identitätsstiftend und gleichzeitig ein durch Entlassungsdrohung und Burnout potenziell hoch angstbesetztes Thema ist, können wir als Gesellschaft darüber auch nicht ruhig und sachlich diskutieren.

Hast du Arbeit, bist du etwas wert. Wenn nicht, dann nicht.

Im Endeffekt leben wir im Spannungsfeld von Arbeit als Lebensinhalt und deren ständiger Bedrohung durch persönliche Sinnkrisen, wirtschaftliche Krisen und Entlassung. Besserung ist erst in Sicht, wenn wir lernen, die Bedeutung der Arbeit für uns selbst und unser geistiges Wohlbefinden deutlich zu reduzieren. Dadurch würden wir mehr für die Prävention von Burnout tun als mit allen gut gemeinten Zeitmanagement-Seminaren zusammen.

Kollektiver Erfolgsgeilheitswahn

Mit 21 Jahren wurde bei Theresa Häuser Hochbegabung diagnostiziert. Sie hatte sich aus Neugier durch ganze Batterien von Intelligenz- und Persönlichkeitstests gewühlt und mehr über sich herausgefunden, als sie wissen wollte.

Was für andere wie ein Sechser im Lotto klingt, war für sie eine enorme Belastung. Natürlich ist es schön, als Hochbegabter Dinge schnell zu begreifen, zu analysieren und auf vielen Gebieten Wissen anzuhäufen. Die Kehrseite der Medaille besteht für die meisten Hochbegabten darin, partout nicht herauszufinden, welchen beruflichen Weg sie denn nun einschlagen sollen. Weil sie bis zu einem mehr als ansprechenden Niveau die meisten Fächer und Gebiete einfach sehr schnell lernen.

Als sie mit Mitte 30 zu mir ins Coaching kam, meinte sie einmal: »Mathematik ist mein schlechtestes Gebiet. Trotzdem hätte ich immer noch Mathematik studieren können. Aber hätte es mich glücklich gemacht?« Solche »Hätte, könnte, würde«-Debatten sind typisch für Hochbegabte. Theresa Häuser hatte schlussendlich nicht Mathematik studiert. Heute hat sie aus der Not eine Tugend gemacht, indem sie auf eine Stromlinienkarriere verzichtete. Sie war bei mehreren Firmen beschäftigt, wechselte einmal die Branche und ist heute, mit knapp 38 Jahren, erfolgreich als Beraterin selbstständig.

Zu meinen Klienten gehören auch Hochbegabte wie Frau Häuser, deren Lebenslauf sich wie aus einem Karrieretraum-Poesiealbum liest, die aber kreuzunglücklich sind. Sie könnten viele Positionen erfolgreich ausfüllen und zweifeln trotzdem stark an sich. Ein ausgeprägtes *Jobhopping* ist die Folge. Weil sie sich nicht an Feedback von außen orientieren können (weil sie einfach viele Dinge sehr schnell begreifen und beherrschen), müssen sie sich allein auf ihren inneren Kompass verlassen, der ihnen sagen soll, welchen Berufsweg sie nun einschlagen. Und das gestaltet sich meist schwierig. Nach außen erfolgreich, fragen sie sich manchmal ihr Leben lang: War diese Wahl richtig? Oder hätte ich mein Potenzial noch besser nutzen sollen? Wenn ich mit Hochbegabten arbeite, gebe ich ihnen meist einen Satz der Journalistin Mary Schmich mit auf den Weg: »Einige der interessanten Menschen, die ich kenne, wissen mit 22 noch nicht, was sie werden wollen. Und einige der interessantesten wissen es mit 40 auch noch nicht.«[8]

Man muss nicht hochbegabt sein, um an seiner Berufswahl zu zweifeln. Auch »ganz normale« Menschen spüren manchmal einen leisen Zweifel, eine Sehnsucht, wie es wohl wäre, wenn sie ihr Leben anders gelebt hätten. Dieser Zweifel wird besonders der heutigen jungen Generation eingepflanzt, egal wie begabt sie ist. Es ist die bonbonfarbene Lüge unserer Spaß- und Erfolgsgesellschaft: »Du kannst alles schaffen!«

Die bonbonfarbene Lüge unserer Spaß- und Erfolgsgesellschaft lautet: Du kannst alles schaffen!

Diese Lüge lässt sich mit Blick auf den Unterschied zwischen den Botschaften der Medien und den Nachwuchssorgen von Unternehmen allerdings schnell entlarven. Eine nicht unerhebliche Anzahl junger Menschen unter 20 Jahren glaubt inzwischen ernsthaft, das Berufsleben gleiche einer Castingshow: sich einmal präsentieren, sich seine fünf Minuten Ruhm abholen und dann davon zehren. Dass zu einem Beruf Durchhaltevermögen, Kreativität, soziale Intelligenz und nicht zuletzt eine gehörige Portion Bildung gehören, ignorieren sie. Auf der anderen Seite stehen vor allem mittelständische Unternehmen, die händeringend Nachwuchs suchen. Es würden sich entweder gar keine jungen Leute melden oder nur solche, die zu ungebildet sind, klagen viele Arbeitgeber. Hier eine kleine Anekdotensammlung:

- Ein Handwerksmeister erwähnte einmal, dass er bei Auszubildenden inzwischen Dinge wie den mathematischen Dreisatz gar nicht mehr voraussetze. »Hauptsache, der Betreffende kann einigermaßen Deutsch und weiß, wie man die Hand gibt«, lautet sein resigniertes Fazit.
- Ein Gymnasiallehrer (!) berichtete mir, seine Schüler würden Begriffe wie »addieren« und »subtrahieren« nicht mehr verstehen. Er sehe sich genötigt, auf die Behelfswörter »hinzunehmen« und »abziehen« auszuweichen.

■ Ein weiterer Gymnasiallehrer berichtete mir von der Beschwerde eines Schülers. Der Lehrer hatte ihm im Fach Deutsch ein Wort als falsch angestrichen. Doch dieses Wort, so der (deutschstämmige) Schüler, sei nicht »in den 1000 Wörtern Grundwortschatz enthalten«, die er wissen müsse. Und wir reden hier nicht von einer Brennpunkt-Hauptschule, sondern von einem ländlichen Gymnasium, wo angeblich »die Welt noch in Ordnung ist«.

Erfolg und (mediale) Aufmerksamkeit sind die neuen Währungen unserer Gesellschaft. Das bekommen junge Menschen heutzutage von Kindesbeinen an eingetrichtert. Und wieso sollten sie auch daran zweifeln? Ihre Eltern leben ihnen doch das entsprechende Weltbild vor.

Erfolg und (mediale) Aufmerksamkeit sind die neuen Währungen unserer Gesellschaft.

Sichtbarer beruflicher Erfolg ist so ziemlich das Einzige, wodurch wir uns noch unterscheiden. Familie? Fehlanzeige. Die Großfamilie ist tot, die Zahl der Singlehaushalte nimmt zu. 40 Prozent aller Paare, die zusammenleben, wollen nicht heiraten. Es könnte ja was Besseres nachkommen. Religiöse Identität? Gibt's nicht mehr. Die Mehrheit der Menschen findet ihren Weg in die Kirchen gar nicht mehr beziehungsweise erst bei erneutem Ausbrechen einer Finanzkrise. Wenn's dick kommt, kriecht man eben doch gern bei Mutti unter. Sozialer Kitt wie Vereine, Verbände oder Ähnliches? Alle diese freiwilligen Institutionen ächzen unter massivem Mitgliederschwund. Einzige Ausnahme sind Fitnessclubs, weil Menschen dort ihre Selbstoptimierung in einem anderen Bereich als dem der Arbeit ausleben und vorantreiben können.

Die jungen Leute merken das alles und richten sich entsprechend aus. Ein Bekannter von mir arbeitet mit Hauptschülern. Er versucht ihnen beizubringen, dass sie für ihren Lebens- und Berufsweg hart arbeiten müssen. Meist ohne Erfolg. Einer der Hauptschüler antwortete auf die Frage, was er denn werden wolle: »Geschäftsführer!« Und er wolle »einen Porsche fahren«. Wie er das denn bezahlen wolle? »Keine Ahnung. Werd' ich halt Fußballspieler.« Und wenn das nicht klappt? »Scheißegal. Hartz ich eben.«

Immer öfter erleben all die Sozialarbeiter, Lehrer, Jugendbetreuer auf der einen Seite eine Realitätsblindheit bis zum Psychosenverdacht und andererseits eine Gier nach Status und Erfolg – die wir als Gesellschaft den Jugendlichen einpflanzen. Durch Werbung, Materialismus und eine »Du kannst alles schaffen«-Mentalität. Deshalb lassen sich junge Leute, die nicht mal im Ansatz singen können, von Dieter Bohlen in einer Weise demütigen, für die man in einem gestandenen Sadomaso-Studio eine Menge Geld hinlegen müsste. Sogar die so »Erfolgreichen« gehen vielleicht durch eine Saison, werden mit Knebelverträgen ausgepresst und dann gegen den nächsten Trottel ausgewechselt.

Diese Art von »Erfolg« ist fragwürdig genug. Doch als Schattenseite einer solchen Entwicklung ist man nicht nur für seinen Erfolg, sondern auch für seinen Misserfolg verantwortlich. Wo Klassen- und Standesbeschränkungen fehlen, wo man in einem weiten Feld und nicht mehr in einem begrenzten Parcours laufen muss, wo keine Kirche und kein soziales Netz mehr Schutz bieten, trifft einen die Wucht des eigenen beruflichen Versagens umso härter. Dieses Versagen muss nicht unbedingt Arbeitslosigkeit bedeuten.

Wir sind kollektiv erfolgsgeil.

Man kann auch erfolglos und unglücklich sein, während man noch Arbeit hat. Gerade Burnout-Betroffene sind sehr gut darin, in ihrem Job Erfolgsziele so zu definieren, dass sie sie gerade nicht erreichen. So »motivieren« sie sich durch ihre Niederlage zu noch größerer Anstrengung.

Egal ob Burnout oder nicht, egal ob Unternehmensberater oder Bandarbeiter: Wir sind zum beruflichen Erfolg verdammt. Das System lässt keinen Spielraum mehr. Deshalb sind wir kollektiv erfolgsgeil. Wie eine Monstranz tragen wir unseren Erfolg vor uns her; er ist Zuckerbrot und Peitsche zugleich, gibt uns Motivation und droht uns gleichzeitig mit gesellschaftlicher und menschlicher Entwertung. Wir müssen gebraucht werden, die Gesellschaft muss unsere Arbeitskraft wollen, sonst zerschellt unser Schiff des Selbstvertrauens an der Klippe des eigenen Versagens.

Das ist auch der Grund, warum viele Langzeitarbeitslose nicht mehr vermittelbar sind. Bis auf wenige Ausnahmen, die sich einen Kern Selbstachtung bewahrt haben, ist besagtes Schiff zerschellt und unwiederbringlich gesunken. Der einzelne Arbeitslose hat in einer Zeit, die Arbeit als Lebensmittelpunkt begreift, seine Existenzberechtigung quasi an der Garderobe abgegeben. Nicht, dass ihm das jemand vorwerfen oder es so formulieren würde. Die Gesellschaft und deren kollektives Bewusstsein bringen ihn dazu, so zu denken. Eine für den Einzelnen dramatische, manipulatorische Meisterleistung.

Mit solchen Überlegungen beschäftigt sich der Arbeitnehmer, der gerade auf seiner Karrierewelle surft oder zumindest noch einen Job hat, nicht. Für ihn geht es vielmehr um die Sicherung des Erfolgs und seine Übersetzung in materielle Zeichen. Das Revier muss markiert werden, am besten mit den Dingen, die uns die Werbeindustrie als erstrebenswert vorgaukelt. Dafür gibt es zahlreiche Möglichkeiten: Autos, Reisen, Möbel, Kleidung, Uhren. Ein schöner Spruch lautet: »Wir kaufen Dinge, die wir nicht brauchen, mit Geld, das wir nicht haben, um Leute zu beeindrucken, die wir nicht mögen.« Neueste Zahlen des Zentralverbands der deutschen Werbewirtschaft (ZAW) zeigen, dass 2009 allein im deutschen Fernsehen 3,7 Millionen Werbespots gesendet wurden.[9] Das sind pro Tag knapp 10 137 und pro Stunde etwa 422. Die deutsche Werbebranche insgesamt machte 2009 einen Umsatz von fast 29 Milliarden Euro. Und diese Zahl beinhaltet bereits einen Rückgang des Umsatzes um 6 Prozent im Vergleich zum Jahr 2008.

Diese Werbung nennt Oliviero Toscani, der Macher hinter den umstrittenen Benetton-Werbekampagnen (in denen schon mal blutverschmierte Hemden mit Einschusslöchern gezeigt werden), schlicht »Verbrechen gegen die Intelligenz«, ein »künstliches und abgeschmacktes Reich, das uns seit bald dreißig Jahren verblödet«. In seinem furiosen Manifest gegen die herkömmliche Werbung rechnet Toscani ab: »Für Zehntausende von Dollar wird ein Super-

> **Wir markieren unser Revier mit den Dingen, die uns die Werbeindustrie als erstrebenswert vorgaukelt.**

model in Szene gesetzt, um frischverliebten Friseusen ohne das nötige Kleingeld und schwärmerischen Sekretärinnen auf der ganzen Welt Parfums zu verkaufen. Sie alle werden heißgemacht auf einen unerreichbaren bürgerlichen Traum. Die Werbung verkauft keine Produkte oder Ideen, sondern ein verfälschtes und hypnotisierendes Glücksmodell. […] Man muss die breite Öffentlichkeit mit einem Lebensmodell blenden, dessen gesellschaftliches Ansehen es verlangt, dass man Garderobe, Möbel, Fernseher, Auto, Haushaltsgeräte, Kinderspielzeug, einfach sämtliche Gebrauchsgegenstände so oft wie möglich erneuert. […] Diese groben Vereinfachungen werden bis zum Erbrechen wiederholt.«[10]

Werbung soll zum Kaufen verführen. Produkte sollen mit Wohlgefühl assoziiert werden, mit Status, Exklusivität, sichtbarem Erfolg. Vielleicht glauben wir, dass ein solches Zeigen von Erfolg sexy ist. Was jedoch garantiert nicht sexy ist: den anderen mit der Nase auf die Spur des angeblichen eigenen Erfolgs stoßen zu wollen. Zur idealen Plattform für derart ichbezogene Inszenierungen haben sich soziale Netzwerke wie XING, Twitter oder Facebook entwickelt. Dort präsentieren sich manche »Jäger des verlorenen Erfolgs« mit einer Penetranz, als gäbe es kein Morgen.

Da faselt zum Beispiel eine Dame von der untergründigen Psychologie des Erfolgs – die sie natürlich exklusiv entdeckt hat – und vermarktet so ihr entsprechendes Buch. Sie lasse sich natürlich jederzeit zu einer Kontaktaufnahme herab, doch jetzt segle sie erst mal kreuz und quer durch Südostasien. Danach jedoch könne man sie gerne kontaktieren. Den Betrachtern ihres geblähten Segels will sie mit solch zartem Hinweis und der Subtilität eines Elefanten im Porzellanladen vor allem eines signalisieren: Schaut mal, wie schön, sexy und erfolgreich ich bin. Oder kürzer: Macht's gut, ihr Luschen.

Ähnliche Augenzucken verursachende Klowand-Graffiti bei Twitter: »Wie Sie mit XING und Facebook ihre Karriere vorantreiben #Selbstmarketing #reputation«, »›Erfolg hat nur, wer etwas tut, während er auf den Erfolg wartet.‹ Thomas Edison«, »Wir zeigen Ihnen Wege zu Ihrem Erfolg, die tatsächlich funktionieren!« und ähnliche Sprüche. Man kann solch schräge Selbstdarstellungsshows, wie sie mittlerweile in sozialen Netzwerken Alltag sind, für die Auswüchse einiger stilloser Freaks halten. Ich glaube jedoch, sie sind nur die sichtbare Spitze eines Sehnsuchts-Eisbergs, endlich allen zu zeigen (und zu erzählen), wie toll man durchstartet. Wir sind besoffen vom Lockmittel Erfolg, das vom Fernseher zuerst ins Hirn und von da ins Herz sickert und wie Efeu andere Lebensmotivationen erstickt. Deshalb schnappen wir gierig nach der Luft der Personality-Shows, wollen teilhaben an der Welt der Promis und schönen Menschen, von denen wir glauben, dass sie es »geschafft haben«.

Wir sind besoffen vom Erfolg!

Inzwischen muss alles und jeder erfolgreich sein: man selbst sowieso, das Unternehmen, demnächst auch der Besuch der Katze auf dem eigenen Klosett. Vieles dreht sich nur noch um Selbstdarstellung, um Durchsetzung und Erfolg. Dafür nimmt man sogar größte Opfer in Kauf. Ein Freund von mir, der in München wohnt, erzählte mir kürzlich von dem Phänomen *No rent, but car*. Weil sich Münchner mit einem Durchschnittsgehalt ihre Wohnung nicht mehr leisten können, geben sie diese auf und investieren ihr Geld in ein Auto, das richtig was hermacht – BMW, Audi, Mercedes oder Porsche. Jede Nacht schlafen sie im Auto. Morgens machen sie sich dann zurecht und fahren zum Geschäftstermin, als ob nichts wäre. Einige halten eine solche Maskerade Monate, manchmal Jahre durch. Gibt es ein verzweifelteres Beispiel für unsere panikartige Angst, unseren gesellschaftlichen Status zu verlieren und zu »versagen«?

Das permanente Lechzen nach Erfolg saugt uns aus.

Was aber ist, wenn ich lieber zufrieden oder einsam oder Mönch wäre? Wenn ich nicht (nur) erfolgreich sein will? Das permanente Lechzen nach Erfolg saugt uns aus. Erfolg ist die Droge, auf die in unserer ökonomisierten Welt jeder anspringt. Bist du nicht »erfolgreich«, hast du nichts, bist du nichts, und das alles ist deine Schuld. Deswegen wollen viele so verzweifelt erfolgreich sein. Manche schaffen es, andere nicht. Bei den Schreihälsen jedoch, die uns ihren angeblichen Erfolg bei XING und Twitter um die Ohren hauen, fällt mir vor allem der alte Spruch ein: Hunde, die bellen, beißen nicht.

Aber ist Erfolg *immer* negativ zu sehen? Immerhin bestehen unser Leben und Lernen zu einem nicht unerheblichen Teil aus *Trial and error*, also dem Lernen aus Versuch und Irrtum. Was nichts anderes heißt, als dass wir »erfolgreiche« Handlungen wiederholen und »erfolglose« Handlungen sein lassen. Wie lösen wir den Widerspruch auf, dass Menschen zu allen Zeiten aus Erfolg und Misserfolg lernen (müssen), ohne dass sie sich gleichzeitig in unrealistische Ansprüche und naive Erfolgskriterien verstricken?

Für den Anfang wären wir gut beraten, das Wort »Erfolg« auf seine Grundbedeutung zurückzuführen, und diese ist: neutral. Auf eine Aktion folgt eine Reaktion, ein Feedback. Wenn ich einen Apfel fallen lasse, zieht ihn die Gravitation nach unten. Das ist weder gut noch schlecht. Es ist eine schlichte Konsequenz, es »erfolgt« zwangsläufig. Beim Apfel-Beispiel fragt sich wahrscheinlich niemand, ob der Apfel nun »Erfolg hat«, weil er auf die Erde fällt. Er tut es einfach. Ohne Bewertung, ohne Ärger, ohne Euphorie.

Anders bei uns Menschen. Stellen Sie sich einen Projektleiter vor, der aufgrund guter Leistung befördert wird. Wir sind so konditioniert, dass wir dieses Ereignis sofort als »gut«, als positiv, bewerten: »Wow, super, endlich hat sich die Anstrengung gelohnt! Glückwunsch!« Auf eine Aktion (gute Arbeit, erfolgreiche Projekte) folgt eine Reaktion (Beförderung, mehr Geld). Und wir haben als Kollektiv gelernt, dass so etwas gut ist, also ein Erfolg im umgangssprachlichen Sinn. Wenn nun der Projektleiter durch die Beförderung von Stuttgart nach Hamburg ziehen muss und dadurch seine Frau und seine zwei kleinen Kinder nur noch an den Wochenenden sieht, trübt sich das Bild schon ein. Aus dem Erfolg wird ein Erfolg mit Fragezeichen. Wenn wir uns nun weiter vorstellen, dass die Stelle in Hamburg sich als sehr stressig

Erfolg ist etwas Individuelles und muss individuell bewertet werden.

herausstellt, mit nervigen Kollegen und undankbaren Aufgaben, müssen wir uns vollends fragen, ob in diesem Fall der Begriff »Erfolg« noch angemessen ist.

Was bedeutet das? Erfolg ist etwas Individuelles und erfordert darum auch eine individuelle Bewertung. Insofern wäre es ein guter

Anfang, wenn Menschen erst einmal für sich Erfolg definieren würden, ohne die Einflüsterung der Medien oder die Angstmache durch die Politik. Dazu benötigen wir eine gewisse Souveränität. Nur als souveräne Wesen, die ihre Werte, ihr Können, ihre Ziele sowie ihre Stärken und Schwächen kennen, sind wir in der Lage, über Ereignisse in unserem Leben zu urteilen: Ist beispielsweise eine Beförderung nach Betrachtung aller Fakten tatsächlich ein Erfolg? Oder eher ein neutrales Ereignis, vielleicht gar ein Misserfolg? Wenn wir die Reflexionsfähigkeit, die Souveränität und den Willen haben, unseren eigenen Erfolgsweg zu gehen, kann Erfolg etwas sehr Beglückendes sein.

Doch weder billige Marktschreier noch durch die Gesellschaft transportierte Stereotype bringen uns hier weiter. Erst wenn wir unseren eigenen Erfolgsweg gefunden haben, bekommt Erfolg den rechten Platz in unserem Leben, wird zu einem Baustein nicht nur einer wie auch immer gearteten »Karriere«, sondern tatsächlich zum Sinnbestandteil unserer Existenz – was uns letztendlich auch vor einer überzogenen Erfolgsgeilheit bewahrt. Denn das rechte Maß ist wichtig im Leben – nicht nur im Beruf.

Der moralische Blackout

Neben der Überhöhung der Arbeit und der Gefahr des Erfolgswahns gibt es eine dritte Kraft, die Burnout als kollektivem Phänomen in der Gesellschaft den Boden bereitet: der Verlust ethischer Institutionen und das Austrocknen ehemals vermittelter allgemeingültiger Werte.

Von alters her gab es in allen Kulturen Institutionen, die gesellschaftliche Werte beziehungsweise Moral vermittelten: bei den Germanen den *Thing*, die Versammlung der Ältesten, bei den sogenannten Naturvölkern Medizinmänner und Stammesälteste. Im heutigen Deutschland könnte man noch den Ethikrat der Bundesregierung nennen (allerdings scheinen dessen Debatten und Entscheidungen eher abstrakt und sind für eine individuelle moralische Stilbildung eher ungeeignet). Über alle Zeiten und Zonen hinweg bildete sich allerorten ein in der jeweiligen Gesellschaft gültiger moralischer Kompass heraus, an dem der Einzelne sich orientieren konnte.

In unseren Breiten haben grundsätzlich einige Institutionen das Potenzial, in einer gesellschaftlichen Dimension ethische Richtlinien zu entwickeln und als Standard zu etablieren: die Kirchen, die Familie als Schutz und Stütze, die Politik, Wirtschaftsführer, sogar stilprägende Einzelpersonen.

Wir erleben eine Erosion moralischer Autoritäten.

Von allen diesen Institutionen ist heute nicht eine übrig geblieben, die in einer gesellschaftlichen Debatte über Werte oder Phänomene, die alle Menschen betreffen, für den Großteil ebendieser Menschen sprechen könnte. Dies zeigt beispielsweise die Debatte um eine Schrumpfung der sogenannten Volksparteien, die inzwischen von so wenigen Menschen gewählt werden, dass selbst parteiintern die Bezeichnung »Volkspartei« diskutiert wird.

Warum ist das so? Als Beispiel für die moralische Erosion möchte ich auf drei der obigen Gruppen eingehen: die Kirchen, die Politik und das wirtschaftliche Establishment:

Die Kirchen

Sie sind im Moment auf dem Tiefpunkt ihrer moralischen Glaubwürdigkeit angelangt. Pädophile Priester – katholisch wie evangelisch –, die sich an Knaben vergehen, Bischöfe, die solche Fälle vertuschen, eine unzeitgemäße Kommunikation, die weite Teile der Bevölkerung nicht mehr erreicht – das sind die Höhepunkte einer Negativ-Karriere, die die Kirchen nachhaltig diskreditiert haben. Neuesten Zählungen des Statistischen Bundesamtes zufolge hat in Deutschland die Zahl der amtlichen Atheisten, auf deren Lohnsteuerkarte unter »Religionszugehörigkeit« eine Leerstelle prangt (28 Millionen), erstmals die der Katholiken (25 Millionen) und die der evangelischen Christen (25 Millionen, ohne Freikirchen) überholt.

Natürlich sagt das nichts über einen »Atheismus des Herzens« aus. Immerhin können auch wahre Atheisten aus den christlichen Zehn Geboten eine Soziallehre ziehen, die an Eleganz und Universalität schwer zu überbieten ist.[11] »Du sollst nicht töten« oder »Du sollst nicht lügen« stellen Basisforderungen einer menschlichen Gemeinschaft dar, die auch ein Pfeife rauchender, *taz* lesender Sartre-Fan bejahen dürfte. Selbst innerhalb der christlichen Kirchen gibt es Strömungen, die Jesus nicht als Gottes Sohn, sondern als genialen Menschen und Begründer einer durchschlagenden Soziallehre betrachten. In diesem Sinne bildet das Christentum auch für Nichtchristen im Konzentrat der Zehn Gebote einen derart grundlegenden Ethik- und Moralkodex ab, in dem sich wahrscheinlich sehr viele Menschen wiederfinden.

> **Die Kirchen haben sich aus der öffentlichen Debatte zurückgezogen.**

Es ist daher geradezu ein PR-GAU, dass es beide großen christlichen Kirchen (die griechisch-orthodoxe nicht mitgerechnet, die in unseren Breiten keine nennenswerte Rolle spielt) nicht geschafft haben, trotz dieser konzeptionellen Steilvorlage wenigstens punktuell eine ethische Diskussion zu entfachen und so als wichtige Stichwortgeber und moralische Instanzen im Gespräch zu bleiben: Wo sind die Vertreter der Deutschen Bischofskonferenz oder des Evangelischen Kirchenrats, wenn es um Integration geht, um die Sarrazin-Debatte? Wo ist die klare, intellektuelle Kirchenstimme, die sich des Themas »Arbeit und Glück« unter christlichen Vorzeichen annimmt? Durchweg Fehlanzeige. Dagegen ist die Gründung der ersten kirchlichen Unternehmensberatung schon ein positives Zeichen. Man wolle, auch als Gegenbewegung zur Gier der Finanzkrise, wieder Werte in die Wirtschaft einbringen und die »Sinnfrage« stellen, so der verantwortliche Generalvikar Clemens Stroppel.[12] Man wünscht sich mehr solcher Alternativen der Verzahnung von Kirche mit Wirtschaft und Politik. Die Minimalerwartung wäre ein fruchtbarer Dialog, ein Sich-Reiben an gegensätzlichen Weltsichten und Prioritäten.

Doch solche Initiativen sind selten. Die Kirchen haben mit ihrer halb altertümlichen, halb geheimen Kommunikationspolitik vor allem eines erreicht – den Rückzug vom Tisch der gesellschaftlichen Teilhabe. Die Kirchen haben sich aus der öffentlichen Debatte zurückgezogen. Und nicht nur das: Inzwischen verkaufen sie auch ihr ureigenstes Territorium an den Höchstbietenden, wie beispielsweise in Düsseldorf.[13] Nur der Papst ruft manchmal hörbar, doch wenig dialogbereit aus Rom herüber. Ein Umstand, der mehr zum allgemeinen Verdruss beiträgt als diesen beseitigt.

Die Politik

Der Vertrauensindex der Gesellschaft für Konsumforschung (GfK) bringt das Trauerspiel an den Tag: Nur noch 13 Prozent der europäischen Bevölkerung vertrauen ihren Politikern.[14] Vergleichbar schlechte Werte erreichen nur noch Werbeleute und Manager. Das ist umso besorgniserregender, als diese drei Gruppen – Politiker, Manager und Werber – jede auf ihre Art einen bedeutenden Einfluss auf die politische und gesellschaftliche Debatte haben.

Politiker sollten die großen demokratischen Linien ziehen und Stichwortgeber sein in aktuellen Fragen, sei es zur Arbeit, zur Verteidigung oder zur Strategie für einen gesunden Haushalt. Politiker sind im besten Fall Staatsmänner oder -frauen mit sichtbaren Überzeugungen und einem ethischen Grundverständnis, das diesen Namen verdient. Einem Willy Brandt, einem Helmut Schmidt, sogar einem Helmut Kohl in Zeiten der Wiedervereinigung gelang es, diesen Ansprüchen gerecht zu werden. Der vielleicht letzte Politiker dieses Formats war der bayerische Landespolitiker Sepp Daxenberger, der Mitte 2010 im Alter von nur 48 Jahren an Krebs starb. Über alle politischen Lager hinweg wurde sein Tod betrauert. Daxenberger verkörperte wie kein Zweiter eine gelungene Mischung aus klarer Sprache, Prinzipien, Authentizität und rauem Charme.

Doch die Zeiten der Personalisierung durch Profil neigen sich dem Ende zu. Politiker erhalten im günstigen Fall den Status eines Popstars, dessen Halbwertszeit abläuft, wenn die Druckerpressen kalt werden. Daran änderten auch die Fotos nichts, die Ex-Verteidigungsminister zu Guttenberg vor Dinosaurier-Kulisse aufnehmen ließ. Was will er nur damit sagen? Ich fress' euch alle? Oder: Ich überleb' euch alle, bis mich ein Meteorit oder die eigene Dissertation hinwegrafft? Immerhin waren zu Guttenbergs Fototermine, ob auf Fels mit Ehefrau oder in einer Militärmaschine – schneidig in der Mitte stehend, die Untergebenen in Tarnjacke zu ihm aufblickend –, heroische Versuche eines visuellen Statements der Stärke. Ihr seid das Meer, ich der Leuchtturm. Für die profillose Politikerlandschaft war Guttenberg damit zunächst ein Glücksfall, denn die Mehrheit seiner Arbeitskollegen atmet nur die dunkle Kellerluft des unsichtbaren politischen Betriebs. Doch leider hat auch er sich nun – wie weiland Ikarus – durch Überheblichkeit und Selbstüberschätzung ins Aus geschossen. Und wie so oft war nicht der eigentliche Fehler die Ursache für den Untergang, sondern der Umgang damit. Denn genau die wachsweiche Prinzipienlosigkeit und das scheibchenweise Herausrücken mit der Wahrheit haben die Bürger wieder einmal in ihrem Vorurteil von der »Arroganz der Mächtigen« überzeugt.

Quote ist King, auch in der Politik.

In der Regel haftet der Politikerszene etwas Krämerhaftes an. Für einen Autobahnbau hier oder ein Milliönchen da scheinen Prinzipien oder Wahlversprechen schnell über Bord geworfen. Quote ist King, auch in der Politik. Darum wird der Politiker oft zum Häschen mit den großen Ohren, das angestrengt den neuesten Beliebtheitsumfragen wie der allwöchentlichen »Treppe« des Magazins SPIEGEL lauscht. Wittert es einen Abstieg, wird es Zeit, zum nächsten Mikrofon zu hoppeln und sich wieder ins Gespräch zu bringen.

Insgesamt vermissen die Menschen in der Politik Persönlichkeiten, zu denen sie aufblicken können. Menschen, die stark sind auch gegen Widerstand. Die für etwas stehen und dadurch so glaubhaft sind, dass von ihnen Werte abgeschaut werden können: Hilfsbereitschaft, Gerechtigkeit, Ehre, Respekt. Eben das Gegenteil einer als rücksichtslos erlebten Arbeitswelt, in der jeder nur für sich kämpft, Intrigen spinnt und Kollegen oder Kunden über den Tisch zieht.

Die Manager

Als dritte Bevölkerungsgruppe, die ihrem gesellschaftlichen Auftrag nicht nachkommt, sind leider auch die Manager und Führungskräfte von Unternehmen zu nennen. Vom kleinen Mittelständler bis zum Weltkonzern. Zugegeben: Führungskräfte haben heute einen schwierigen Job. Immer komplexeren Anforderungen steht eine ungenügende Vorbereitung gegenüber. Auf der Grundlage einer »Wirtschaft mit menschlichem Antlitz« sollen sie Umsatz erzielen und gleichzeitig für ihre Mitarbeiter sorgen. Eine herausfordernde Mission, der sich einige Dinge in den Weg stellen.

Manager haben heute oft nicht mehr das Gefühl, gestalten zu können. Sie werden zerrieben zwischen den Ansprüchen verschiedener Stakeholder: Mitarbeiter, der eigene Chef, das Topmanagement, Kunden, Lieferanten, Presse, Politiker und der ganz normale Nachbarsbürger, der ihn auf der Straße trifft. Sie alle haben Vorstellungen vom und Ansprüche an das Wirken eines Managers. Eben, wie er seinen Job zu erledigen hat. Und diese Ansprüche sind durch die Finanzkrise nochmals gesteigert worden. »Gierige« Manager stehen nun generell unter Beobachtung und Rechtfertigungszwang. Als unrühmliche Platzhalter sind hier Josef Ackermann, seines Zeichens der Chef der Deutschen Bank, mit seinem Victory-Zeichen und Klaus Zumwinkel, der uneinsichtige Post-Chef, mit seinem Schloss in Italien ins kollektive Gedächtnis eingegangen. So sehen sich Manager heute eingekeilt zwischen schlechter Presse, immer neuen gesetzlichen Regelungen, einem größer werdenden persönlichen Haftungsrisiko und erhöhten Ansprüchen von Mitarbeitern, Kunden und Öffentlichkeit. Dass hier manche Führungskraft zumindest innerlich hinschmeißt, ist verständlich. So wird man eben nicht zur Kreativkanone, sondern nur zum Zustandsverwalter, der die eigene Lähmung damit rechtfertigt, wenigstens nichts falsch zu machen.

> **Manager haben heute oft nicht mehr das Gefühl, gestalten zu können.**

In einer eher untypischen Management-Literatur findet man hierzu einen interessanten »Business Case«: in der Bibel. Das Matthäus-Evangelium beschreibt das Gleichnis von den Talenten, einer damaligen Geldeinheit (Mt 25,14–30): Ein reicher Mann ging auf Reisen und gab seinem ersten Diener fünf, seinem zweiten Diener drei und dem letzten Diener ein Talent. Sie sollten das Beste aus diesen Geldbeträgen herausschlagen, während ihr Herr auf Reisen war. Die ersten beiden Diener wirtschafteten gut und verdoppelten ihre Geldsummen. Der dritte Diener jedoch vergrub das Geld aus Angst, es falsch einzusetzen und zu verlieren. Dementsprechend bestraft wird dieser Diener nach der Rückkehr des Herrn. Lieber hätte der

Diener aktiv sein und etwas riskieren sollen – auch unter der Gefahr des Verlusts.

Das biblische Gleichnis von den Talenten ist typisch für viele Führungskräfte. Dabei sind sie weder dumm noch faul, sondern schlicht von immer komplexeren Führungsaufgaben überfordert. Das merken natürlich nicht zuletzt die Mitarbeiter. Auf dem Höhepunkt der Finanzkrise trauten 40 Prozent der Arbeitnehmer ihren Chefs kein entsprechendes Krisenmanagement zu.[15] Eine Einschätzung, die sicher nicht nur unter dem Eindruck der Krise entstand und damit sozusagen vom Himmel fiel.

Manager sollen unterschiedliche, konkurrierende Ansprüche verschiedener Gruppen befriedigen: Aufsichtsräte, Führungskräfte, Mitarbeiter, Betriebsrat, Kunden, Aktionäre, Presse. Das setzt Entscheidungen voraus, zu denen man stehen muss, die Entwicklung eines individuellen Profils. Mit Ecken und Kanten und nicht stromlinienförmig auf die Karriere ausgerichtet. Profil und eigene Meinung jedoch leisten sich viele Führungskräfte nicht mehr und ziehen sich in einen

Profil und eigene Meinung leisten sich viele Führungskräfte nicht mehr.

Egozentrismus zurück. Eine eigene Meinung ist aber wichtig, um die Leuchtturmfunktion auszuüben, die zumindest im oberen Management erwartet werden darf. In diesem Sinne haben Manager durchaus Vorbildfunktion, weil sie einem so wichtigen Bereich der Gesellschaft – Wirtschaft und Arbeit – vorstehen. Daraus kann und darf sie niemand entlassen.

Der Philosoph Karl Popper analysierte die Atomisierung der Moral und die Anfälligkeit der Moderne für Heilslehren verschiedenster Art auf hellsichtige Weise: »Bertrand Russell [...] schreibt, dass [...] wir uns intellektuell zu schnell entwickelt haben und moralisch zu langsam und, als wir die Kernphysik entdeckten, nicht zur rechten Zeit die nötigen moralischen Prinzipien verwirklichten. Mit anderen Worten: Nach Russell sind wir zu gescheit, aber moralisch sind wir zu schlecht. [...] Ich glaube das genaue Gegenteil. Ich glaube, dass wir zu gut sind und zu dumm. Wir werden leicht von Theorien beeindruckt, die direkt oder indirekt an unsere Moral appellieren, und wir stehen diesen Theorien nicht ausreichend kritisch gegenüber; wir sind ihnen intellektuell nicht gewachsen und werden ihre gutwilligen […] Opfer.«[16]

Wendet man diesen Gedanken auf die Felder der Politik, der Wirtschaft und der Religion an, so kann man durchaus entsprechende Parallelen in unserer Gesellschaft entdecken. So zum Beispiel:

- den »Glaubenskrieg« um den angeblichen oder tatsächlichen Klimawandel,
- die größtenteils subjektive und oft bar jeder Sachkenntnis geführte Debatte um Sexualstraftäter oder auch
- die Stigmatisierung der Raucher als Verletzer der grassierenden »Gesundheitsreligion«.

Popper redet keinem Zynismus das Wort. Er stellt fest, dass die großen moralischen Leuchtfeuer in unserer Gesellschaft erloschen sind und Tausenden von kleinen Taschenlampen Platz gemacht haben. Damit geht eine größere individuelle Entscheidungsmacht, aber auch ein größeres Frustpotenzial für den Einzelnen einher.

Bis hierher lässt sich festhalten, dass sich die alltägliche Überforderung des Einzelnen jenseits individueller Umstände aus drei großen gesellschaftlichen Strömungen speist:

1. **Arbeit als übergroßer Teil des Selbstwerts.** Zum einen wurde die eigene Rolle als arbeitender Mensch in der westlichen Gesellschaft zum übermächtigen Anteil des Selbstkonzepts, von dem Status, Wohlbefinden und individueller Lebenssinn abhängen. Das Ergebnis ist eine Dichotomie der Werte: Menschen mit Arbeit fühlen sich wertvoll, Menschen ohne Arbeit leiden unter ihrer vermeintlichen Wertlosigkeit und unter fehlender Anerkennung durch die Gesellschaft.

2. **Erfolg als Richtschnur aller Lebensbereiche.** Das Streben nach Erfolg ist als Quasireligion weitgehend akzeptiert. Das eigene Leben wird gegen Vergleichspersonen und -gruppen »gebenchmarkt«. Man verfällt in einen nie endenden Optimierungswahn

seiner selbst, der Karriere, der Partnerschaft, seiner Kinder. Wie eine Welle erfasst der Zwang zum Erfolg alle Lebensbereiche: Arbeit sowieso, aber auch Gesundheit, Fitness, Erziehung, Freizeitgestaltung etc.

3. **Atomisierung der Moral.** Da übergeordnete Strukturen wie Religion, Politik und Wirtschaft in ihrer Meinungsführerschaft versagen, bildet man aus dem Setzkasten der ethischen Orientierung einfach sein eigenes moralisches Weltbild. Ein bisschen Christ, ein bisschen Salon-Kommunismus, ein bisschen Selbsterfahrungskurs mit Darmspülung. Das ist bedeutsam und bedrohlich zugleich: Wenn ich mein moralischer »Master of the universe« bin und allein die Regeln aufstelle, bewahrt mich bei einem Absturz nichts vor der eigenen Niederlage. Ohne ein Korsett aus flankierenden Grundwerten und Grenzen überschreite ich diese – weil ich sie nicht mehr wahrnehme.

Genau das ist Burnout – eine bis zur Selbstauflösung reichende Überschreitung von Grenzen, die wiederum man erst *im Nachhinein* erkennen kann. Wie eine Brille, die einem von der Nase gefallen ist und die man erst nach dem Stolpern wieder aufsetzt. Warum man jedoch stolpert, wie die Brille eigentlich aussieht und wer einem am effektivsten hilft beim Aufrappeln – darüber streiten sich die Geister.

> **Wie eine Welle erfasst der Zwang zum Erfolg alle Lebensbereiche.**

Der einsame Reiter

Bei allen drei bislang besprochenen Bereichen – Arbeitsorientierung, Erfolgswahn und atomisierte Moral – lag das Augenmerk auf dem Geschehen außerhalb der Familie. Der vierte Faktor der alltäglichen Burnout-Überlastung liegt dagegen innerhalb: das Phänomen des *einsamen Reiters*, des *Lonesome Ranger*.

Viele Burnout-Betroffene berichten von Unverständnis, wenn sie quasi über Nacht von starken High-Performern zu schwachen, Halt suchenden Menschen werden. Manch einer bringt Tage und Nächte damit zu, seinem Partner oder seiner Familie zu erklären, wie es in ihm aussieht. Oft genug gelingt dies nicht. Das Spektrum eigener Emotionen reicht dabei von Wut und Existenzangst bis zum Gefühl der Erniedrigung und des Verrats. Jahr um Jahr hatte man investiert, in die Arbeitsstelle und den Partner, hatte gegeben und durchgehalten. Nur um im Burnout festzustellen, dass einen der Arbeitgeber ausgenutzt hat und nun fallen lässt. Dass der Partner nicht mit der neuen Situation zurechtkommt und sich möglicherweise trennen will.

Ich nenne das den »Abgrund«: die schwindelerregende Befürchtung, sein halbes Leben lang einer Lüge auf den Leim gegangen zu sein, nämlich dem Versprechen, auf die eigene Investition erfolge irgendwann die Belohnung, die Rendite, die Anerkennung. Das Ende des berüchtigten »Rattenrennens«, bei dem man eigenen und fremden Ansprüchen so lange hinterherhetzt, bis man nicht mehr kann. Die Erkenntnis, trotz der eigenen Cleverness, trotz der immensen Arbeitsleistung, sich im Leben so verschätzt zu haben und nun mit leeren Händen dazustehen, trifft einen oft wie ein Schlag.

Dabei geht es um mehr als nur die Frage, wer in der Abteilung die nächste Gehaltserhöhung bekommt. Es liegt in der Natur des Menschen, Spuren hinterlassen zu wollen, sichtbar zu sein und zu bleiben. Viele Menschen wollen sich durch Elternschaft »verewigen« und ihre Werte und Erfahrungen an ihre Kinder weitergeben. Maler und Musiker wollen bleibende Kunstwerke schaffen, und

> **Es liegt in der Natur des Menschen, Spuren hinterlassen zu wollen.**

auch der kleine Straßenmusiker träumte einst davon, Madonna oder Michael Jackson zu werden. Politiker bezeichnen ihre Taten und Entscheidungen gern als »historisch« oder »alternativlos«, um eine gewisse Dramatik zu erzeugen und sie mit Bedeutung aufzuladen. Teenies lechzen nach der Demütigung in einer Castingshow, weil sie so wenigstens kurz aus der Masse der Menschen herausragen. Wenn sie schon keinen Job kriegen, so doch wenigstens diese fragwürdigen 15 Minuten Ruhm. Man sieht vielleicht auch seine eigenen Eltern, wie sie langsam körperlich und geistig abbauen und hat Angst, »selbst einmal so zu enden«. Dann schaut man zurück auf sein eigenes Leben und erkennt vielleicht, wie wenige Spuren man hinterlassen hat, wie wenige liebevolle, tragfähige Beziehungen man in seinem Leben hat, wie wenige magische und bewegende Momente. Trotz der aufreibenden Arbeit, trotz des Alltagsmultitasking, trotz der vielen Opfer, die man gebracht hat. Das ist der Moment, in dem alles schwarz wird und einem der kalte Schweiß ausbricht. Und man beginnt sich zu fragen: Wo bin ich falsch abgebogen? Das ist der Moment, in dem man sich entscheiden muss: für ein Weiterleben als einsamer Reiter oder dafür, sein Leben zu ändern.

Um ein Bild zu gebrauchen: Der Burnout-Betroffene zieht ins Leben wie ein Ritter mit einem exzellenten Schwert: seinem Wissen, seinem Engagement, seiner Bereitschaft zu kämpfen, zu leiden und zu siegen. Das Schwert trägt ihn durch viele Kämpfe, von Sieg zu Sieg. Er ist erfolgreich: im Beruf, im Privatleben, bei der Organisation des Alltags. Zwischendurch muss das Schwert geschliffen werden; das war es dann aber auch. Bald treibt er erneut den Gegner mit großen Hieben vor sich her, erobert neues Territorium und bleibt der Lieblingskämpfer des Königs (beziehungsweise des Chefs), der einen wahlweise als Mann für aussichtslose Fälle oder Motivator nach vorne schickt. Diese Alternative ist auf Dauer genauso kräftezehrend wie das Gegenteil: Er reibt sich auf, kämpft an vielen Fronten und will der Liebling des Chefs werden, will irgendwann mit Reichtum und Ländereien belohnt werden. Aber es klappt nicht. Der Chef ignoriert ihn, trotz seiner Taten. Zur Anstrengung kommt dann auch noch der Frust.

Und Schutzlosigkeit. Denn leider hat der Ritter seinen Schild daheim vergessen. Sprich: die Fähigkeit, auch einmal Grenzen zu ziehen, Arbeitsaufträge abzuwehren, den Kampf nicht aufzunehmen. Nur mit Schwert *und* Schild ausgerüstet sollte man den Kampf mit einem Gegner wagen. Sonst wird man zum Lonesome Ranger, zum einsamen Helden, der glorreich, aber einsam in den Sonnenuntergang reitet. So lange, bis einem jemand in den Rücken schießt, weil man wieder einmal niemanden für seine Deckung mitgenommen hat. Nicht umsonst ist der »Pyrrhussieg« sprichwörtlich: Im alten Griechenland gelang es König Pyrrhus von Epirus, die Römer in der

Schlacht von Asculum (279 v. Chr.) zu schlagen. Allerdings erlitt Pyrrhus so hohe Verluste, dass er angeblich wehklagend ausrief: »Weh mir! Noch so ein Sieg, und ich bin verloren!« Ähnlich geht es dem Burnout-Betroffenen. Er zieht im übertragenen Sinne von Sieg zu Sieg, ohne zu bemerken, dass seine Truppen – seine Energiereserven – immer weniger und weniger werden. Bis er eines Tages zusammenklappt.

Wie wird man zum Lonesome Ranger, zum einsamen Helden der Arbeitswelt, der irgendwann erschöpft aus dem Sattel kippt? In der Regel ist das ein langer Weg. Die wenigsten von uns werden zum Lonesome Ranger geboren. In den meisten Biografien von Burnout-Betroffenen findet man jedoch gemeinsame Merkmale, Spuren und Indizien auf dem Weg der biografischen Analyse.

Ein wichtiges Puzzleteil im familiären Umfeld von Burnout-Betroffenen sind Eltern, die unbewusst Zuwendung ausschließlich gegen

> **Wie wird man zum Lonesome Ranger, der irgendwann erschöpft aus dem Sattel kippt?**

Leistung gewähren. Da werden Belohnungen und Geldgaben gegen gute Noten eingetauscht oder ein bestimmtes leistungsorientiertes Verhalten stark mit Lob und Zuneigung gefördert. An sich ist das nichts Schlimmes. Im Gegenteil. Ein Kind soll ja zu Leistungen angespornt werden und lernen, dass man sich im Leben Dinge auch mal erkämpfen und durchhalten muss. Das Problem wird akut, wenn Eltern *ausschließlich* auf Leistungsverhalten mit Zuwendung reagieren. Und das passiert gar nicht selten. So wird aus einer vielversprechenden Lösungsstrategie für die Zukunft und das Arbeitsleben eine Verhaltensfalle und das bedingungslose Ackern zum angeblich einzigen Weg, sich Liebe zu erstreiten.

Dieser Mechanismus wird besonders bei solchen Vätern ausgelöst, die nicht gelernt haben, Gefühle auszudrücken. Sie weichen auf das »Tauschgeschäft« Anerkennung gegen Leistung aus. Die guten Noten des Kindes oder ein bestimmtes Hobby, das dem Vater gefällt, geben ihm die Gelegenheit, ohne Gesichtsverlust loben zu können und gleichzeitig »Mann« zu bleiben. Denn Nähe zu zeigen oder Gefühle, bedeutet für diese Männer Schwäche sowie eine Verletzung ihres Männerbildes und damit ihres Selbstverständnisses. So wie sie von ihren Vätern hart erzogen wurden, geben sie diese Lehre an ihre Kinder weiter. Sie können einfach nicht anders, als Liebe in der Form eines Geschäftsabschlusses zu leben.

Befragt man Kinder solcher Väter, so hört man immer wieder in der Familie gefallene Sätze wie »Ich will schließlich nicht, dass mein Sohn verweichlicht«, »Leben ist nun mal Kampf« oder »Ich musste mich meinem Vater auch beweisen«. Unter diesem schädlichen »Gib mir was, dann kriegst du was«-Spiel leiden selbstverständlich Töchter ebenso wie Söhne. Töchter manchmal sogar noch mehr, wenn sie sich entsprechende Partner suchen, die das Spiel ebenfalls spielen – nur eben bewusst und manipulativ. Oft steigen solche Frauen in der Mitte des Lebens aus solchen Beziehungen und Arbeitsverhältnissen aus, indem sie einen schmerzhaften Reifeprozess durchleben und sich von diesem Vaterbild trennen, dem sie in ihrem Leben bislang vergeblich nachgejagt sind. Selbst Sätze wie »Ich will, dass du es besser hast als ich« oder »Du sollst es weiter bringen als ich« implizieren, das jemand im Beruf nicht erfolgreich ist und nicht glücklich sein kann.

Als Ergebnis lernen Kinder aus der Gleichung »Zuwendung gegen Leistung« ein Erfolgs- und Lebensprinzip, das ihr weiteres Leben durchzieht. Im Coaching können oft Situationen aus Berufsausbildung und Karriere wie Perlen auf eine Schnur aufgereiht werden, die das einmal erlernte Muster bestätigen. So kam einmal eine Abteilungsleiterin zu mir, die sich bitterlich darüber beschwerte, dass bereits jahrelang immer wieder Kollegen an ihr vorbei befördert würden. Sie war mittlerweile völlig am Boden zerstört und zweifelte an sich und ihren Fähigkeiten. Nach einiger Zeit arbeiteten wir heraus, dass sie bei Bewertungs- und Mitarbeitergesprächen mit ihrem Chef immer wieder in die Rolle der kleinen Tochter zurückfiel, die ihrem Vater (in Gestalt ihres Chefs) Rechenschaft ablegte. In diesen Momenten war sie viel zu abhängig von seinem Lob und der damit verbundenen »Liebe«, um in den Ring zu

> »Zuwendung gegen Leistung« ist ein Erfolgs- und Lebensprinzip, das oft das ganze Leben durchzieht.

steigen und endlich eine Beförderung zu fordern. Selbstverständlich tat der Chef auch nichts dergleichen. Sonst hätte er ja eine bienenfleißige, kompetente und nach Anerkennung dürstende Mitarbeiterin verloren, kurz: eine perfekte, belastbare, genügsame und überall einsetzbare Arbeitskraft.

Im Endeffekt erhoffte sich diese Abteilungsleiterin jahrelang die Anerkennung und Liebe, die ihr Vater ihr immer wieder versagt hatte – ein unerfüllbarer Wunsch. Doch genau diese Falle ist es, die so manchen im Burnout verbrennen lässt: die immer noch unbefriedigte Suche nach bedingungsloser Anerkennung durch die Eltern. Das, was der Betroffene nicht oder nicht ausreichend bekommen hat. Es ist diese Stimme im Kopf, die einen weitertreibt: Noch dieses Projekt, diese Aufgabe, noch dieses harte Jahr und ich werde erlöst, werde anerkannt, geliebt, ohne Wenn und Aber, löse endlich das große Ungleichgewicht in meinem Kopf auf. Finde Frieden.

Niemand brachte diese Falle bisher besser auf den Punkt als ein Klient, der mir einmal erklärte: »Herr Väth, ich versuche immer noch, meinem Vater zu beweisen, dass ich besser bin als er. Das Problem ist nur: Er ist seit zehn Jahren tot.« Und obwohl sich dieser Mann schon als Jugendlicher von seiner Familie getrennt hatte und in seinem Beruf sehr erfolgreich war, konnte er doch diese klaffende Wunde nicht schließen, die ihm sein Vater geschlagen

Der einsame Reiter zeichnet sich durch Eigeninitiative und Selbstständigkeit aus.

hatte: Du musst *beweisen*, dass du meiner Liebe würdig bist. So ein Geschacher von den Menschen, die einem im Leben am nächsten stehen sollten, kann uns bis ins Mark erschüttern, uns verhärten. Bis wir alles hinter uns lassen und zum Lonesome Ranger werden, der sich eher aus dem Sattel schießen lässt, als Hilfe anzunehmen. Denn man muss das Leben allein meistern, sonst ist man nichts wert. Das haben Mummy und Daddy einem gründlich beigebracht.

Die positive Seite des einsamen Reiters liegt in seiner bewundernswerten Neigung zur Eigeninitiative und Selbstständigkeit. Mit ihr schießt er jedoch zunehmend übers Ziel hinaus, je ausgeprägter sein Leistungsdenken und je fordernder das Arbeitsumfeld wird.

Wie der Schlüssel im Schloss sucht und findet der Burnout-Anfällige komplexe und verantwortungsvolle Tätigkeiten, die zu seinem Leistungshunger passen und an denen er sich austoben kann. Dementsprechend ist die erste Phase eines Burnouts auch mit *Enthusiasmus* überschrieben (siehe Seite 55): die berühmte *Win-win-Situation*, bei der das Unternehmen und der Burnout-Anfällige sich gegenseitig in die Hände spielen. Die Firma bekommt einen Mitarbeiter, der sich von Anfang an voll reinkniet, kompetent und mit hoher Energie. Der Burnout-Anfällige wiederum kann sich beweisen, will produktiv sein und das alte Muster von Liebe gegen Leistung einmal mehr voll ausleben. Dass diese Gleichung im Arbeitsleben niemals aufgehen kann, weil diese Form von Anerkennung und Liebe nur die Eltern und engsten Verwandten stillen können, weiß er nicht. Ihm fehlen die Schutzmechanismen, der oben angesprochene Schild, den andere Menschen haben.

Initiative, Perfektionismus und Sozialkompetenz als Bestandteile des Organisationstalents von Burnout-Betroffenen führen oft dazu, dass diese ihre Familien zusammenhalten. Nicht selten sind Burnoutler die Manager ihrer Familie, halten die Generationen zusammen, sind die Nabe im Rad des Familienalltags. Es gibt Fälle von Betroffenen, die als Vermittler die Scheidung ihrer Eltern organisieren oder als diplomatisches Bindeglied zwischen Eltern und Großeltern pendeln, weil sich diese beiden Generationen nicht mehr vertragen. So schnappt die Beziehungsfalle zu: Die Selbstaufopferung von Burnoutlern und ihr Bestreben, ihre Familie im Gleichgewicht zu halten, gründet auf der irrigen Annahme, sich durch diese Leistung eine wie auch immer geartete Harmonie erkaufen zu können. Die Nabe in der Radmitte hat stark zu sein.

Burnoutler glauben, sich durch Leistung Harmonie erkaufen zu können.

Wenn diese Nabe im Zuge des Burnouts bricht, fängt das Rad gefährlich an zu eiern und ist in Gefahr, gänzlich auseinanderzufallen. Denn jeder in der Familie hat seinen Platz gefunden rund um den Lonesome Ranger, der alle Probleme in den Griff kriegt und das System Familie managt. Und der einsame Held in der Mitte wiederum hat seinen Platz liebgewonnen, hat aus dem Funktionieren heraus eine gewisse Befriedigung erhalten, die erst durch das erzwungene Hinterfragen der Lebenssituation ins Wanken kommt. So implodiert eine Familie im Burnout nach zwei Seiten: Das Lebensgebäude des Betroffenen stürzt in sich zusammen. Und die Familie muss erkennen, wie sehr sie sich in all den Jahren einen Manager herangezüchtet hat, der ihre scheinbar heile Welt in der Balance gehalten hat. Bis jetzt.

Dazu noch ein Beispielfall: In meiner Praxis saß eine erfolgreiche, attraktive Frau Mitte 30 mit Doktortitel, die eigentlich wegen einer beruflichen Beratung gekommen war. Sie hatte gleich mehrere Karriereoptionen, unter denen sie wählen konnte. Und genau das war das Problem – sie konnte sich nicht entscheiden. Wie so oft in solchen Fällen kamen wir von einem offensichtlichen Businessthema schnell auf ein Problem auf der persönlichen Ebene zu sprechen. Im Coaching wurde der Klientin klar, warum sie sich nicht entscheiden konnte: In allen bisherigen Lebensphasen und beruflichen Stationen war sie immer die »kleine, brave Tochter« gewesen, die die Leistungsansprüche ihrer Eltern erfüllt und dafür Zuneigung geerntet hatte. Das hatte sie gründlich satt, konnte aber nichts dagegen tun, weil sie bislang diesen Mechanismus nicht durchschaut hatte. Im Coaching platzte dieser Knoten. Sie führte einige durchaus sehr emotionale, aber heilende Gespräche mit ihren Eltern und hatte schließlich die Kraft und Klarheit für eine Karriereentscheidung.

Schlimm genug also, wenn Eltern auf den Trichter der unbewussten Leistungsdressur verfallen. Immer häufiger jedoch kommt es gar nicht mehr dazu, weil keine Eltern mehr da sind, die diesen Druck ausüben könnten. Der Trend zur Ein-Elternteil-Familie nimmt zu; Großfamilien sind höchstens noch ein Thema für nostalgische Retro-Soaps im Privatfernsehen. So lebten 2006 in Deutschland 2,7 Millionen alleinerziehende Mütter und Väter mit Kindern – eine Zunahme von 24 Prozent innerhalb von zehn Jahren.[17] Auch die Zahl Alleinstehender – Ledige, verheiratet getrennt Lebende, Verwitwete und Geschiedene – nimmt zu: 2006 waren in Deutschland 16,5 Millionen Menschen ohne Lebenspartner und ohne Kinder alleinstehend. Das sind 16 Prozent mehr als noch 1996.[18] Selbst in traditionellen

Familien arbeiten immer mehr Eltern gleichzeitig (bei Ehepaaren: 19 Prozent, bei ehelichen Lebensgemeinschaften: 38 Prozent).[19]

Insgesamt also fragmentiert unsere Gesellschaft zusehends. Für das aufwachsende Kind bedeutet das eine mangelhafte Orientierung an Rollenbildern in der Kindheit und wenig Zeit mit den Eltern. Vom Luxus eines Großfamilienverbundes ganz zu schweigen. Wir haben in Mitteleuropa eine familienpolitische Situation geschaffen, die für Kinder wenig erfreulich ist.

Hier schließt sich der Kreis: Je weniger Eltern korrigierend eingreifen können, desto größer wird der Einfluss dominanter gesellschaftlicher Strömungen. Und das sind bei uns nun mal die bereits ausgiebig diskutierte übermächtige Stellung der Erwerbsarbeit für das eigene Selbstbild, ein dominantes Streben nach Erfolg in allen menschlichen Bereichen und die fehlende Orientierung an intellektuellen, religiösen, philosophischen und politischen Größen. Die alltägliche Überforderung wirft die Netze nach uns allen aus, doch der Burnout-Gefährdete reagiert darauf in seiner ganz spezifischen, selbstzerstörerischen Weise. Daher muss sich der Schwerpunkt zur Prävention und Behandlung von Burnout verschieben: hin zu einer gesellschaftlichen und wirtschaftlichen Debatte und weg von einer rein nachsorgenden Burnout-Industrie.

2. KAPITEL
Die Burnout-Industrie

*Es war heiß – jedenfalls für April. Die Sonne schien durch die Bäume
vor seinem Haus. Vögel sangen. Die Natur strahlte Optimismus aus – ein
Gefühl, das Konstantin Wagner im Moment so gar nicht nachvollziehen
konnte.*

*Wagner strich erneut eine Telefonnummer auf seinem Zettel durch.
»Schon wieder eine Nullnummer«, seufzte er innerlich. Dies war schon der
vierte Therapeut in seiner Stadt, den er wegen eines Erstgesprächs angeru-
fen hatte. Und wieder hatte er eine Absage erhalten. Dass es so schwierig
werden würde, seinen Burnout therapeutisch anzugehen, hatte er nicht
gedacht. Eine gewisse Hoffnungslosigkeit ergriff von ihm Besitz.*

*Nicht genug damit, dass er nun seit vier Wochen krankgeschrieben war
und er bei seinem Chef auf der Abschussliste stand. Das wusste er von
Werner. Und jetzt fand sich auch partout kein Therapeut, der für ihn Zeit
hatte. Alle hatten sie ihn vertröstet – ehrlich bedauernd, aber in der Sache
unerbittlich. Vor drei, vier Monaten sei da gar nichts zu machen, so der
einhellige Tenor. Alle seien »voll bis Oberkante Unterlippe«. Konstantin
Wagner fragte sich, wie das Ganze laufen würde, wenn er selbstmordge-
fährdet wäre. Wenn man sozusagen schon mit dem Handy in der Hand auf
der Brücke steht und noch einmal einen Versuch startet. Da bräuchte man
schon mehr als »La Paloma« in der Warteschleife.*

*Dabei war es schon schwierig gewesen, diese sechs Therapeuten aufzu-
tun. Sein Hausarzt hatte ihm einen empfohlen, die anderen hatte er sich
selbst zusammengesucht: aus den Gelben Seiten und aus Empfehlungen
von Internet-Foren. Mit mildem Entsetzen hatte er festgestellt, dass man
als Betroffener gar nicht so leicht an einheitliche Listen von qualifizierten*

Burnout-Therapeuten kam. Da war viel Eigeninitiative und Recherche gefragt – eine Arbeit, die sich Konstantin Wagner in seinem Zustand gern erspart hätte. Er fuhr sich mit der Hand müde über die Augen.

»Was soll man schon machen?«, dachte er. »Du musst mit den Karten spielen, die du kriegst.« Das hatte er immer getan und das Beste daraus gemacht. Er setzte sich an den Küchentisch, griff zum Telefon und wählte die nächste Nummer.

Fast jeder, der ab und zu eine Zeitung aufschlägt oder den Fernseher einschaltet, hat inzwischen von Burnout gehört, kennt jemanden, der darunter leidet oder ist selbst Burnout-Opfer. Der Begriff »Burnout« wurde 1974 vom deutschstämmigen Psychoanalytiker Herbert Freudenberger geprägt, zuerst in den USA publiziert und hat sich über die Zeit in unseren allgemeinen Sprachgebrauch gefräst wie Sonne durch ein Brennglas. Manchmal muss man der angloamerikanischen Welt einfach dankbar sein für ihre Sprachkreationen, die Dinge auf den Punkt bringen, jedoch nur schwer oder gar nicht ins Deutsche übersetzbar sind. »Sophisticated« oder »Sabbatical« gehören auch dazu.

Beim Thema »Burnout« sprechen wir also nicht von balinesischen Kochrezepten auf Chili-Ingwer-Basis, die sich nur einem kleinen Kreis internationaler Spitzenköche erschließen. Im Gegensatz zu balinesischem Essen ist Burnout in aller Munde. Aber was ist Burnout genau? In wie vielen gestressten Köpfen steckt er? Wie groß ist eigentlich das Burnout-Problem in Deutschland? Und wie reagiert die Gesundheitsindustrie darauf?

Eschers Treppe

Kennen Sie das Werk *Treppauf und Treppab* des niederländischen Künstlers M. C. Escher? Es ist das Bild einer Treppe, deren Stufen sich scheinbar rundherum immer höher schrauben. Dennoch landet das Auge des Betrachters immer wieder bei der untersten Treppenstufe. Eine optische Täuschung, die sogar dann bestehen bleibt, wenn das Gehirn um den Täuschungseffekt weiß. Die Wahrnehmung folgt eben manchmal nicht den Gesetzen der Logik – auch wenn der Vulkanier Spock im *Raumschiff Enterprise* stets dafür gekämpft hat.

Ein ähnliches Paradox finden wir beim Burnout. Der Begriff »Burnout« ist längst Allgemeingut, während die Wissenschaft seit über 30 Jahren bei der Eingrenzung, Diagnose und den Begründungsmodellen von Burnout keine nennenswerten Fortschritte gemacht hat. Das ist auf den ersten Blick überraschend, denn Burnout findet sich quasi überall: in der Tagespresse, in Ratgebern und Selbsthilfeliteratur, als Diskussionsthema auf Personalmessen und in TV-Formaten. Nicht zu vergessen die abendlichen Gespräche unter Freunden, bei denen man beklagt, man fühle sich so ausgebrannt, müde und lustlos, dahinter stecke bestimmt ein Burnout.

Wenn man den Begriff »Burnout« bei Google eingibt, erhält man etwa 59 Millionen Fundstellen. Begrenzt man die Suche auf deutschsprachige Seiten, bleiben immerhin noch knapp 6,5 Millionen. Obwohl der Begriff seit über 30 Jahren populärwissenschaftliche Karriere gemacht hat, ist sich die Wissenschaft bis heute nicht einig, was Burnout eigentlich ist: eine echte Störung im klinischen Sinn? Eine Unterform der Depression? Eine Modediagnose für gestresste Großstädter, die ihrem sinnentleerten Scheitern wenigstens den Abgang des Heroischen gönnen wollen?

Fest steht, dass vor dem Phänomen des modernen Burnouts bereits an vergleichbaren Erschöpfungszuständen geforscht wurde. Der amerikanische Neurologe George Miller Beard veröffentlichte 1869 in New York einen Aufsatz zu einem Krankheitsbild, das er »Neurasthenie« nannte, eine »nervöse Überreizung«, die vor allem geistig anspruchsvolle Berufe und die Oberschicht betraf und die erhebliche Ähnlichkeiten mit heutigen Burnout-Symptomen hatte:

> **Die Wissenschaft ist sich nicht einig darüber, was Burnout eigentlich ist.**

Kraftlosigkeit, Appetitmangel, Schlafstörungen, Kopf- und Gliederschmerzen etc. Bis zu Beards Tod im Jahr 1883 legte die Neurasthenie als medizinische Diagnose eine erstaunliche Karriere hin.

Nachdem Beard das Entstehen der Neurasthenie mit der beginnenden Industrialisierung inklusive Presse, Telegrafentechnik und der aufkeimenden Frauenbewegung in Zusammenhang gebracht hatte, galt es in bestimmten Kreisen fast als schick, an Neurasthenie zu leiden. Zeigte man doch dadurch, dass man sich bewusst an Industrialisierung und Modernisierung beteiligte (sonst würde man ja nicht darunter leiden). Und nichts ist für eine aufstrebende Mittelschicht elektrisierender, als zur gesellschaftlichen Avantgarde zu gehören. Daher zähle ich Klaus Wowereits Spruch über Berlin, das »arm, aber sexy« sei, zu den kleineren, aber politisch genialen Werbekampagnen der letzten Jahre. Eine ähnliche Bewegung war die Psychoanalyse-Welle im New York der 1980er-Jahre, während der jeder, der etwas in der New Yorker Gesellschaft auf sich hielt, einen Analytiker für seinen gestressten Dauerzustand sein Eigen nennen musste. Hier war die Visitenkarte des Psychiaters, die man bei Partys aus dem Täschchen zog und weiterempfahl, Ausdruck des eigenen Stresspegels und zugleich Zurschaustellung der Aufopferungsbereitschaft als Dienst an der Gesellschaft.

Während nun die Psychologieforschung der letzten 100 Jahre insgesamt auf vielen Gebieten Erfolge und eine durchaus lebendige Geschichte zu verzeichnen hat, kümmern die wissenschaftlichen Ergebnisse zu Burnout weiter vor sich hin – trotz des Vorläuferkonzepts Neurasthenie und eines jahrzehntelangen, medialen Begriffsgebrauchs bis zur Abnutzung.

In der psychiatrisch-klinischen Forschung drückt sich das durch ein – in der Fachwelt beachtetes, von der Öffentlichkeit unbemerktes – Missverhältnis aus: Während in der für Europa gültigen *International Classification of Diseases ICD-10*, dem Standardwerk für die Einteilung psychischer Störungen, die Neurasthenie in der Störungsklasse F48.0 immer noch mehr oder weniger prominent vertreten ist, fristet Burnout als Zusatzkategorie Z73.0 »Erschöpfungssyndrom (Burnout-Syndrom)« im Kapitel 21 (»Faktoren, die den Gesundheitszustand beeinflussen und zur Inanspruchnahme des Gesundheitswesens führen«) ein Schattendasein.[1] Burnout ist für die klinische Forschung eine sogenannte Ausschlussdiagnose: Sie kommt dann zur Anwendung, wenn man andere Krankheitsbilder wie Depression oder Persönlichkeitsstörungen für eine Diagnose ausgeschlossen hat und einfach nichts anderes passt. Wirklich trennscharfe Kriterien, die einem Psychologen oder Hausarzt innerhalb eines Katalogs zeigen könnten, diese und jene Symptome bedeuteten eindeutig Burnout, gibt es nicht. So bleibt es dem gesunden Menschenverstand des einzelnen Laien, der Presse und der Daumenpeilung des Betriebsarztes überlassen, ob es sich um Burnout handelt oder nicht.

Die Burnout-Forscher Andreas Hillert und Michael Marwitz nennen diesen Zustand ungeschminkt eine »Katastrophe«. Sie nähern sich dem Thema »Burnout« empirisch – mit ernüchternden Ergebnissen. Nach Durchsicht

Burnout wird meist diagnostiziert, wenn nichts anderes passt.

der wissenschaftlichen Landschaft müssen sie zugeben, dass bislang tragfähige Daten zu Burnout, seiner generellen Symptomatik und seinen Varianten fehlen. Burnout bleibe lediglich ein »starker, emotionaler Begriff« – gut für den Normalbürger und die Presse, schlecht für seine wissenschaftliche Beschreibung und Definition.[2]

Wie kann man Burnout trotzdem begrifflich einkreisen? Leicht ist das nicht. In der Literatur existieren über 50 verschiedene Definitionen von Burnout. Seit den Tagen Herbert Freudenbergers hat man hier keine nennenswerten Fortschritte gemacht. Am leichtesten fallen noch die Symptombeschreibungen. Burnout verursacht verschiedene Formen *körperlicher, emotionaler* und *geistiger Erschöpfung.* Dabei reicht das Spektrum von Müdigkeit und Energiemangel (»leere Batterie«) über vielfältige Süchte und psychosomatische Beschwerden (Kopf- und Rückenschmerzen, Tinnitus etc.) bis hin zu Niedergeschlagenheit, Hoffnungslosigkeit, Reizbarkeit und sogar Selbstmordgedanken. Symptomatisch gibt es starke Überschneidungen mit Formen der Depression und dem Konzept der sogenannten Erlernten Hilflosigkeit.

Es lohnt sich, einen Moment die Erlernte Hilflosigkeit genauer anzuschauen. Dieses psychologische Phänomen stellt in der Tat ein Grunddilemma des modernen Menschen dar. Ein Beispiel soll das verdeutlichen. Man nehme einen Hund und bringe ihm ein Kunststück bei. Wenn er das Kunststück erfolgreich absolviert, bekommt er eine Belohnung. Das wiederholt man so oft, bis der Hund weiß: Wenn ich das Kunststück mache, kriege ich ein Leckerli. Das nennt man *Kontingenzregel* und ist ein wichtiger Bestandteil auch unserer menschlichen Lernfähigkeit. Auf gewisse Dinge im Leben muss man sich verlassen können, damit man sie nicht mehr überprüfen muss: Herdplatte = heiß. Wenn wir nämlich alles und jedes ständig auf seine Gültigkeit überprüfen müssten, kämen wir gar nicht mehr zum Leben. Bestimmte Dinge lernen wir und speichern sie ab – fertig. »Wasser ist nass, der Himmel ist blau, Frauen haben Geheimnisse«, wusste etwa schon Action-Star Bruce Willis.

Zurück zu unserem Hund. Nachdem er gelernt hat, dass er für sein Kunststück eine Belohnung bekommt, machen wir Folgendes: In unregelmäßigen Abständen belohnen wir den Hund nicht für sein Kunststück, sondern bestrafen ihn, zum Beispiel durch Schläge. (Die Hundeliebhaber mögen mir an dieser Stelle verzeihen. Mein Hund ist Gott sei Dank theoretischer Natur und hat außer dem Erdulden meiner Gehirnwindungen nicht viel zu leiden.) Was passiert? Der Hund ist verwirrt, er kann keine logische Verbindung mehr ziehen zwischen dem Kunststück (seiner Arbeitsleistung) und der Belohnung (dem Erfolg). Die Kontingenzregel wird gebrochen. Erhält man diesen Zustand von unkontrollierbarer Belohnung und Bestrafung aufrecht, wird sich der Hund irgendwann nur noch wimmernd in die Ecke legen und gar nichts mehr machen, weil die berechenbare Grundlage seines Handelns verschwunden ist. Er kann sich nicht mehr darauf verlassen, für sein Kunststück eine Belohnung zu bekommen. Vielleicht wird er sogar noch bestraft! Das Ende vom Lied: Verwirrung, Resignation, Rückzug, Überforderung.

Die Kontingenzregel bestimmt unser Handeln.

Wir Menschen reagieren manchmal nicht anders als der Hund, wenn auch auf einem höheren und komplexeren Niveau. Die Kunststücke des Hundes sind unsere täglichen Arbeitsleistungen. Die Belohnungen bestehen aus Gehalt, Popularität, einem schöneren Büro, Status etc. Alles gut, soweit die Kontingenzregel gilt.

Doch immer öfter wird sie gebrochen. Immer mehr arbeitende Menschen haben das Gefühl, es gar nicht mehr in der Hand zu haben, ob sie ihren Arbeitsplatz behalten oder nicht. Sie sehen sich einer bestrafenden Willkür ausgeliefert, mit wechselnden Bezeichnungen: Globalisierung, Restrukturierung, Management, Zeitarbeit. In der Folge resignieren diese Menschen, machen Dienst nach Vorschrift oder entwickeln konkrete Burnout-Symptome. Sie haben das Gefühl, die Kontrolle über ihren Arbeitsplatz – und damit über ihr Leben – zu verlieren. Nach dem Motto: Was soll ich mich groß anstrengen? Ich habe es doch sowieso nicht in der Hand. »Die da oben« entscheiden doch.

Aus dieser Resignation entsteht über Wochen, Monate, Jahre hinweg ein Dauer-Alarmzustand für das Gehirn, ein ständiges Auf-der-Lauer-Liegen. Stress vom Allerfeinsten. Als ob man sogar in der geschützten Höhle noch Angst vor dem Säbelzahntiger hat. Und dieser latente, dauerhafte Stress ist unbestritten ein Hauptfaktor für Burnout. Langanhaltender (beruflicher) Stress kann in Burnout münden. Doch wer dafür jenseits des allgemeinen Mechanismus der Erlernten Hilflosigkeit eine besondere Anfälligkeit aufweist, ist keineswegs eindeutig. Als populäre Burnout-Auslöser gelten auf der Ebene individueller Persönlichkeit immerhin Perfektionismus, Selbstbilddefizite, Idealismus und der Drang nach Anerkennung. Charaktereigenschaften, die hervorragend zu karriereorientierten Arbeitskräften von heute passen. Allerdings scheinen noch andere Konzepte wie Resilienz, das heißt die psychische Widerstandskraft gegenüber Stress und widrigen Umständen, eine Rolle zu spielen.

Bei keinem anderen psychologischen Störungsbild gibt es eine derartige Diskrepanz zwischen der allgemeinen Popularität des Begriffs und dem wissenschaftlichen Kenntnisstand. Hillert und Marwitz beklagen, dass das wissenschaftliche Bild von Burnout »umso unschärfer wird, je schärfer man Burnout unter die Lupe nimmt.«[3] Auch was individuelle Entwicklungen oder Phasenverläufe angeht, hat man sich auf keine einheitlichen Modelle geeinigt. Letztlich lassen sich alle Verlaufsmodelle, die je nach Forscher zwischen drei und zwölf Phasen pendeln, in einem fünfstufigen System zusammenfassen: Enthusiasmus, Stagnation, Frustration, Apathie und Endstufe (manifester Burnout)[4]:

- Vor allem im Einstieg, dem idealistischen **Enthusiasmus**, schlagen Persönlichkeitsfaktoren wie Perfektionismus und das berüchtigte Helfersyndrom zu. Der Einzelne wird quasi vom

System durch Belohnung angefixt: Geld, Karriere, Status oder – psychodynamisch komplexer – die Selbstbestätigung durch Aufopferung. Im ersten Stadium ist der Burnout scheinbar für beide Seiten, für Firma und Arbeitnehmer, eine Win-win-Situation: Belohnung gegen hochproduktive Arbeitsleistung. Das ideale, wenn auch hochlabile Paar der heutigen Arbeitsgesellschaft.

- Irgendwann geht der Enthusiasmus in **Stagnation** über. Man kann einfach nicht mehr »wegschaffen«, die Belohnungen verlieren ihren Reiz, die Arbeitslast bleibt gleich, die Produktivität sinkt. Von diesem Moment an zehrt der Mensch von seiner mentalen und emotionalen Reserve – ohne dies zunächst zu bemerken. Der menschliche Organismus ist ungeheuer leistungsfähig, sodass er auch extreme Dauerbelastungen, Stress und Mangelerscheinungen über weite Strecken kompensieren kann. Doch von jetzt an tickt die Uhr der Selbstzerstörung. Einem Junkie ähnlich versucht man, sich durch die alten Drogen »Erfolg«, »Geld« und »Anerkennung« zu motivieren und muss sich doch einen immer größer werdenden Leistungsabfall eingestehen.

- Schließlich bricht offene **Frustration** aus. Die Perspektive einer Verbesserung verschwindet, der Einzelne beginnt bereits, die Erlernte Hilflosigkeit auszubilden – noch nicht generalisiert und noch nicht hoffnungslos. Aber der Organismus kämpft nun permanent mit Überlastung. Die Fassade des sozialen Funktionierens bröckelt. Man wird krank, will niemanden mehr sehen, »hat einfach keinen Bock mehr«. Eine zunehmende Gefühlsachterbahn beginnt: von depressiven Phasen bis zu punktuellen Motivationsinseln, auf die man sich im Glauben, das Meer der Verzweiflung mit dem eigenen kleinen, morschen Ruderboot bis zur Küste durchpflügen zu können, rettet.

- In der **Apathie** zeigt sich die Erlernte Hilflosigkeit in vollem Umfang. Der Einzelne lässt nun sein (Arbeits-)Schicksal vor sich ablaufen wie einen Film, in dem er nur noch eine Statistenrolle hat. Er ist reizbar, unkonzentriert und kann sich selbst minimalen Veränderungen im Tagesablauf nur noch schwer anpassen. Der Hund liegt noch nicht röchelnd in der Ecke, aber er wankt bereits dorthin. Freunde und Arbeitskollegen wenden sich von ihm ab, da er immer unleidlicher wird. Die Teamleistung verschlechtert sich rapide, egal ob als einfaches Mitglied oder als Führungskraft.

- Im **Endstadium** schließlich, dem manifesten Burnout, wird der Junkie von seinem Dealer durch Freistellung oder Restrukturierung fallen gelassen. Das stillschweigende Anfangsbündnis, Belohnung gegen Leistung, wird aufgekündigt. Dem medizinisch-therapeutischen Betrieb bleibt es überlassen, die Reste einzusammeln, um den Einzelnen wieder hochzupäppeln, damit er wieder auf die Straße gehen kann, nachdem er »seine Lektion gelernt hat«. So bitter wie verlogen.

Das Bild eines Junkies kommt nicht von ungefähr: Burnout ist nicht zuletzt eine individuelle Sucht, vergleichbar mit Alkohol-, Drogen- und Spielsucht. Ohne es zu merken, begibt sich der Burnout-Gefährdete in eine Abhängigkeitsspirale. Sein »Stoff« besteht aus Gehalt, Status, Anerkennung und der Befriedigung innerer Ansprüche, zum Beispiel der Gleichung »Arbeit = Anerkennung«. Mit der Zeit wird der Burnout-Junkie immer abhängiger von seinem Stoff, er braucht intensivere Kicks: mehr Arbeit, schwierigere Aufgaben, mehr Verantwortung,

Burnout ist eine individuelle Sucht.

mehr Kommunikation. Bis zum *Tipping point*, der Grenze, an der als angenehm empfundene Herausforderungen plötzlich ins Bedrohliche abrutschen, weil einem die Ressourcen zu deren Bewältigung ausgehen: zu wenig Zeit, zu wenig Energie, eine generelle Überforderung des Organismus bis hin zum Zusammenbruch.

Der klassische Burnout-Betroffene *will* belastet werden. Darin besteht ja der Kitzel. Nur dass der Mechanismus irgendwann zwangsweise ins Gegenteil umschlägt, denn der menschliche Organismus ist nicht grenzenlos belastbar. Erst gegen Ende der Burnout-Spirale fällt es den Betroffenen wie Schuppen von den Augen, wie stark ihre Arbeitsbelastung zugenommen hat und wie wenig sie dem noch entgegensetzen können – auch das ist ein klassischer Suchtmechanismus. In der Rückschau haben sie es selbst – und vor allem das Umfeld – ja schon länger gesehen. Dann hören sie Sprüche wie »So konnte es ja nicht ewig weitergehen« und »Das hat man ja schon immer gedacht, dass der so endet«. Hinterher ist man bekanntlich immer schlauer. Und wer den Schaden hat, braucht für den Spott nicht zu sorgen.

Trotzdem sind Burnout-Betroffene nicht nur Opfer. Die wahren Hürden in der Burnout-Behandlung liegen nicht in der körperlichen und psychischen Regeneration. Dafür haben wir inzwischen ein Netz aus Kliniken und Therapeuten, wohlgespannt von der Burnout-Industrie. Die wahre Herausforderung für den Betroffenen ist das Aussteigen aus der Sucht, nachdem er wieder auf den Beinen ist: eine tiefgreifende Neuprägung von Werten, der Rolle von Arbeit für das eigene Selbstbild und eine Lösung vom Mechanismus »Anerkennung gegen Leistung«.

Damit er nicht wieder in die Burnout-Sucht abstürzt, muss der Betroffene psychologische und neuronale Belohnungssysteme verändern. Psychologisch bedeutet das, seinen Wert als Mensch, Partner und Teil der Arbeitsgesellschaft nicht nur aus der Arbeitsrolle zu ziehen. Neurologisch gesehen muss das Gehirn langsam von den bisherigen Kicks entwöhnt werden (zum Beispiel dem Adrenalinschub, den ein Lob vom Chef auslöst). Und das dauert. Während der Burnout-Mechanismus rein kognitiv relativ schnell durchschaut und intellektuell verarbeitet werden kann, braucht das Gehirn mit seinen emotionalen Verknüpfungen viele Wochen oder Monate Zeit, neuronale Netze zu lösen beziehungsweise neu zu verbinden. So lange, bis sich nur noch ein schwacher oder gar kein hormoneller Kick mehr einstellt. Wie schwer das ist, zeigen Studien mit Alkoholikern: Noch zehn Jahre nach deren Entwöhnung konnten die entsprechenden neuronalen Belohnungsmuster im Gehirn reaktiviert werden.

Im Burnout versagen psychische Abwehrkräfte.

Im Burnout versagen psychische Abwehrkräfte. Bei fast allen Burnout-Betroffenen besteht eine Lust an der eigenen Leistung, ein

Sich-beweisen-Wollen. Burnout ist ein Spiel mit dem Feuer, ein Mechanismus mit hohem Suchtpotenzial, wenn ein Mensch mit einer entsprechend geprägten Persönlichkeit auf ein Burnout förderndes Umfeld trifft.

Vom Kopf auf die Füße

Hillert und Marwitz definieren Burnout als »eine langfristige Stressfolge aufgrund lang anhaltender Überlastung, die von der betroffenen Person nicht erfolgreich bewältigt werden kann.«[5] Demzufolge besteht Burnout aus drei Elementen: Variablen der eigenen Persönlichkeit und der Umgebung sowie aus erlebtem Stress.

Während die für einen Burnout ausschlaggebenden Persönlichkeitsmerkmale (Perfektionismus, schwaches Selbstbild etc.; hier würde ich noch das schon beschriebene »Lonesome Ranger«-Syndrom dazuzählen) und die Stresstheorien relativ gut erforscht sind, herrschen in der Definition der Umgebungsfaktoren noch Defizite. Bislang konzentriert man sich auf »harte« Messgrößen wie Lärm, Hitze, unergonomische, krankmachende Sitzmöbel und ähnliche Dinge. Das erscheint mir zu eng gefasst; daher möchte ich im Folgenden zwei Phänomene vorstellen, die mir für die Erforschung und Bekämpfung von Burnout ebenso wichtig erscheinen:

> **Burnout besteht aus Variablen der eigenen Persönlichkeit und der Umgebung sowie aus erlebtem Stress.**

- **Unternehmensatmosphäre.** Der Unternehmensberater Raimund Schöll hat das Konzept der »Atmosphärischen Intelligenz« entwickelt. Er unterscheidet sechs Grundarten von Atmosphären in Unternehmen: aufgekratzt-hektisch, kämpferisch-hitzig, niedergeschlagen-ohnmächtig, freundlich-gelassen, kühl-distanziert und abwertend-dämonisierend.[6] Je nach Abteilung und Team können ganz unterschiedliche Atmosphären herrschen. Diese mischen sich und bilden die tatsächliche

Gesamtatmosphäre einer Firma – die wiederum beträchtlich von der Idealatmosphäre eines Leitbilds auf dem Papier abweichen kann. Nicht umsonst erntet die Leitbilddiskussion in vielen Firmen inzwischen nur noch ein müdes Lächeln.[7] Die Mitarbeiter wissen um die eher destruktive Gesamtatmosphäre, die mit einem reinen Leitbildentwurf eben nicht kompensiert oder ausgeschaltet werden kann. Es verwundert, dass Konzepte wie die »Atmosphärische Intelligenz« nicht bereits in zahlreiche Change-Projekte und in die alltägliche Arbeit der internen Firmenkommunikation eingeflossen sind. Moderne Konzepte wie das zur betrieblichen Atmosphäre helfen uns zu verstehen, was die unsichtbaren »Gesetze« in Unternehmen sind, die unter der Hand weitergeben werden. Woraus besteht der ganz spezielle Mix der eigenen Firmenkultur? Und wie verändert man ihn? Die Finanzkrise hat als Systemkrise gezeigt, dass wir als Bürger, arbeitende Menschen und soziale Wesen einen Kodex brauchen, wie wir in der Arbeitswelt miteinander umgehen wollen. Dass man sich persönlicher Verantwortung stellen muss. Genauso gut kann man Werte in Unternehmen dazu benutzen, die Burnout-Bereitschaft bei Mitarbeitern zu erhöhen – was oft auch praktiziert wird.

- **Kollektive Intelligenz.** Hierzu gehören Phänomene der Arbeitswelt, die wir als arbeitende Bevölkerung allgemein akzeptiert haben und im Grunde nicht mehr hinterfragen: Multitasking, Zeitmanagement, Arbeit als Sinnstiftung, Erfolg als Muss. Auch Trends, die durch technologische Umwälzung entstehen oder verstärkt werden, zählen zu diesen Faktoren: Medien- und Technikkompetenz (beziehungsweise deren Fehlen), eine Sehnsucht nach positiver Wertekultur, die Tatsache des demografischen Wandels und die Überforderung von Führungskräften in einer immer komplexeren Arbeitsanforderung.

Was bedeutet das für unser Bild von Burnout? Wir müssen bei der Analyse und der Bekämpfung von Burnout alle vier Ebenen betrachten: Persönlichkeit des Betroffenen, Unternehmensvariablen, Atmosphäre und kollektive Intelligenz mit all ihren Facetten.

Nicht zuletzt gehört zu einem neuen Verständnis von Burnout eine Erweiterung des Phasenmodells, sozusagen die vorgeschaltete *Phase 0*:

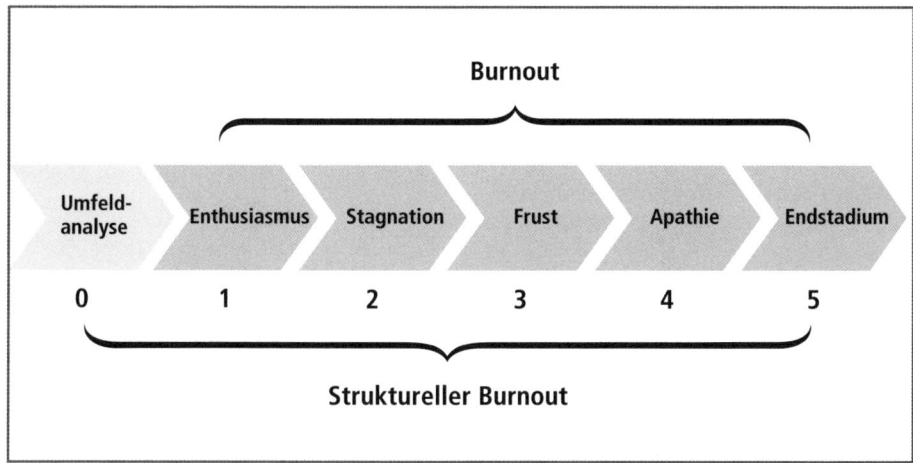

Eine neue Phase für das Burnout-Modell

Man könnte die Phase 0, die Umfeldanalyse, auch »Szenerie« nennen. Wie in einer Theaterszene sind in dieser Phase alle organisatorischen, individuellen und atmosphärisch-kollektiven Requisiten bereits vorhanden, die Burnout begünstigen. Betritt der Burnout-Gefährdete in der Phase »Enthusiasmus« die Szene, ist es für einen Umbau bereits zu spät. Der Plot läuft und der Einzelne bedient sich der Requisiten, die vorhanden sind. In der Nichtberücksichtigung dieser Szenerie-Phase – der Umfeldanalyse – besteht der blinde Fleck, den sich Firmen bezüglich Burnout immer noch leisten. Ohne sich um strukturelle Aspekte zu kümmern, stürzt man sich eher einseitig auf die Nachsorge von Burnout-Betroffenen – durch Anti-Stress-Workshops, therapeutische Hilfe oder gleich stationäre Klinikaufenthalte. Doch immerhin ist ein Umdenken zu erkennen. Schiere Not, immer weniger Fachkräfte und ein zunehmender »War for talents« zwingt Organisationen dazu, sorgsamer mit ihren Mitarbeitern umzugehen und Burnout strukturell vorzubeugen, anstatt hinterher »die Leichen aufzusammeln«.

Allein die Fehlentwicklung Multitasking kostet Menschen in unserer modernen, vernetzten Arbeitsgesellschaft viel Zeit und Nerven. Ohne uns zu fragen, ob Multitasking an sich sinnvoll ist, verlieren wir uns in pseudo-wissenschaftlichen Scheindebatten über diesbezügliche Männer-Frauen-Unterschiede. Dabei geraten wichtige Erkenntnisse unseres humanistischen Erbes aus dem Blick. Zum Beispiel, dass dem Multitasking eine »Idee der Maschine« zugrunde liegt. Perfekt für einen IBM-Server oder den PC zu Hause – aber ganz sicher keine belastbare Grundlage für die Konstruktion eines menschlichen Arbeitsalltags (siehe Kapitel 3).

Man stürzt sich einseitig auf die Nachsorge von Burnout-Betroffenen.

Nicht anders beim Zeitmanagement. Eine Art Allmachtsfantasie gaukelt uns vor, wir könnten Zeit auf irgendeine Art managen, einteilen, portionieren und beherrschen. Dies ist ein Irrtum. Gegen unseren Drang, Zeit zu rationalisieren, arbeiten mächtige Strömungen unseres Unterbewusstseins, die von der gleichen Allmachtsfantasie ignoriert werden. Das bisschen Stress, das wird man doch wohl noch managen können. Warum das die meisten eben nicht können – davon wird in Kapitel 4 zu sprechen sein.

Ebenso von den umwälzenden technischen Entwicklungen des letzten Jahrzehnts. Das Internet und die damit verbundenen Medienmöglichkeiten sind ein wertvolles Instrument. Sie können unsere Arbeit, unsere Kommunikation, ja unsere ganze Art zu leben sinnvoll erweitern und verbessern – wenn man sie richtig einsetzt und dosiert. Und genau dieses Wissen geht vielen Menschen und Firmen ab. Getragen von einer anfänglichen Welle der Begeisterung für neue Techniken, läuft die Brandung irgendwann aus und man landet am Strand der Ernüchterung und neuer, vorher nicht gekannter, manchmal noch nicht einmal genau definierter Phänomene. Mediale Überforderung und »digitale Demenz« sind die neuen Zeichen eines verspielten, meist sinnentleerten, mindestens aber falsch eingesetzten Kommunikationsarsenals, das uns in Form von Smartphones, »CrackBerrys«, Twitter und E-Mail-Flut fest im Griff hat (siehe Kapitel 5).

Die meisten Menschen definieren sich heutzutage über ihre Arbeit. So sehr, dass sie es zulassen, dass sich ihre Rolle als Arbeitender auf der Bühne des Lebens ständig vergrößert und andere Rollen zu Statisten degradiert. In diesem Sinne bedeuten die modernen Arbeitsformen eine gefährliche Entgrenzung zulasten der Privatheit und des sozialen Lebens. Denn die Kehrseite ist: Für die Rolle unseres Lebens brennen wir gerne mal aus. Und nimmt man sie uns weg, gehen wir kaputt (Kapitel 6). Es ist schwer, aus dieser Perspektivlosigkeit wieder herauszukommen. Das gelingt meist nur unter Schmerzen und indem man lernt, neue Rollen zu lernen und auf der Bühne des Lebens zu spielen, die nicht in erster Linie »Leistungsrollen« sind.

> **Für die Rolle unseres Lebens brennen wir gerne mal aus.**

Zusammenfassend lässt sich festhalten, dass die Definition des strukturellen Burnouts einen grundsätzlichen Wechsel in der Bekämpfungsstrategie fordert. Sie konzentriert sich nicht (nur) auf die Heilung des Individuums, wenn das sprichwörtliche Kind bereits in den Brunnen gefallen ist, sondern schafft durch Prävention eine größtmögliche Eindämmung von Burnout, bevor er entsteht. Dafür muss man neben den bereits bekannten Indikatoren (Persönlichkeit, Umfeld, Stresserleben) die atmosphärischen Aspekte und die kollektive Intelligenz berücksichtigen. Außerdem muss eine »Szenerie«-Phase in die Verlaufsforschung einfließen, anhand derer man in Unternehmen sämtliche organisatorischen, individuellen und atmosphärisch-kollektiven Burnout-Indikatoren analysiert und ein System entwickelt, anhand dessen man Burnout präventiv begegnet.

Die volkswirtschaftliche Katastrophe

Wie viel wirtschaftlichen Schaden verursacht Burnout eigentlich? Die meisten Berichte sprechen von ca. sechs bis sieben Milliarden Euro jährlichen Kosten in Deutschland.[8] Das ist kein Pappenstiel, sondern eine Größe, der das Gesundheitssystem auf Bundesebene Beachtung schenken sollte.

Andere Studien gehen sogar von drastisch höheren Zahlen aus. So schätzt die Fürstenberg-Performance-Studie 2010 die wirtschaftlichen Folgekosten von psychosozialen, familiären und körperlichen Problemen allein für Deutschland auf gigantische 262 Milliarden Euro – pro Jahr.[9] Das sind mehr als elf Prozent des preisbereinigten deutschen Bruttoinlandsprodukts. Zum Vergleich: Mit dem Geld, das volkswirtschaftlich jedes Jahr durch diese Faktoren verloren geht, könnte man dreimal das 80-Milliarden-Euro-Sparpaket der Bundesregierung bezahlen. Dann würde man auch Herrn Schäuble endlich mal wieder lächeln sehen. Die Autoren der Studie kommen zu dem Schluss, dass der Leistungsausfall der Arbeitnehmer und die Milliardenkosten »die Relevanz des Faktors Mitarbeitergesundheit als volkswirtschaftliche Größe« unterstreichen. Mit anderen Worten: Firmen werden sich das Ignorieren von strukturellen Burnout-Faktoren und das Delegieren des Problems an die Gesundheitsindustrie nicht mehr lange leisten können.

Was steckt alles in diesen Milliardenbeträgen? Diese Zahl setzt sich zusammen aus »weichen« und »harten« Kosten. Solchen, die man leichter, und solchen, die man schwerer in Geld messen kann.

Burnout verursacht Kosten im Milliardenbereich.

Direkt am Arbeitsplatz verursacht ein Burnout zunächst einmal eine rapide schwindende Konzentration, Missmut, ein schlechtes Betriebsklima, Gleichgültigkeit gegenüber Kollegen, Verweigerung der Teamarbeit bis zur inneren Kündigung. Der Zustand wird umso schlimmer, je länger ein Burnout andauert. Das ist der Punkt, an dem sich auch in der Wirtschaftswelt die Geister scheiden. Zwischen Arbeitgebern, die sagen: »Mir egal!«, und Arbeitgebern, die das als Warnsignal begreifen. Denn von mangelnder Konzentration und Niedergeschlagenheit ist es nur ein kleiner Schritt dahin, wo es einer Firma wirklich weh tut: hohe Fehlerquote und Auftragsverlust.

Ein Musterbeispiel dafür ist die Callcenter-Branche. Wir alle kennen das: Irgendwer von irgendeiner Firma ruft an und will uns Dinge verkaufen, die wir nicht brauchen. Ich persönlich frage inzwischen immer als Erstes, woher die Firma meine Nummer hat. Weigert sich der Callcenter-Agent – nennen wir ihn Bob –, mir das zu sagen, lege ich sofort auf. Wer den Test besteht, dem widme ich eventuell einige Minuten meiner kostbaren Zeit.

Diese wenigen Minuten sind für beide Seiten von hoher Bedeutung: Bob muss mich davon überzeugen, dass er ein tolles Produkt oder eine Dienstleistung verkauft, und ich muss mich entscheiden, ob ich auf sein Angebot eingehen will. Daher ist es für Bob äußerst wichtig, optimistisch, frisch und kompetent zu wirken. Und genau hier trifft Bob auf die Burnout fördernden Arbeitsbedingungen der Callcenter-Branche wie Wasser auf eine Wand. Der Autor Günter Wallraff recherchierte 2007 undercover in einem Kölner Callcenter. Er bezeichnet Menschen wie Bob als »Arbeitssklaven« und gibt zu Protokoll, dass »einige Spitzenverkäufer aus Kölner Callcentern zwischendurch im Park Koks oder Crack nehmen, je nachdem, was sie sich leisten können«. Man müsse schließlich »so tun, als sei man auf der Gewinnerseite, dabei gehört man zu den Verlierern. Den Leuten geht es wirklich dreckig. Die meisten, die den Job länger gemacht haben, brauchen eine Therapie.«[10] Insofern ist das Callcenter-Business in der Tat eine Burnout-Branche par excellence, die die Arbeitskraft von Menschen »verbrennt«, bevor sie sie therapiebedürftig wieder ausspuckt.

Auch im weiteren Umfeld von Betrieben sind die wirtschaftlichen Folgen eines Burnouts erkennbar: Lohnfortzahlung im Krankheitsfall oder Produktionsverlust beispielsweise. Verlässt der Arbeitnehmer seine Firma dauerhaft, verliert die Abteilung Know-how. Um die Stelle wieder zu besetzen, kommt es zu Aufwendungen für den Personalersatz (Anwerbemaßnahmen, Einarbeitungszeit, eventuell Vermittlungskosten an Personalberater). War der Mitarbeiter im Vertrieb oder an einer sonstigen Schlüsselstelle zu Kunden tätig, können sich Kundenbindungen lösen. Auftragsverzögerungen oder -aufhebungen sind die Folge.

Burnout ist jedoch weder auf Branchen noch auf untere Hierarchie-Ebenen in Unternehmen begrenzt. Wie eine Studie des Karriereportals StepStone aus dem Jahr 2007 aufdeckt, zeigen 25 Prozent aller Fach- und Führungskräfte in Deutschland Burnout-Symptome. 56 Prozent der Befragten kommen mit ihrem Arbeitspensum nicht mehr zurecht.[11] Provokativ formuliert haben wir also in Deutschland eine Situation geschaffen, in der über die Hälfte der arbeitenden Bevölkerung von sich sagt: Ich schaffe meinen Job nicht mehr.

Bei solch hohen Zahlen kann man beim Burnout nicht mehr von einem persönlichen Problem sprechen, das der Einzelne mit sich selbst ausmachen soll. Das Thema reicht tiefer. Bislang jedoch führen wir noch keine breite gesellschaftliche Debatte über die Arbeitsbedingungen einer Gesellschaft, die Menschen zwingt, ihre Arbeitskraft zu verbrennen. Wir haben gewisse Arbeitsabläufe, im wahrsten Sinne des Wortes un-menschliche Bedingungen und Burnout fördernde Werte in Wirtschaft und Gesellschaft akzeptiert. Der Rest ist unser Problem. Und was für eins.

Über die Hälfte der arbeitenden Bevölkerung in Deutschland sagt von sich: Ich schaffe meinen Job nicht mehr!

Der DAK Gesundheitsreport 2009 für Deutschland legt offen, dass inzwischen hinter jedem zehnten Fehltag von Arbeitnehmern eine psychische Störung steht (1998: hinter jedem 16.).[12] Das schließt Burnout genauso ein wie beispielsweise Depressionen, Suchtstörungen, Angst- und Persönlichkeitsstörungen. Wenn nun ein Arbeitnehmer länger ausfällt und sich bei seinem Arzt eine Arbeitsunfähigkeitsbescheinigung (AUB) holt, beginnt für ihn in der Regel eine interessante, ins Bizarre abgleitende Reise ins Herz der deutschen Gesundheitsindustrie. Denn der berühmte gelbe Zettel, den man beim Arbeitgeber einreichen muss, ist erst der Anfang.

Will man sich wegen eines Burnouts oder einer Depression bei einem der rund 12 000 in Deutschland niedergelassenen ausgebildeten Psychotherapeuten behandeln lassen, steht man nicht selten vor verschlossenen Türen. Vor allem in den ländlichen Gebieten und in Ostdeutschland herrscht eine bedenkliche Unterversorgung und es kommt bereits seit Jahren zu einem gefährlichen Patientenstau. Wer als Arbeitnehmer bei sich Behandlungsbedarf erkennt und mit einer akuten Depression oder einem Burnout bei einer psychotherapeutischen Praxis anfragt, muss nicht selten monatelang auf einen Termin für ein Erstgespräch warten. Nach Aussage der Bundespsychotherapeutenkammer (BPtK) erhält zudem nur knapp die Hälfte der Interessenten für eine Psychotherapie überhaupt einen Termin für ein Erstgespräch.[13] Bis es soweit ist, hat sich das Problem möglicherweise von selbst erledigt: durch Kündigung des Mitarbeiters, Resignation und verlorenes Interesse an einer Behandlung oder in sehr tragischen Fällen durch den Freitod des Betroffenen.

Vor einiger Zeit veranstaltete ich in Baden-Württemberg einen Workshop zum Thema »Psychische Störungen im Coaching«. Wie sich herausstellte, waren fast alle Teilnehmer Unternehmensberater im Gesundheitssektor. Deren Anliegen ist es, Krankenhäuser zu beraten, Arbeitsabläufe in Arztpraxen zu verbessern oder Personalentwicklung zu betreiben. Keine Klischee-Berater mit nach hinten gegelten Haaren und Lederkoffer, sondern sozial engagierte Menschen, die für ihre Klienten das Beste wollen.

Natürlich kam auch das Thema »Burnout« zur Sprache, das fleißig diskutiert wurde. Hinterher schütteten mir einige Teilnehmer ihr Herz aus und berichteten von teilweise haarsträubenden Fällen, mit denen sie in der Vergangenheit konfrontiert wurden, zum Beispiel von einem Chirurgen, der sich vor der Operation regelmäßig mit Drogen ruhig spritzte. Ein älterer Berater erzählte mir von diesen und anderen Missständen in einem Krankenhaus, das er gerade beriet. Er zuckte mit den Schultern, schaute mich ernst an und meinte: »Schauen Sie, Herr Väth, was soll ich machen? Ich muss diesem Arzt kündigen. Da stehen doch Menschenleben auf dem Spiel. Aber wohin soll ich ihn schicken? In diesem Therapeuten- und Beratungsdschungel kennt sich doch keine Sau aus.« Der Mann hat recht. Ein Pferdefuß der Psychotherapieszene ist, dass Otto Normalverbraucher keine Chance hat, den Therapeutenmarkt zu durchschauen. Es gibt:

Der Therapeutenmarkt ist für den Betroffenen undurchschaubar.

- Psychologische Psychotherapeuten (Diplom-Psychologen mit anerkannter therapeutischer Zusatzausbildung),
- Psychiater (Ärzte mit psychologischer Zusatzausbildung),
- Therapeuten mit der Erlaubnis der Psychotherapie nach dem Heilpraktikergesetz (HPG),
- »einfache« Diplom-Psychologen sowie
- Coachs und private »Therapeuten«.

Daneben gibt es unzählige Seminare und niedrigschwellige Angebote privater und öffentlicher Träger, die Stressmanagement, Zeitmanagement, Wellness oder Esoterik vielfältiger Art anpreisen.

Für alle diese Gruppen gibt es rechtliche Verordnungen, was sie dürfen (und was nicht), die manchmal nicht einmal Fachleuten geläufig sind. In Internetforen stoße ich bisweilen auf entsprechende Debatten, die aus irgendwelchen unqualifizierten, angeblich juristischen Statements bestehen. Da mischt man sich am besten gar nicht ein; zuhören will dort sowieso fast keiner. Doch diese Foren zeigen mir auch, dass sich der durchschnittliche Arbeitnehmer noch viel weniger als die Therapeuten auskennt, wenn er entscheiden muss, an wen er sich mit seinem Burnout wenden soll.

Gemeinsam ist allen diesen Angeboten der Burnout-Industrie, dass sie, provokativ formuliert, vom Leid der Betroffenen leben. Damit keine Missverständnisse aufkommen: Wir brauchen, nicht nur in Deutschland, eine breite, qualifizierte Palette von Nachsorgeangeboten für Burnout-Betroffene. Sobald jemand seine Arbeit oder seinen Alltag aufgrund von Burnout nicht mehr meistern kann, muss er einen möglichst schnellen, möglichst leichten und möglichst bezahlbaren Zugang zu Hilfsangeboten bekommen. Das läge allein schon in der Logik einer Gesellschaft, die der Arbeit einen so hohen Stellenwert beimisst. Dass dieselbe Gesellschaft dem Einzelnen einerseits Arbeitsleistung bis zum Burnout abverlangt und andererseits wenig für die Burnout-Prävention tut, zeigt eine gewisse Verlogenheit, die der Debatte eigen ist.

Einer optimalen Versorgung von Burnout-Betroffenen stehen zurzeit mehrere Fakten entgegen, die von der Burnout-Industrie mitverursacht werden:

- **Undurchschaubarkeit des Beratungs- und Therapieangebots.** Es gibt weder eine allgemeingültige Klassifizierung der Angebote noch allgemein bekannte, zugängliche, qualitätsgeprüfte Verzeichnisse für Seminare und Therapeuten. Der Einzelne muss im Telefonbuch blättern, über Google suchen und hat dennoch immer auch eine Restunsicherheit über die Qualität des Produkts und über die Passung. »Passung« bedeutet: Ist das Angebot, das ich wähle, für mich das richtige? Reichen für mein

Stadium von Burnout einige Wellness-Einheiten oder benötige ich ein Coaching oder gar eine Therapie, um Persönlichkeitsstrukturen zu verändern? Ein Laie kann das ebenso schlecht beurteilen wie der psychologisch ungeschulte Hausarzt. Daher müsste, wenn wir schon von sinnvoller Nachsorge sprechen, eine Stelle existieren, die den Burnout-Betroffenen fachlich kompetent einschätzt und ihm das dafür passende Hilfsangebot vermittelt.

- **Konzentration auf die Nachsorge, nicht auf die Verhinderung von Burnout.** Die Burnout-Industrie hat naturgemäß ein Interesse daran, dass die Gesellschaft im Allgemeinen und die einzelnen Menschen im Besonderen Burnout »produzieren«. Sonst bricht ihr das Geschäft weg. Genauso wie die Autolobby keine Förderung des Güterverkehrs auf der Schiene will, hat die Burnout-Industrie kein Interesse an breiten Präventionsmaßnahmen, obwohl man sonst gern das geflügelte Wort »Vorsorge ist besser als Nachsorge« im Munde führt. Dieses Geschäftsinteresse ist durchaus legitim und wird auch weiterhin seine Gültigkeit behalten. Bedenklich wird es dann, wenn das Diktum der Nachsorge so umfassend wird, dass man hierüber Ansätze der Prävention vergisst beziehungsweise unterlässt. Dies scheint momentan der Fall zu sein.

- **Burnout-Beratung als Modeerscheinung.** Im Coaching- und Beratermarkt gibt es so gut wie keine Einstiegshürden. Jeder kann ein Schild an die Tür hängen, sich Psychologischer Berater nennen und loslegen. Staatliche Regeln gibt es weitgehend nicht; Zertifizierungen bestehen aus selbst gewählten Standards einiger Verbände. Irgendwann gibt es ein Überangebot, die Preise purzeln, die Qualität sinkt, es bilden sich Nischen. Der Betroffene verliert so schnell den Überblick und weiß nicht, wer jetzt eigentlich der richtige Ansprechpartner für sein Anliegen ist. Letztlich entsteht die gleiche Situation wie bei staatlichen Stellen, nur mit einer besseren Marge für den Therapeuten.

Wir haben auf der einen Seite ein wachsendes Problem mit Burnout und anderen psychischen Störungen, die von der Arbeitswelt verursacht werden. Auf der anderen Seite lässt dieselbe Arbeitswelt den Betroffenen allein und schiebt ihn zum nächsten Hausarzt ab, der in der Regel wenig bis gar nicht in der lokalen Therapeutenszene vernetzt ist. Auf die Suche nach einer geeigneten Behandlung wiederum muss sich der Betroffene dann allein und uninformiert machen. Hat er Glück und gerät er an einen kompetenten Therapeuten, kann der natürlich nichts anderes tun, als sein stirnrunzelndes Bedauern auszudrücken mit dem Hinweis, doch in fünf Monaten für ein Vorgespräch (!) noch mal reinzuschauen. Man muss kein Einstein sein, um zu sehen, dass hier etwas gewaltig schiefläuft. Mal ganz abgesehen von dem Leid des Einzelnen hat diese Rennerei von Pontius zu Pilatus handfeste finanzielle Folgen – und das zumindest ist doch die Sprache, die auch die Wirtschaft verstehen sollte.

Die Arbeitswelt lässt die Betroffenen allein.

Wo das institutionelle System aus Psychiatern und anerkannten Therapeuten überfordert ist, springt die Burnout-Industrie in die Bresche. Es muss vor etwa drei, vier Jahren gewesen sein, als ich spürte, dass der Burnout-Zug spürbar an Fahrt aufnahm. Überall schossen Burnout-Prophylaxe-Seiten im Internet aus dem Boden, selbstständige Therapeuten und Berater konzentrierten sich auf das Thema »Burnout«. Ganze Firmen gründeten sich mit dem Schwerpunkt »Betriebliches Gesundheitsmanagement« – woran die Bearbeitung von Burnout einen wesentlichen Anteil hat. Ich selbst erhielt Angebote von Firmen aus Hannover und Frankfurt, mich dort als freier Mitarbeiter, Psychologe und Coach zu betätigen. Neuerdings scheint eine Art exklusives »Event-Burnout-Coaching« – eine Reise zu exotischen Zielen, Einzel-Burnout-Betreuung inklusive – in manchen Kreisen en vogue zu sein.

Burnout in den Medien

Leider tut die Presse wenig, um den Begriffs- und Beratungswald rund um Burnout zu lichten. Das ist umso bedauerlicher, als sie bei der Wahrnehmung und Diskussion von Burnout eine entscheidende Rolle spielt. Journalisten, Radio- und Fernsehleute haben einerseits den Hang zur Verkürzung und Dramatisierung – das liegt in der Natur der Sache – und andererseits oft nicht das professionelle Hintergrundwissen, um die Relevanz psychologischer Phänomene richtig einzuschätzen.

Genau diesen Umstand bedauern die beiden Burnout-Forscher Andreas Hillert und Michael Marwitz. Sie betonen, dass abseits der Fachliteratur, mit der sich nur ein kleiner Zirkel von Psychologen und Forschern beschäftigt, »absolute Windstille« herrsche und »nicht die kleinsten Zweifel« am herkömmlichen Burnout-Bild zu bemerken seien. Artikel in Zeitungen und Zeitschriften sowie die mehr als 100 deutschsprachigen Bücher zum Thema »Burnout« erschöpften sich in »mehr oder weniger originellen Behandlungs- und Präventionsvorschlägen«, im Sinne von »Entspannung tut gut« oder »Tritt mal kürzer«. Offenbar seien alle Beteiligten, Leser, Magazine und Autoren, mit diesem Zustand zufrieden. Burnout habe sich damit in der Wahrnehmung der breiten Masse »gegenüber wissenschaftlicher Bevormundung weitgehend emanzipiert«. Hillert und Marwitz stellen sarkastisch heraus, dass »der Flut wohlmeinender Anti-Burnout-Beiträge zum Trotz« sich die Burnout-Epidemie stetig weiter ausbreite.[14]

Es besteht die Gefahr, dass Burnout zur Modediagnose wird.

So entsteht die Gefahr, aus einer Mischung von Halbwissen und Persönlichkeitsfixierung mit Burnout eine weitere Modediagnose zu kreieren, die mit dem tatsächlichen Stand der Wissenschaft nur noch wenig zu tun hat. Nach der Multiplen Persönlichkeit Ende der 1980er-Jahre oder dem Aufmerksamkeitsdefizitsyndrom (ADS) und dem damit verbundenen Siegeszug von Ritalin® wäre dies die nächste Sau, die man durchs Dorf treibt. Hillert und Marwitz nennen das »die Pirsch nach spektakulären Schicksalen und Schlagzeilen von unüberbietbarer Eindeutigkeit, wie es diverse Medien nötig haben«.[15]

Am Ende solcher Entwicklungen steht jeweils der gesellschaftliche »Party-Effekt«: Die Diskussion löst sich so weit von jeder wissenschaftlichen Grundlage, dass auf einer Party jeder über Burnout oder ADS oder was auch immer mitreden kann. Weil er ihn angeblich selbst hat oder jemanden kennt, der ihn »ganz sicher« hat. Fakten schwinden, während schließlich jeder eine Meinung sein Eigen nennt.

Viel lieber als über die schwierige Burnout-Forschung (wo fängt Burnout an?, wie misst man ihn?) berichten Medien über emotionale Themen und Persönlichkeiten wie die Kommunikationswissenschaftlerin Miriam Meckel, die mittlerweile mit ihrem Selbsterfahrungsbuch *Brief an mein Leben* so etwas wie die Ikone der deutschen Burnout-Bewegung geworden ist. Eine überaus erfolgreiche, attraktive Frau, die abstürzt und geläutert aus der Asche sich erhebt: Das ist der Stoff, aus dem Helden geboren werden. Es folgt die mediale Vermarktungsmaschine aus Personality-Talkshows, Bekenntnissen, Buchbesprechungen, Vorträgen und der Versicherung der Protagonistin, aus ihren Erfahrungen gelernt zu haben.

Allerdings mischen sich auch kritische Stimmen in die Diskussion um Frau Meckel. So wirft ihr Sarina Pfauth in der Süddeutschen Zeitung »Gier« vor und die Unfähigkeit, ihre intellektuellen Erkenntnisse aus dem Burnout auf das eigene Leben zu übertragen. »Nichts hat sich geändert«, schreibt Pfauth. Die Korrekturen in Meckels Leben seien nur »kosmetischer Art« und der Burnout diene ihr nun als »Zusatzqualifikation«, um weiter mit quietschenden Reifen durchs vollgepfropfte Leben zu brettern.[16]

Egal, wie man den Fall Meckel betrachtet: Er ist beispielhaft für die fragwürdige Diskussion, die wir über Burnout führen. Und die Medien sind ein Teil davon. Bis zu einem gewissen Grad ist es natürlich interessant, ob und wie Menschen wie Frau Meckel ihren Burnout meistern. Dennoch ist dies Teil der Scheindiskussion, die den Lichtkegel auf Einzelschicksale richtet, bei denen das Kind schon in den Brunnen gefallen ist. So bleibt der Burnout ein singuläres Thema, dem sich der Einzelne mit seiner ungeteilten Verantwortung stellen muss.

Dies vernebelt die Tatsache, dass wir uns zwar sehr viel über Burnout unterhalten, ihn wissenschaftlich jedoch immer noch wenig begreifen oder eingrenzen können. Um den Unterschied zwischen Bekanntheitsgrad und wissenschaftlicher Unschärfe zu verstehen, muss man sich kurz die Entstehungsstunde des Burnout-Konzepts, quasi den Urknall der heutigen Situation, vergegenwärtigen. In der ersten wissenschaftlichen Publikation zum Thema, der Schrift *Staff Burn-out* von Herbert Freudenberger, war Burnout als psychologisches Phänomen in seinen Grundzügen so gut wie vollendet. Freudenberger verwendet nur drei Fußnoten, in denen er ausschließlich eigene, frühere Werke zitiert.[17] Fast könnte man meinen, Freudenberger habe das Thema »Burnout« bewusst in einen eher gesellschaftlich-kulturellen Zusammenhang stellen wollen statt in einen psychopathologischen.

Wir reden viel über Burnout, verstehen jedoch wenig.

Dass sich die psychologische Forschung des Themas annehmen und es als ihre ureigene Domäne betrachten würde, war ein logischer Schluss. Doch wo eine Tür aufgeht, gehen andere Türen zu. Vielleicht hätte man bereits Mitte der 1970er-Jahre eine Debatte über die gesellschaftlichen Implikationen von Burnout führen sollen. Burnout als Oberbegriff für eine Störung der modernen und postmodernen Gesellschaft, eher ein Sammelbecken an Symptomen und Befindlichkeiten als ein psychopathologisches Syndrom.

Diese gesellschaftliche Debatte ist bisher ausgeblieben. Burnout ist ein Problem des Individuums geblieben und erst in zweiter Linie eine Frage der Unternehmensorganisation. So kauft sich eine durchökonomisierte Gesellschaft, in der die Wirtschaft große Teile des intellektuellen Diskurses beherrscht, von ihrer Verantwortlichkeit für das Entstehen von Burnout frei und beruhigt ihr Gewissen durch die intensive und mit guten Vorsätzen ausgestattete Bekämpfung – auf der Ebene des einzeln Leidenden.

3. KAPITEL
Mythos Multitasking

Für Elke Schneider begann der Tag um halb sieben. Nicht mit dem Klingeln ihres Weckers. Ihr BlackBerry vibrierte und sie wusste: Die Zahlen aus Dubai sind da. Während sie schlaftrunken aufstand und sich im Bad fertigmachte, kochte bereits der Kaffee. Nach einem hastigen Frühstück klappte sie ihren Laptop auf und bearbeitete die E-Mails, die in den letzten zwölf Stunden aufgelaufen waren. Sie beantwortete außerdem drei SMS und setzte sich anschließend ins Auto.

Auf dem Weg ins Büro telefonierte sie mit ihrem Dubai-Kontakt und ihrer Assistentin. 8.30 Uhr. Es würde knapp werden heute, doch das war öfter so. Elke Schneider kramte schnell noch ein paar Tabletten aus dem Handschuhfach, die ihr der Arzt verschrieben hatte, einen Muntermacher oder »Upper«. Abends warf sie »Downer« ein, Beruhigungsmittel. In letzter Zeit schlief sie schlecht. Aber das würde nach dem Dubai-Projekt sicher besser werden.

Drei Stunden und zwei Meetings später stellte sich bei Elke Schneider ein gewisses Gefühl der Leere ein. Sie mochte ihren Job sehr und war direkt nach ihrem Studium zu dieser Firma gewechselt. Doch immer öfter ertappte sie sich dabei, wie sie im Büro saß und starrte. Einfach starrte, während sich ein Gefühl der Erschöpfung breitmachte. Trotzdem konnte, durfte sie dem nicht nachgeben. Ihre Arbeit war ihr Leben.

13.30 Uhr. Mitten in einem Telefonat mit Dr. Tirscher platzte Jana, ihre Assistentin, herein und überbrachte die Hiobsbotschaft: Das Dubai-Projekt stand auf der Kippe. Jetzt hieß es schnell handeln. Telefonkonferenz mit Dubai, Dr. Thalmann war auch dabei. Während des Meetings kontrollierte Elke Schneider ihre E-Mails und reagierte auf einige SMS. Dubai war

*schließlich nicht ihr einziges Problem. Trotzdem musste ihre Präsentation
für Donnerstag warten.*

*19.30 Uhr. Feierabend. Obwohl Dr. Thalmann sie für ihr Dubai-
Engagement gelobt hatte, kam es bei ihr nicht an. Der restliche Tag hatte
ihr nicht eine freie Minute für produktive Arbeit gelassen. Weder Projekt-
Updates noch ihre Präsentation hatte sie verfassen können. Sie war nur
zwischen neuen Telefonkonferenzen, Faxen aus Fernost und E-Mails hin-
und hergesprungen. Manchmal hasste sie diese Art zu arbeiten, aber so
war nun mal das Leben.*

In einem *Krieg der Sterne*-Film beschwert sich der alte, grüne Jedi-
Meister Yoda über seinen Schüler Luke Skywalker: »Immer gerich-
tet auf die Zukunft war sein Blick, auf den Horizont. Nie war er bei
dem, was ihn umgab. Nie bei dem, was er tat.« Und er stocherte
missmutig mit seinem Stock auf Skywalkers Hemd herum. Schließlich brauchte es die volle Konzentration eines Jedi-Schülers, um auf
dem Weg der Erleuchtung die geheimnisvolle kosmische »Macht«
kennen und beherrschen zu lernen. Und nach Yodas Ansicht hatte
Skywalker noch einen weiten Weg vor sich.

Nun haben wir heute keinen Sternenkrieg, keine mystische
Macht und – sofern wir in einer Kellerwohnung leben – auch keinen hehren Horizont, auf den wir unseren Blick richten können.
Im Gegensatz zur Wüste von Tatooine, in der Luke Skywalker aufwächst, sind wir in der Regel täglich umgeben von Menschen und
Dingen wie Telefonen, Computern, Plasmafernsehern und anderen
Erzeugnissen der digitalen Ära. Mit Dingen also, die unsere Aufmerksamkeit beanspruchen, uns informieren, bespaßen, ablenken
oder anleiten. Mit denen wir arbeiten oder spielen, kommunizieren
und organisieren und die selbst unsere alltäglichsten Situationen beeinflussen.

Früher machte man Witze über japanische Gebrauchsanweisun-
gen für Videorekorder, denen man sich mehr oder weniger unterwarf.
Oder einfach den Nachbarn fragte. Heute geht es nicht mehr darum,
einzelne Geräte zu bedienen, sondern mit der allgegenwärtigen Vernetzung zurechtzukommen, die sich in kompletten Gerätefamilien
abbildet: Terminkalender und Adressbuch müssen vom Computer
auf das Handy übertragen werden, um ständig auf dem Laufenden

zu sein. Umgekehrt synchronisieren wir nach einer Geschäftsreise neue Termine vom Smartphone auf den Rechner – oder speichern sie gleich in der Internet-»Cloud«, der »Wolke«, die uns hierfür verschiedene Dienste anbietet.

> **Wir müssen heute mit der allgegenwärtigen Vernetzung zurechtkommen.**

Diese äußere Synchronisation des eigenen digitalen Lebens – Dokumentenmanagement am Laptop, Facebook-Seite, Twitter-Account – findet seine innere Entsprechung im Multitasking-Prinzip. Im Coaching gibt es die Diagnosemethode des »Innen wie Außen«. Oft findet man dieselben Dynamiken eines Menschen im Umgang mit seiner Umwelt in seiner inneren Welt. Zum Beispiel kann ein Mensch, der mit seiner Umwelt in ständigem Konflikt lebt, oft in der Innenwelt ebenfalls seine verschiedenen Persönlichkeitsanteile nicht unter einen Hut bringen. Diese leben sozusagen im Streit und fördern eine ständige Unzufriedenheit. Heilt man diesen inneren Konflikt, gelingt es den Klienten oft, auch einen äußeren Frieden mit ihren Mitmenschen herbeizuführen.

So, wie unsere Seele versucht, verschiedene Facetten der Persönlichkeit und Rollenanforderungen zu managen, versuchen wir im Multitasking, mehrere Aufgaben und Reizsituationen gleichzeitig zu bearbeiten. Dabei sind wir mehr schlecht als recht erfolgreich. Multitasking hat begrifflichen Konkurrenten wie Sozialkompetenz, Emotionale Intelligenz oder Work-Life-Balance im Rennen um mediale Aufmerksamkeit und Trendsetting fast den Rang abgelaufen und ist mittlerweile als Königsdisziplin im modernen Büromehrkampf salonfähig, um nicht zu sagen selbstverständlich geworden.

> **Multitasking gilt als die Königsdisziplin im modernen Büromehrkampf.**

Dennoch bezeichnet der Publizist Frank Schirrmacher Multitasking als »Körperverletzung«, als »digitalen Taylorismus mit sadistischer Antriebsstruktur«. Er analysiert, wie die Ideologie des Multitasking eine »sich selbst beschleunigende Abwärtsspirale« bildet, »bei der man am Ende nur noch dafür lebt und arbeitet, die

Ablenkungen, die sie produziert, von sich fernzuhalten.«[1] Nun ist Schirrmacher kein Zausel, der mit Alufolie um den Kopf gewickelt im Wald wohnt und jede Satellitenschüssel zertrümmert, derer er habhaft werden kann. Er ist Herausgeber der Frankfurter Allgemeinen Zeitung, hat unter anderem den Corine Sachbuchpreis und den Ludwig-Börne-Preis erhalten und sollte in diesem Zusammenhang nihilistischer Kulturkritik unverdächtig sein. Wie kommt ein erfahrener Zeitungsmann, Publizist und Intellektueller dennoch zu einem solch harschen Urteil?

Über die Jahre hinweg bin ich immer wieder mit dem Thema »Multitasking« in Berührung gekommen: unter hirnphysiologischen Gesichtspunkten, als selbstverständliches Arbeitsprinzip in Unternehmen und im Kleid technischer Überforderung. Wie kompliziert man sich seine Arbeitswelt auch konstruiert und versucht, die so selbst verantwortete Unmündigkeit mithilfe von Multitasking zu brechen: Multitasking als Prinzip scheitert. Die schleichende Übertragung von Maschinenbegriffen in die menschliche Welt, die Scheindiskussion um unterschiedliche Multitasking-Fähigkeiten von Mann und Frau, die ungeeignete menschliche Hirnstruktur oder das philosophische Versagen – all diese Bausteine sprechen gegen Multitasking als Arbeitsprinzip. Am wichtigsten jedoch ist: Selbst in der Informationstechnologie, der Ursprungsdomäne des Multitasking, fußt das Prinzip auf einem Missverständnis. Man könnte auch sagen: auf einer Lüge.

Multitasking als Prinzip scheitert.

Das digitale Pokerspiel

Das Prinzip Multitasking an sich ist relativ einfach. Der Begriff »Multitasking« kommt aus der Maschinenwelt und bezeichnet die Fähigkeit eines Computers, mehrere Arbeitsprozesse gleichzeitig zu bearbeiten. Die Älteren unter uns erinnern sich vielleicht noch an die »seriellen« und »parallelen« Druckeranschlüsse. Sozusagen das

Multitasking-Prinzip zum Anfassen. Stecker rein – parallele Datenverarbeitung raus. Denkt man jedenfalls. Doch selbst in der digitalen Welt, im Bauch des heimischen PCs oder des Unternehmensservers ist das Versprechen von Multitasking streng genommen Etikettenschwindel.

Nehmen wir das Multitasking-Prinzip unter die Lupe. Stellen Sie sich ein Pokerspiel im Casino vor. James Bond und drei andere Spieler sitzen Whisky trinkend am Tisch; der Croupier gibt die Karten. Er wirft sie den Spielern nicht alle auf einmal hin, sondern gibt jeweils einem Spieler eine Karte, dann dem nächsten Spieler eine Karte und so fort. So geht es reihum. Schließlich beginnt der Croupier wieder beim ersten Spieler, bis jeder seine Karten bekommen hat. Diese Szene kennen Sie sicher aus Dutzenden von Filmen (die meist damit enden, dass das »Blei heiß aus Sechsschüssern fliegt«, wie es der Schauspieler Gene Hackman einmal wunderbar poetisch formuliert hat).

Multitasking ist Etikettenschwindel.

Genauso, wie ein Croupier die Karten gibt, verteilt ein Computer, ohne dass Sie als Benutzer es merken, seine Rechenleistung an verschiedene sogenannte Prozesse. Scheinbar gleichzeitig druckt er, öffnet ein Excel-Dokument oder lädt ein Video aus dem Internet. Tatsächlich passieren diese Dinge keineswegs parallel. Vielmehr verteilt der Computer wie ein unglaublich schneller Croupier die zur Verfügung stehende Rechenleistung auf die Prozesse, die eben gerade gebraucht werden. Versuchen Sie mal, viele verschiedene Dinge an Ihrem Rechner zu Hause zu tun. Je nach Modell wird er früher oder später spürbar langsamer werden oder gar abstürzen. Dafür gibt es bei Windows dann beispielsweise den *Task Manager* – mit dem Sie bestimmte Prozesse abschalten können – vorausgesetzt, er reagiert in diesem fortgesetzten Stadium des Prozessorinfarkts noch. Schon in der digitalen Welt stößt (simuliertes) Multitasking eben an Grenzen. Umso mehr hinkt die Übertragung in die menschliche Arbeitswelt. Wenn bereits das Original eine Fälschung ist – wie gut kann die Kopie der Fälschung sein?

Umso faszinierender – und beunruhigender – ist die Tatsache, dass in den letzten 30 Jahren Multitasking als angeblich selbstverständliche Fähigkeit des Arbeitnehmers salonfähig geworden ist. Die Arbeitsprozesse der höher entwickelten Industrie- und Dienstleistungsgesellschaft wurden in ihrer Gesamtheit komplexer und schneller. Um als Mensch in diesen zunehmend computerisierten Prozessen mitzuhalten, entwickelte er gezwungenermaßen einen Hang zum Multitasking. Ein von Anfang an zum Scheitern verurteiltes Projekt, da die menschliche Rechenleistung der digitalen immer unterlegen war und es auch immer sein wird.

> **Multitasking ist als angeblich selbstverständliche Fähigkeit des Arbeitnehmers salonfähig geworden.**

Der von IBM gebaute Superrechner *Deep Blue* konnte beispielsweise Garri Kasparow 1996 nicht aufgrund genialer Kreativität besiegen, sondern weil er imstande war, im Bruchteil von Sekunden Hunderte von möglichen Spielentwicklungen vorauszuberechnen. Im Grunde war es ein Kampf von menschlicher Erfahrung und Intuition gegen die Brutalität der Maschine. Es gibt übrigens auch eine simple Hackermethode mit Namen *Brute force*, »brutale Gewalt«: Will man beispielsweise in eine passwortgeschützte Seite einbrechen, lässt man das gesuchte Passwort so lange gegen eine lexikalische Passwortdatenbank abgleichen, bis man es geknackt hat. Manchmal dauert das nur Minuten, manchmal Tage. Egal. Wichtig sind hier nicht Raffinesse, sondern eben nur Beharrlichkeit und »nackte Gewalt«. In diesem Sinne ist die Bezeichnung »Brute force« außerordentlich gut gelungen.

Bezüglich der Arbeitsentwicklung spannt sich über die letzten 30 Jahre ein seltsamer Bogen: Früher war das meiste *Single task*. Telefonieren, Schreiben, Arbeitstreffen – alles hübsch nacheinander. Die heute 60- bis 80-Jährigen sahen es während ihres Arbeitslebens noch als Verschwendung und als Zeichen von Faulheit an, mehr als das absolut Nötige zu telefonieren. Wer telefonierte, hatte nichts zu tun. Fernkommunikation war reiner Inhalt bis hin zur Unhöflichkeit. (Heute ist es meist umgekehrt: Wir kommunizieren länger und auf vielfältigeren Wegen, haben uns aber tendenziell weniger zu sagen.) Aufgrund der limitierten technischen Möglichkeiten war es gar nicht möglich, das Multitasking-Rad zu drehen. Das höchste der Gefühle war der Empfang eines Faxes, während man am Telefon mit der Schwesterfiliale in Witten-Herdecke sprach. Für mich hat daher das Auftauchen einer Telefonzelle in Filmen nostalgisch-symbolischen Charakter. Wie das Echo einer Zeit, die um Serialität, nicht um Parallelität bemüht war.

Spätestens ab Mitte der 1980er-Jahre entstand die Phase des *Multitasking*. Es war einfach schick, vielbeschäftigt und »gestresst« zu sein. Die Einzigen, die im New York der 80er noch mehr verdienten als der durchschnittliche Yuppie, waren die Psychoanalytiker. Denn irgendwo musste man ja hin mit der angezüchteten Großstadtkombination aus Vereinzelung und Überforderung. Sinnbild für diese Phase des Multitasking ist der schreiende Börsenmakler der 80er-Jahre, der – zwei Telefone an der Schulter eingeklemmt – auf dem Parkett der New York Stock Exchange hin- und herrennt, seltsame Gesten bis zum Fingerbruch produziert und nach Börsenschluss erschöpft über seinem Notizblock einschläft. Die 80er-Jahre des vergangenen Jahrhunderts waren ein Jahrzehnt der Beschleunigung. Computerisierung und Automatisierung begannen sich auf breiter Front durchzusetzen. Obwohl die Rechner und Server mancher Firmen halbe Gebäude einnahmen und sich gegenüber den heutigen Exemplaren wie hoffnungslos veraltete Dinosaurier ausnahmen, galten sie damals als *State of the art*. Es ist ja ein Zeichen jedes technologischen Fortschritts, dass man das gerade Erreichte für wahnsinnig innovativ hält. Fünf Jahre später ist es bereits veraltet. Fünf Jahre sind im Informations- und Digitalzeitalter eine Ewigkeit.

Was uns bislang erhalten geblieben ist, ist der immer verzweifeltere Versuch, im Multitasking der immer schnelleren und komplexeren Vernetzung unserer selbst Herr zu werden. Und obwohl es in anderen Bereichen der Gesellschaft bereits Anzeichen für eine qualitative Besinnung gibt – man denke an die Slow-Food-Bewegung –, bleibt das Multitasking-Prinzip bislang ein eher unbeachtetes und nicht zur Disposition gestelltes Prinzip menschlichen Arbeitens. Wieder einmal fragen wir nicht, wie sich Computer uns, sondern wie wir uns den immer schnelleren Computern anpassen können.

Es ist schick, vielbeschäftigt und »gestresst« zu sein.

In Teilen der Gesellschaft beginnt übrigens gerade eine dritte Phase: das *Zero tasking*. Wir arbeiten gar nicht mehr, da die Maschinen immer größere Teile unserer Arbeit übernehmen. Klingt auch irgendwie netter als »Arbeitslosigkeit«. Provokativ formuliert: Die Computergesellschaft hat für einige Modelle der Ressource Mensch einfach keine Verwendung mehr. Man muss da auch mal ökonomisch denken.

Wir passen uns den Computern an – nicht umgekehrt.

Wiederum ist hier die Börse das beste Beispiel. Während die Makler auf dem Parkett zunehmend zur historischen Randnotiz werden, wickeln Hochleistungsrechner im *High frequency trading*, dem »Hochfrequenzhandel«, innerhalb von Sekundenbruchteilen Millionen von Transaktionen ab. Anfang 2009 betrug der Anteil des automatisierten Börsenhandels am Gesamtumfang der Transaktionen bereits 43 Prozent – eine Verdreifachung innerhalb von fünf Jahren. Tendenz steigend.[2] Man darf darum nicht denken, die Computerisierung bedrohe nur die Ungelernten und Ungebildeten. So, wie Ampeln einst die Verkehrspolizisten ersetzten, gelingt es Computern immer besser, selbst komplexe Verfahren auszuführen. Es ist eben unsere Entscheidung als Gesellschaft, ab welcher Grenze wir den »menschlichen Faktor« für unverzichtbar halten. Bei der Luftsicherung? Bei Operationen? Im Börsenhandel? So wichtig mir die Diskussion dieser Grenze scheint – in manchen Bereichen hängen Menschenleben davon ab –, so wenig sehe ich Anzeichen dafür, dass sie geführt wird. Irgendwann werden wir uns dieser Frage stellen müssen. Nicht nur aus ökonomischen, sondern auch aus ethischen Gesichtspunkten.

Auch in unser Denken und Sprechen hält Multitasking Einzug. Philosophisch betrachtet ist beispielsweise der Science-Fiction-Film *Terminator* gar kein düster-visionäres, sondern ein rückwärtsgewandtes Werk. In *Terminator* reisen ein fast unbezwingbarer Killer-Roboter und ein menschlicher Soldat aus der Zukunft zurück in unsere Gegenwart. Es entbrennt ein Kampf auf Leben und Tod sowie um die Zukunft der Menschheit beziehungsweise ihre drohende zukünftige Versklavung durch intelligente Maschinen. So dramatisch der Film und so eindringlich die Botschaft auch ist: Es braucht schon längst keine Waffen schwingenden Todesroboter mehr. Wir selbst haben mit dem Multitasking längst Sprache und Denken einer maschinenorientierten Welt übernommen. Termine sind gerne mal »kurz getaktet«, es gibt »Schnittstellen« in Unternehmen, an denen »Key-User« sitzen. Arbeitnehmer sind »Humankapital«, als Teilnehmer des sozialen Lebens, bei Messebesuchen oder auf Partys tauschen wir »unsere Daten« aus. Wir müssen morgens mit einer Tasse Kaffee erst auf »Betriebstemperatur kommen« oder durch ein kleines Schläfchen unsere »Batterie aufladen«.

Schritt für Schritt haben wir unbewusst Begriffe und Denkweisen aus der Welt der digitalen Arbeitsprozesse übernommen. Die Möglichkeiten der binären Welt haben uns seit ihrer Entdeckung durch Konrad Zuse vor knapp 70 Jahren so sehr fasziniert, dass wir eine gewisse Überwältigung unserer Lebensweise zugelassen haben. Für Frank Schirrmacher haben wir somit bereits vor längerer Zeit damit begonnen, »unser Ich in die Befehlsstruktur eines Mikroprozessors zu übersetzen«.[3] Mit Blick auf die Evolution und unser philosophisches Erbe sollten wir uns fragen: Entwertet dieser Prozess den Menschen an sich? Vereinfachen und verflachen wir nicht unsere Sicht auf uns selbst, unser Handeln, unser Gefühl? Schon Karl Marx wusste, dass das Sein das Bewusstsein bestimmt. Und die Sprache. Wer werden wir in der Zukunft sein: autonome Wesen, die Computer, Signalanlagen und Telekommunikation steuern und kontrollierend in sie eingreifen? Oder sind wir nicht vielmehr bereits ein weitgehend automatisierter Teil der digitalen Vernetzung, mehr Befehlsausführer als -geber? Wer bestimmt denn noch über meinen Tagesablauf? Ich oder mein Handy, wenn es klingelt?

Noch gibt es Bereiche, in die die künstliche Intelligenz nicht vordringt. Kreativität zum Beispiel. Oder Humor. Allerdings sollte man sich auch auf diesen Gebieten vor Überraschungen nicht allzu sicher fühlen. Wer hätte vor 200 Jahren geglaubt, dass Menschen mit 1000 Stundenkilometern durch die Luft reisen? Oder dass Menschen

> **Wir haben längst Sprache und Denken einer maschinenorientierten Welt übernommen.**

einen Mondspaziergang machen würden? Über das Multitasking hinaus forschen IT-Experten und Wissenschaftler seit den Tagen von Alan Turing an der intelligenten Kommunikation zwischen Mensch und Maschine. Obwohl viele Skeptiker Bewusstsein in Maschinen für unmöglich halten, schreibt der Forscher Hans-Joachim Niemann, arbeiten er und seine Kollegen beständig an der sprachlichen Vernetzung von Mensch und Computer. Allerdings sei »der Tag, an dem ein Millionenheer von Sekretärinnen durch anwenderfreundliche Maschinen ausgetauscht wird«, eher in ferner Zukunft.[4] Trotzdem klingt es wie eine Drohung.

Wissen, was wichtig ist

Der Übertragung von Multitasking auf die menschliche Art zu denken, zu sprechen und zu handeln liegt ein weiteres Missverständnis zugrunde. Unabhängig davon, dass Menschen immer mehr Metaphern und Denkweisen aus dem Maschinenbereich übernehmen, und unabhängig von der irrigen Blaupause einer unhinterfragten, dominanten, computerisierten Arbeitswelt.

Stellen Sie sich vor, Sie sind auf einer Party und unterhalten sich angeregt mit Ihrem Gesprächspartner. Sagen wir, über die Fußballergebnisse des letzten Wochenendes. Plötzlich kommt ein Freund von Ihnen dazu und beginnt unvermittelt eine Diskussion über die allgemeine politische Lage und wie schlecht wir alle miteinander doch regiert werden. Was tun? Mit hoher Wahrscheinlichkeit würden die meisten von uns dem zweiten Gesprächspartner besonnen, aber entschieden mitteilen, dass wir gerade in einem Gespräch sind, es gerade nicht passt – mal ganz abgesehen von der Unhöflichkeit, einfach ein Gespräch rüde zu unterbrechen –, wir uns aber gerne später über seine politischen Ansichten mit ihm auseinandersetzen würden.

Was im menschlichen Kontakt selbstverständlich erscheint, hat in der digitalen Kommunikation keine Gültigkeit mehr. Stellen Sie sich dieselbe Situation vor – nur dass diesmal kein anderer Gesprächspartner in persona auftaucht, sondern schlicht Ihr Handy klingelt.

In dieser Situation handeln über 80 Prozent der Menschen intuitiv: Sie entschuldigen sich bei Ihrem Gegenüber, vertagen das sensationelle Ergebnis des VfB Stuttgart gegen Borussia Mönchengladbach auf einen unbestimmten Zeitpunkt in der Zukunft, verziehen sich in eine Ecke und gehen ans Telefon. Interessant, dass unsere gute Kinderstube versagt, wenn die Technik unsere Aufmerksamkeit beansprucht. Dabei ist am Ende der Leitung vielleicht derselbe Freund, der gerade die jüngsten Politumfragen gesehen hat und sich darüber aufregen will. Das Beispiel verdeutlicht einen zentralen Webfehler von Multitasking: Es unterscheidet nicht zwischen wichtigen und unwichtigen Aufgaben. Der Computer ist dumm; eine Bilddatei mit dem Familienhund hat denselben Stellenwert wie die Tabelle mit Daten, die vielleicht über das Fortbestehen der Firma entscheiden.

Übertragen auf unseren Pokervergleich auf Seite 78 bedeutet das: Für den Croupier ist jeder Spieler gleich. Ob er groß, klein, dünn oder dick ist, spielt keine Rolle. Er sitzt am Tisch und hat noch Chips, also bekommt er eine Karte. In der realen Arbeitswelt aber haben unterschiedliche Aufgaben sehr wohl unterschiedliche Wertigkeiten. Die Präsentation für den Chef ist meist wichtiger als der Anruf eines Kollegen, das Einhalten eines Liefertermins wichtiger als die Verabredung zum Kantinenessen. Menschen wissen das. Computer nicht.

> **Im Multitasking wird nicht zwischen wichtigen und unwichtigen Aufgaben unterschieden.**

So entsteht ein Dilemma: Erfahrene und intelligente Arbeitnehmer versuchen, unterschiedlich wichtige Aufgaben in ein Maschinenkorsett – das Multitasking – zu pressen. Dessen technische Behelfskonstruktionen und Übersetzungen – Terminkalender, To-do-Listen, E-Mail-Verteiler etc. – bilden die realen Prioritäten jedoch nicht ab. Sie wissen nicht, was wichtig ist. Es bleiben Behelfslösungen, eine Sperrigkeit, wie bei den Bauklotz-Spielzeugen für Babys: Man muss die Kugel durch ein rundes Loch drücken, einen Würfel durch eine quadratische Öffnung und so weiter. Wie ein Kind, das verzweifelt versucht, die Kugel durch das Quadrat zu pressen, versuchen wir, unsere Aufgaben in den Multitasking-Schemata der Arbeitswelt abzubilden.

Die Fachleute versuchen, gegenzusteuern: mit Prioritätseinstellungen für E-Mails, unterschiedlichen Terminkategorien, Zeitmanagement-Seminaren zur effektiven Gestaltung der E-Mail-Ordner. Wie wir im Alltag immer wieder feststellen, klappt das in der Regel leider nicht. Es kommen lediglich neue Multitasking-Tätigkeiten durch die Verwaltung der neuen Priorisierungsmöglichkeiten dazu. So herrscht bei Mitarbeitern eine zunehmende Lähmung der Motivation und der Produktivität. Sie verlieren sich in kurz getaktetem Jonglieren entlang ihrer Aufgaben, bis sie sich

Multitasking lähmt die Produktivität auch auf der Unternehmensebene.

schließlich ein veritables Multitasking-Syndrom herangezüchtet haben, das sie so schnell nicht wieder loswerden.

Diese Lähmung der Produktivität sehen wir als Ergebnis auch auf Unternehmensebene. Von einer sinnvollen, ungestörten Arbeitsleistung, die mittlerweile in vielen Unternehmen aufgrund des strukturellen Burnouts ein Schattendasein fristet, rutschen wir in eine Zone einer durchaus ambitionierten, aber unkoordinierten Aufgabenabarbeitung. Wir sind noch nicht im Chaos, können es aber von hier aus bereits gut sehen.

Bei fortschreitendem Lähmungsstadium kommt es zu einer paradoxen Reaktion: dem Aktionismus. Nachdem man die Sinnlosigkeit des eigenen Handelns eingesehen hat, versucht man wenigstens, Produktivität vorzutäuschen. Insgesamt ein Spiel, das mittlerweile zum favorisierten Zeitvertreib und festen Inventar von Behörden und Unternehmen ohne echte Führung gehört.

Schließlich mündet das Ganze in eine Verwaltung des Aktionismus, die entweder durch die Insolvenz der Firma oder ein jahrelanges Dahinsiechen durch Subventionen und Aufzehren des Kapitals gekennzeichnet ist. Meist fallen auf dem Weg in die Agonie noch ein paar Brotkrumen für die Trainer- und Coachingbranche ab: E-Mail- und To-do-Trainings für die Belegschaft, um wenigstens einigermaßen über die Runden zu kommen. Dabei ist die Effektivität solcher Trainings ohne eine grundlegende Änderung der Prozesse, Zuständigkeiten und Grundwerte eher fragwürdig. Sobald Teilnehmer solcher Schulungen wieder in ihre Abteilung kommen, finden – als eine unter mehreren psychodynamischen Folgen – Abwehrprozesse in der Gruppe statt zwischen denen, die beim Training waren und den Teammitgliedern, die nicht dort waren. Die Folge: Ergebnisse und neue Erkenntnisse durch das Training werden nicht umgesetzt, sondern infrage gestellt, manchmal sogar lächerlich gemacht.

So versucht man, den Teufel mit dem Beelzebub auszutreiben, anstatt sich einzugestehen, dass eine Arbeitsorganisation nach dem Multitasking-Prinzip nicht funktioniert. Laut dem Magazin SPIEGEL betragen die Kosten für ein solch verkorkstes Multitasking allein in den USA 588 (!) Milliarden Dollar jährlich. Als Ergebnis sei das Büro des 21. Jahrhunderts zur »Kommunikationshölle« geworden. Und wer einen BlackBerry habe, trage sowieso »den Wahnsinn auch außerhalb der Dienstzeiten stets bei sich«.[5]

No brain, no gain

Kennen Sie die »digitale Demenz«? Die zeigt sich so: Früher ging man in den Keller und vergaß manchmal, warum. Man fragte sich: »Wieso bin ich noch mal hier runtergegangen?« Verwirrt schüttelte man den Kopf und ärgerte sich. Heute sitzt man vor dem Computer und fragt sich: »Wieso, zum Teufel, habe ich dieses Browser-Fenster noch mal aufgemacht?«

Die Hauptursache der digitalen Demenz liegt in der Bauweise und den limitierten Fähigkeiten unseres Gehirns. Multitasking »verlangsamt unsere Reaktionen und erhöht die Fehleranfälligkeit«, erklärt David E. Meyer, Wissenschaftler an der Universität von Michigan.[6] Um beim Pokerbeispiel zu bleiben: Solange der Croupier vier Spielern nur Karten gibt, ist alles okay. Sobald er aber anfängt, dem ersten Spieler eine Karte zu geben, dem nächsten Tee zu servieren, dem dritten aus einer Zeitung vorzulesen und für den vierten dessen Frau anzurufen, um ihr vorzulügen, der Gatte arbeite heute länger, steigt das Fehlerrisiko dramatisch an. Der Croupier wird sich verhaspeln, irgendjemandem Tee über die Hose schütten, Karten werden unkontrolliert über den Tisch segeln, und die Ehefrau wird aus der verwirrten Stammelei eines überforderten Angestellten messerscharf schließen, dass aufgrund der Hypothekenrate in Form von Spielchips das eheliche Haus in Gefahr ist. Übrigens ist das Scheitern im Multitasking bewährte Grundlage vieler Filmkomödien und Slapstickeinlagen. Hollywood hat längst das humoristische Potenzial des alltäglichen Pokerspiels erkannt und führt uns auf nette Art das eigene Versagen vor. Und wir lachen, weil der Depp auf der Leinwand selbstverständlich gar nichts mit uns zu tun hat.

Natürlich ist das menschliche Gehirn ein unglaublich mächtiges Werkzeug des Denkens, eine Meisterleistung der Evolution und eine der komplexesten Strukturen im Universum. Jedoch liege eine zentrale Einschränkung des Gehirns »in seiner Unfähigkeit, sich auf zwei Dinge zugleich zu konzentrieren«, erklärt René Marois von der Vanderbilt-Universität in Nashville, Tennessee.[7] Der Softwarekonzern Microsoft hat das Thema »Multitasking« in den eigenen Reihen erforscht – mit erschreckenden Ergebnissen. Mitarbeiter brauchten ganze 15 Minuten, um nach einer Unterbrechung – einer E-Mail, einem Telefonat oder Ähnlichem – wieder voll in ihre vorherige Aufgabe einzusteigen.

Multitasking erhöht die Fehlerquote.

Und schon bald kam die nächste Ablenkung. Die Microsoft-Forscher waren selbst überrascht, mit welcher Leichtigkeit sich die Studienteilnehmer ablenken ließen, und kommen zum Ergebnis: »Wenn es bei Microsoft so schlimm ist, muss es in anderen Firmen ebenfalls schlimm sein.«[8] In vielen Firmen dürfte der Wechsel aus Arbeitsaufgabe, Abbruch durch Störung, Wiederaufnahme, Leistungshoch und erneutem Abbruch ähnlich sein. Insgesamt verbrachten die Microsoft-Mitarbeiter 28 Prozent ihrer Arbeitszeit mit Störungen beziehungsweise deren Bewältigung.[9] Auch wir in unseren Unternehmen bringen höchstwahrscheinlich einen Großteil unserer Zeit damit zu, Kommunikationsalarme zu bändigen, Fehler von Multitasking-Tätigkeiten auszubügeln und uns nach einer Unterbrechung wieder auf unsere Arbeitsaufgabe zu konzentrieren.

Gloria Mark von der University of California in Irvine, USA, hat untersucht, wie Menschen auf Unterbrechungen ihrer Arbeitsaufgaben reagieren. Ihre Ergebnisse sind faszinierend – und noch alarmierender als die Microsoft-Studie. Ihren Ergebnissen zufolge brauchen

Wissensarbeiter durchschnittlich 25 Minuten, um sich nach einer Ablenkung wieder auf ihre Aufgabe zu konzentrieren und das volle Leistungsniveau abzurufen. Meist hat da längst die nächste Unterbrechung zugeschlagen. So entsteht ein beachtliches Frust- und Konzentrationsproblem.[10]

Stellen Sie sich vor, Sie würden in einem Auto auf einer leeren Autobahn fahren. Die Strecke ist frei, Sie geben Gas, nichts hält Sie auf. Schön, was? Plötzlich machen Sie, wie von Geisterhand gelenkt, eine Vollbremsung. Sie sind überrascht und ärgern sich. Schließlich geben Sie wieder Gas, freuen sich auf die kommende Geschwindigkeit. Bis der Wagen wieder eine Vollbremsung hinlegt.

Wahrscheinlich denken Sie jetzt: Was für ein hirnrissiges, weltfremdes Beispiel! Kein Mensch tritt freiwillig bei Vollgas auf die Bremse! Doch. Und ob. Und zwar jeden Tag bei Dutzenden Gelegenheiten. Jedes Mal, wenn wir uns in unserer Arbeit durch Technik oder Menschen ablenken lassen. Manchmal ist das notwendig, manchmal jedoch gar nicht. Effiziente Arbeit sieht jedenfalls anders aus. Streng genommen dürften wir uns nur noch für die Hälfte unserer Arbeitszeit bezahlen lassen – die andere Hälfte sind wir verwirrt und abgelenkt. Der Begriff »Teilzeit« gewinnt dadurch eine völlig neue Bedeutung.

Der amerikanische Manager Jason Fried, Chef einer Softwarefirma, vergleicht produktive Arbeitsleistung sogar mit unserem Schlafbedürfnis: Beides laufe in Phasen ab. Während einer Nacht erlebe der Mensch mehrere Tiefschlafphasen, die für seine Erholung und den menschlichen Stoffwechsel existenziell seien. Wichtig sei, dass der Mensch während seines Schlafes nicht unterbrochen werde. Was den Schlaf angeht, sind sich Menschen weitgehend einig, dass Unterbrechungen störend sind und auf lange Sicht äußerst gesundheitsschädlich. Auch der Burnout geht ja teilweise mit erheblichen Schlafstörungen einher. Dasselbe Phasenprinzip, erläutert Fried, gelte auch für produktive, kreative Arbeitsleistungen. Menschen hätten im Büroalltag oft das Gefühl, trotz eines ausgefüllten Tages nichts »geschafft zu haben«. Zurück bleibe eine Liste voller

> **Ablenkungen sind die Hauptquelle der Unproduktivität.**

unerledigter Aufgaben und das unbefriedigende Gefühl, dem eigenen Leistungsanspruch nicht gerecht geworden zu sein. Fried identifiziert als Hauptquelle der Unproduktivität die vielen Ablenkungen durch Chefs, Kollegen und technische Multitasking-Anforderungen. Er appelliert an Unternehmen, ihre Meeting- und Kommunikationsgrundsätze umfassend zu ändern und an menschliche Produktivitätsbedürfnisse anzupassen.[11]

Nicht genug, dass wir fast eine halbe Stunde brauchen, um uns wieder komplett in eine vorherige Aufgabe einzuarbeiten. Im Durchschnitt bleiben wir, wie Gloria Mark feststellt, nur elf Minuten bei einer Aufgabe und hüpfen dann zur nächsten.[12] Und zwar auch, wenn wir gar nicht durch Multitasking dazu gezwungen sind! Die moderne Arbeitswelt und das Dogma des Multitasking haben uns inzwischen so gut dressiert, dass wir sogar dann im Multitasking-Modus handeln, wenn dafür überhaupt keine Notwendigkeit besteht. Es ist wie bei einem Löwen, der zehn Jahre in einem kleinen Käfig lebt und immer nur einige Meter hin und her wandert, tagaus, tagein. Irgendwann nimmt man den Käfig weg. Der Löwe ist frei und könnte gehen, wohin er wollte. Oder sich hinlegen und schlafen. Er hat die freie Wahl. Trotzdem läuft er exakt die Entfernung, die er auch in seinem Käfig durchmessen konnte. Hin und her, tagaus, tagein.

In dieser Beobachtung liegt eine wichtige Erkenntnis über den Umgang mit Multitasking. Sogar, wenn wir uns situativ vom Multitasking lösen *könnten*, sind wir durch die Gewöhnung daran dazu *unfähig*. Es geht also nicht darum, Multitasking einfach »zu unterlassen«. Vielmehr müssen wir Multitasking wieder aktiv verlernen. Wie bei einem breiten Trampelpfad durch einen

Wir müssen Multitasking aktiv verlernen.

Wald müssen wir diesen verlassen und einen neuen Pfad trampeln. Irgendwann wird über den alten Multitasking-Pfad wieder hohes Gras gewuchert sein.

Dementsprechend sind auch alle gut gemeinten Ratschläge nutzlos, die Burnout-Betroffenen nahelegen, doch einfach mal »abzuschalten« oder »kürzer zu treten«. Nach mehreren Jahren im Beruf ist Multitasking nicht nur eine Frage des Willens, sondern unserer hirnphysiologischen Verschaltungen geworden. Es gehört zu unseren Bedürfnissen wie Essen und Schlafen. Eine Burnout-Klientin berichtete mir einmal, sie habe es im Urlaub ohne Arbeit nicht ausgehalten. Nach einem Tag zitterten ihre Hände und sie bekam Magenkrämpfe. Erst als sie am zweiten Tag ihren Laptop auspackte und anfing, E-Mails zu bearbeiten, mit Kollegen zu telefonieren und Präsentationen vorzubereiten, beruhigten sich die Symptome. Ihr Gehirn wollte die Multitasking-Anforderung so sehr, dass sich körperliche Entzugserscheinungen einstellten.

Sicher ist dieser Fall ein Extrembeispiel, aber er verdeutlicht nochmals den Ernst des Problems: Wir haben längst keine Wahl mehr, Multitasking einfach nicht mehr zu wollen. Vielmehr müssen wir unsere Gehirne trainieren, Multitasking nicht mehr zu brauchen. Und um dem Argument entgegenzutreten, Multitasking wäre doch anscheinend gar nicht so schlimm, wenn das Gehirn es wolle: Auch Junkies, Alkoholiker und Spielsüchtige bekommen Entzugserscheinungen ohne ihre Droge. Niemand käme auf den Gedanken, Drogensucht als etwas Erstrebenswertes zu bezeichnen. Unmenschliches Multitasking schon.

Auf der anderen Seite bedeutet diese Verankerung von Multitasking im Gehirn, dass Unternehmen ihre Mitarbeiter aktiv bei der Entwöhnung von Multitasking unterstützen müssen. Es muss zur Unternehmenspolitik werden, eine Arbeitsatmosphäre und Prozessabläufe herzustellen, die Multitasking weder begünstigen noch als erstrebenswert propagieren. Das ist nichts weniger als ein Paradigmenwechsel in der Arbeitswelt. Was die einen naiv nennen, ist für mich der einzige Weg, langfristig die Arbeitskraft und das geistig-kreative Potenzial der Wissensarbeiter zu erhalten, auf die unsere Gesellschaft wegen mangelnder Rohstoffe angeblich angewiesen ist.

Ein Paradigmenwechsel in der Arbeitswelt ist vonnöten.

Von einer produktiven Auslastung des kreativen menschlichen Geistes kann unter aktuellen Umständen jedoch nicht die Rede sein. Tag für Tag verschenken Firmen auf diese Weise wertvolles Mitarbeiterpotenzial, Zeit und Geld. Und anstatt sich zu fragen, wieso sie diese Mitarbeiter teuer eingekauft haben, wenn sie ihnen nicht ermöglichen, ihre Produktivität und Kreativität abzurufen, schließen sie Zielvereinbarungen ab und verordnen als Feigenblatt ineffiziente Zeitmanagement-Trainings. Als ob sich dadurch irgendetwas ändern würde.

Einer meiner Klienten hatte große Probleme, seinen Arbeitsalltag zu strukturieren. Oft fühlte er sich überfordert und beklagte, dass bereits am frühen Morgen Dutzende E-Mails in seiner Eingangsbox lägen und Aufmerksamkeit beanspruchten. Ich riet ihm, den Arbeitstag immer mit einer selbstbestimmten Aktivität zu beginnen: dem Arbeiten an einem Dokument oder einer Internet-Recherche zum Beispiel. So behält man das Gefühl der Steuerbarkeit und Kontrolle, wenigstens am frühen Morgen. Es funktionierte. Sein Frust, bereits am Morgen schon fremdbestimmt zu sein und nur noch zu reagieren, nahm deutlich ab.

Mein Klient ist wahrlich kein Einzelfall. Unser Arbeitsalltag besteht immer mehr aus fremdbestimmten Dingen, in der Reaktion auf Handyklingeln, Instant Messages, Termineinladungen etc. Wir leben im Zustand einer permanenten Ablenkungsbereitschaft und verhalten uns wie ein Neandertaler, der auf dem Weg zurück zu seiner Höhle immer wieder rechts und links ausbricht, weil er etwas gehört oder gerochen hat. Ohne zu merken, dass er sich verirrt und schließlich die Höhle nicht mehr findet. Die Geräusche und Gerüche von damals heißen heute Handy, BlackBerry, Organizer und Laptop. Als elektronische Helfer durchdringen sie unseren Berufsalltag und stellen Arbeitnehmern immer wieder die gleiche Kommunikationsfalle: Nicht nur, dass wir uns von jedem beliebigen Alarmsignal unterbrechen lassen – es gibt auch immer mehr davon. Wir richten unseren Blick auf das Telefon, wenn es klingelt. Während wir unsere E-Mails bearbeiten oder anderen Menschen zuhören sollten. Oder schon die Einkaufsliste durchgehen. Oder die Druckerpatrone wechseln. Oder eine Termineinladung blinkt. Oder, oder, oder.

Multitasking killt Konzentration. Unser Gehirn versucht verzweifelt, den unterschiedlichen Anforderungen aus Mail, Meeting, Erinnerungsfetzen und Dokumentenschreiben hinterherzujagen. Im immer schneller sich drehenden Hamsterrad der Informationsflut ein hoffnungsloses Unterfangen. Der Web-Designer und Blogger Ralph Segert beschreibt seine Erfahrungen in einem Selbstversuch:

»Die Fähigkeit zu längerem konzentrierten Arbeiten scheint mir seit einiger Zeit schwerer zu fallen. […] Im Laufe der Jahre ist ein Gewöhnungseffekt eingetreten. Eine Gewöhnung an ständiges Abrufen von E-Mail und Feeds, das Sich-ablenken-Lassen durch Weblogs, Online-Medien, Kommentare, kurzweilige Videos, Audio-Files. Eine Gewöhnung an das gleichzeitige Tun von mehreren Aufgaben sowie die ständige Vermischung von Wichtigem und Unwichtigem, Eiligem und Nicht-Eiligem in schnellen Parallelhandlungen. […] Die Auflösung der Konzentration geht einher mit einem Verlust von Erinnerungsvermögen und Lernfähigkeit. […] Oft springt mich bereits vor Beendigung von vorletzten und letzten Sätzen der nächste Text an, und der nächste Ton und das nächste Bild stehen auch schon an und verlangen nach meinen schwirrenden Augen. Wie verzweifelt wäre ich wohl, wenn es nicht suggerierte Ersatzhirne wie Bookmarks, Wikis und Blogs gäbe?«[13]

Soziohistorisch betrachtet ist Multitasking ein Kind des Dringlichkeitswahns. Von der sinnvollen, ökonomischen, technischen Möglichkeit der Informationsfindung durch Mausklick haben wir unsere Strategie bei Arbeit und Freizeit zum Prinzip »Problemlösung durch Mausklick« reduziert. Wir klicken uns regelmäßig durch einen virtuellen Misthaufen von Information und vergessen dabei, wie die Nadel, die wir suchen, eigentlich aussieht. Im günstigsten Fall haben wir am Ende unserer Suche wertvolle Teile zur Lösung unseres Problems, jedoch können wir sie nicht mehr konstruktiv zusammensetzen. Wir sind sozusagen vom Informationstaucher, der in die Tiefen der Materie vordringt, zum Informationssurfer mutiert, der auf den Oberflächen des Wissensmeeres kreuzt.

> **Immer weniger Leute bringen die Geduld auf, Wissen sorgfältig aufzubereiten.**

Warum ist das bedenklich? Ein Klick im Internet hin zu einer neuen Information ist eben auch immer ein Klick weg von der alten Information. Das bedeutet: Es fällt uns immer leichter, missliebige oder unpassende Informationen einfach wegzudrücken, ohne sie durch unseren intellektuellen Erkenntnisfilter laufen zu lassen. Vielleicht steckte gerade in der soeben verlassenen Seite und dem Absatz, den wir gelesen haben, ein wertvolles Körnchen für unsere Arbeitsaufgabe oder unsere Wissenssuche. Doch immer weniger bringen wir die Geduld auf, Wissen sorgfältig aufzubereiten. Schnell sind wir gelangweilt oder frustriert, weil wir uns an den Mechanismus »Klick-Überfliegen-Klick-Überfliegen« gewöhnt haben.

Dieser oberflächliche Umgang mit Information, wie ihn Ralph Segert beschreibt, das Gehetztsein und der Multitasking-Ansatz in Unternehmen gehen Hand in Hand und verhindern eine sinngebende, gehirngerechte, strukturierte Bearbeitung von Information, die letztlich das zentrale Element von Wissensarbeit ist. Arbeit also, auf die wir uns in Deutschland und dem europäischen Raum immer mehr stützen müssen, um innovative Dienstleistungen zu kreieren, die auf dem Weltmarkt konkurrenzfähig sind. Denn produziert wird bei uns immer weniger. Der Anteil von Dienstleistungen am Bruttoinlandsprodukt (BIP) liegt in Deutschland bei rund 70 Prozent – immerhin Platz 18 der weltweiten Rangliste.[14] Spitzenreiter ist hier übrigens Hongkong mit einer Quote von 90 Prozent.

Weibliche Überlegenheit?

Eine meiner Lieblingsdiskussionen zum Thema »Multitasking« ist die nicht tot zu kriegende Urfrage des modernen Geschlechterkampfs: Sind Frauen im Multitasking besser als Männer?

Nein, sind sie nicht, behauptet Hiltraut Paridon vom Institut für Arbeit und Gesundheit der Deutschen Gesetzlichen Unfallversicherung in Berlin.[15] In einer von ihr geleiteten Studie mussten 64 Männer und Frauen unterschiedliche Aufgaben bewältigen. So sollten sie bei einer Fahrsimulation die Spur auf ein Signal hin wechseln. Anschließend wurde der Büroalltag nachgestellt. Die Probanden sollten auf einem Bildschirm Worte auf

Sind Frauen im Multitasking besser als Männer?

Rechtschreibfehler hin untersuchen und schließlich sollten sie beide Aufgaben mit einer gleichzeitigen Zusatzaufgabe lösen. Im Ergebnis waren Männer und Frauen gleich schlecht.

Einen wichtigen biologischen Nährboden in der Diskussion um das Multitasking findet die Wissenschaft in der Konstruktion unseres Gehirns, im *Corpus callosum*, dem »Balken«. Dieser Balken bildet wie eine Brücke zwischen zwei Ufern den Übergang zwischen den beiden menschlichen Gehirnhälften und ist verantwortlich für die Kommunikation zwischen den beiden Hemisphären. Nun haben Frauen in Relation zu ihrer Gehirngröße anatomisch einen größeren Balken, woraus einige Forscher mutmaßten, die ganzheitliche Kommunikation und damit die Multitasking-Fähigkeit sei bei Frauen ausgeprägter als bei Männern. Genau dieser Hypothese widmete sich Brandy R. Criss, Forscherin an der Missouri Western State University. In einem Experiment unterzog sie weibliche und männliche Studenten Übungen zum Multitasking.[16] Ihren Ergebnissen zufolge erzielten Frauen zwar bessere Ergebnisse im Erkennen von Details – für die Gesamt-Performance machte das jedoch keinen Unterschied. Frauen und Männer waren also auch hier gleich gut.

Überhaupt scheint die Diskussion um angeblich biologisch-neuronale Unterschiede zwischen Männern und Frauen und eine Ableitung auf die Fähigkeit zum Multitasking auf ideologischen Füßen zu stehen. Möglicherweise ist die Postulierung weiblicher Multitasking-Überlegenheit eine Art Überschussreaktion der emanzipatorischen Frauenbewegung. Frauen haben in den vergangenen Jahrzehnten bewundernswerte Fortschritte im Erkämpfen von Rechten und dem Schleifen von Männerbastionen erreicht. Man denke nur an die Revolution der »Pille« und die »Wir haben abgetrieben«-Kampagne der Frauenrechtlerin Alice Schwarzer.[17] Oder das Bekenntnis der Telekom in Gestalt Ihres Chefs René Obermann, der dem Konzern 2010 eine künftige 30-prozentige Frauenquote für Führungskräfte verordnet hat. So will Obermann bis 2015 weltweit den Frauenanteil auf den oberen und mittleren Managementebenen drastisch erhöhen. Dies sei »kein Diktat einer falsch verstandenen Gleichmacherei«, so der Telekom-Lenker. Vielmehr sei dieser Beschluss »ein Gebot der gesellschaftlichen Fairness und vor allem eine handfeste Notwendigkeit für unseren Erfolg. Mit mehr Frauen an der Spitze werden wir einfach besser.«[18]

Gerade in der kontroversen Diskussion, die regelmäßig bei solchen Verlautbarungen entbrennt, sieht man, wie sich im Prozess einer jahrzehntelangen Auseinandersetzung der Frauen mit der Gesellschaft auch einige Irrtümer im kollektiven Bewusstsein festsetzen. Die weibliche Überlegenheit der Frauen im Multitasking gehört eindeutig dazu. Mal ernsthaft, mal ironisch augenzwinkernd weisen Werbespots, Zeitungsartikel, Diskutanten auf Veranstaltungen und Feuilletonseiten auf diese vermeintliche Tatsache hin.

Trotz mannigfacher Studien zu diesem Thema bleibt der Irrtum der weiblichen Multitasking-Überlegenheit nach wie vor fester Wissensbestandteil von Laien und Laienpsychologen (beiderlei Geschlechts). Frauen dient diese Argumentation teilweise zur Stütze ihres Selbstwerts (Multitasking als angeblich eindeutiges Gebiet, in dem sie den Männern etwas voraus haben). Männer benutzen das Multitasking-Argument gern als Entschuldigung, um sich vor angeblichen »Frauentätigkeiten« zu drücken. Ganz konkret ist hier das Helfen im Haushalt zu nennen. Obwohl sich der Anteil der Männer, die Hausarbeit verrichten, deutlich verbessert hat, spricht zum Beispiel die österreichische Politikerin Gabriele Heinisch-Hosek vom »Rosinenpicker«-Syndrom. Männer konzentrieren sich auf die prestigeträchtigen Tätigkeiten (mit dem Kind auf dem Spielplatz spielen, einmal in der Woche ein Essen »zaubern« etc.), während den Frauen immer noch die »unsichtbare Knochenarbeit« bleibe.[19]

> **Die weibliche Überlegenheit im Bereich »Multitasking« ist ein Mythos.**

Das sei einerseits bedauerlich, andererseits trügen dafür die Frauen auch einen Teil der Verantwortung. Zu diesem Schluss jedenfalls kommen Dr. Elke Rohmann und Prof. Dr. Hans Werner Bierhoff von der Ruhr-Universität Bochum. Deren Fazit: »Das auf Stereotypen aufgebaute Scheinargument lautet: Frauen sind von Natur aus besser befähigt und motiviert, die Hausarbeit zu erledigen. Die Rechtfertigungsstrategie liegt darin, dass sich die Frau selbst als kompetenter für die Arbeiten betrachtet als den Partner (zum Beispiel ›Er kann einfach keine Ordnung halten‹, oder: ›Er kann einfach nicht kochen‹. Dass seine Kompetenz auch beim Waschen der Wäsche und beim Putzen gering sein wird, wird genauso angenommen.).«[20]

Man sieht, auch eindeutige Ergebnisse der Wissenschaft haben es schwer, sich im Bewusstsein des Einzelnen zu verankern, wenn ihnen handfeste egozentrische Motive (hier Selbstwert, da Faulheit) entgegenstehen. Die Medien sind bei der Aufklärung der Fakten in dieser Hinsicht keine große Hilfe, da mit dem ewigen Geschlechter»kampf« einfach immer Quote zu machen ist. Dabei ist die Frage »Wer ist besser?« in Sachen Mann versus Frau schlicht unsinnig: In der Intelligenzverteilung geben sich Frauen und Männer sowieso nichts.[21] Wir sollten eher von *qualitativen* Unterschieden des Denkens sprechen, wenn überhaupt. Frauen und Männer können sich sehr gut in Fragen des Problemlösens und unterschiedlicher Denkperspektiven ergänzen. Anstatt uns gegenseitig irgendwelche angeblich exklusiven Kompetenzen zuzuschreiben, sollten wir uns glücklich schätzen, das weibliche *und* männliche Geistespotenzial für unsere Gesellschaft – und unsere Wirtschaft! – nutzen zu können. Schließlich ist kreative Problemlösung der innerste Antrieb der Evolution. Diesen Umstand hat beispielsweise der Philosoph Karl Popper sehr gut erkannt und dargelegt: »Die Fehlerkorrektur ist die wichtigste Methode der Technologie und des Lernens überhaupt. In der biologischen Entwicklung scheint sie die einzige Methode des Fortschritts zu sein.«[22]

> **Die Diskussion über Multitasking ist eine Scheindebatte, die den Kern des Problems verdeckt.**

Die Diskussion über Multitasking ist also ein Beispiel für eine Scheindebatte im ebenso alltäglichen wie sinnlosen »Geschlechterkampf« und verdeckt den Kern des Problems: Es geht nicht um ein Besser oder Schlechter, sondern um eine sinnvolle Kombination männlicher und weiblicher Fähigkeiten. Und weder das männliche noch das weibliche Gehirn ist für Multitasking gemacht. Auch wenn wir im Beruf ab und zu in die Rolle des Croupiers schlüpfen und Multitasking betreiben müssen, sollte das kein Dauerzustand sein. Es wird Zeit, uns an das zu erinnern, was schon Königin Elisabeth I. vor über 400 Jahren wusste: »Für einen Augenblick Zeit, der mir gehört, gäbe ich alle meine Reichtümer.«

4. KAPITEL

Illusion Zeitmanagement

Der kleine Tim saß schon eine halbe Stunde auf seiner Schultasche. Alle anderen Kinder waren von ihren Eltern bereits abgeholt worden. Die Rufe und Autogeräusche waren verhallt. Langsam breitete sich gähnende Leere auf dem Schulhof aus. Ein leichter Wind kam auf und trieb die Blätter der Bäume vor sich her. Tim sah auf seine Uhr und vermutete, dass seine Mama »wieder mal Stress hatte«, wie sie es nannte. Das bedeutete: Sie war aufgehalten worden, schlecht gelaunt und alles verschob sich zeitlich nach hinten. Wahrscheinlich hatte der Mann, von dem Mama auf der Arbeit ihr Geld bekam, wieder einmal gemeint, sie müsse noch etwas länger dablei- ben. Das kam öfter vor und endete immer damit, dass Mama tatsächlich auch länger blieb. Das kannte er von seinen Lehrern: Die sagten, was er tun sollte, und er tat es – meistens jedenfalls.

Leider verschob sich durch diese Verspätungen auch Tims restlicher Tagesrhythmus: Nachdem seine Mama ihn abgeholt haben würde, wäre die nächste Station der Supermarkt. Dann nach Hause. Hausaufgaben, danach zum Fußball. Heute wieder mal etwas kürzer, denn auch von dort musste seine Mama ihn ja wieder abholen. Papa würde er erst in einer Woche wiedersehen.

Tim verzog das Gesicht und kickte einen Stein auf die Straße. Er hatte es satt, seine Mama immer so abgehetzt zu sehen und das auch noch »für die paar Kröten«, wie sie es formulierte. Tim beneidete die größeren Jungs um ihre Mofas und Roller. Hätte er erst mal ein Mofa, würde die Welt bestimmt besser werden. »Mofa« bedeutete Unabhängigkeit, Freiheit. Ihm war sowieso schleierhaft, warum es Erwachsene zuließen, so abhängig von ihren Terminkalendern zu sein wie er von seinem Stundenplan. Irgendwas lief bei denen gewaltig schief. Wenn er erst erwachsen wäre, würde ihm das nicht passieren. Davon war er fest überzeugt.

Schließlich bog das Auto seiner Mutter um die Ecke und hielt neben ihm. Seine Mama öffnete ihm die Autotür und versuchte zu lächeln. »Na, alles klar?«, fragte sie. »Geht so«, meinte Tim und stieg ein. Er dachte an ein Mofa.

»Solange ein Mensch lebt, hat er pro Tag vierundzwanzig Stunden. Mehr Zeit gibt es nicht«, betont der Psychologe und Coach Roland Kopp-Wichmann. »Auch wenn schlaue Produktmanager uns weismachen wollen, mit einem bestimmten Produkt würde man Zeit sparen. Das ist Unsinn. Weil die Zeit kein Objekt ist, kann man auch nichts damit machen. Man kann sie weder totschlagen noch nutzen und eben auch nicht sparen.«[1]

Es ist schon seltsam mit der Zeit: Obwohl wir Menschen als endliche Wesen in der Zeit leben und ihr nicht entrinnen können, versuchen wir immer wieder, Zeit als objektivierbare Größe zu begreifen, die quasi außerhalb von uns existiert, die wir beherrschen und gestalten können. Ein Irrtum, den wir mit täglichem Stress, Termindruck, Hetze und oberflächlichen sozialen Beziehungen bezahlen.

In der heutigen Arbeitswelt bestimmt die Uhr unseren Rhythmus.

Der Arbeitnehmer ist in ein Korsett zeitlicher Verpflichtungen eingebunden, die eine individuelle Zeitgestaltung verhindern. Dafür hat die Uhr als kulturelles Gut gesorgt. Wir steuern unseren Alltag nicht mehr nach biologischen Bedürfnissen wie etwa essen, wenn wir Hunger haben, oder schlafen, wenn wir müde sind. In unserer arbeitsteiligen Gesellschaft leben wir in einer riesigen synchronisierten Zeitblase, die wir höchstens noch dann verlassen, wenn wir uns von einer Weltzeitzone in die nächste bewegen. Fliegen wir von Frankfurt nach New York, bleibt uns nichts anderes übrig, als die Uhr umzustellen. Ein kleiner Dreh für die Mechanik, aber eine Riesenumstellung für unseren Organismus, der mit dem Jetlag zu kämpfen hat.

Es ist eine Grundlage unserer modernen, postaufklärerischen Kultur, unseren Tagesrhythmus nicht mehr von Sonnenauf- und

-untergang, sondern von Stunden, Minuten und Sekunden bestimmen zu lassen. Erst diese Normierung, die im Mittelalter lediglich für Astronomen und Geografen von Bedeutung war, macht unser Zeiterleben vergleichbar und gibt einen Referenzrahmen für die Synchronisierung unseres Alltags. Kein Busfahrplan, kein geteilter Outlook-Kalender könnte ohne die stillschweigende Übereinkunft der Kategorisierung in Stunden und Minuten existieren.

Was sich in der Theorie hervorragend anhört, führt im Einzelfall zu Konflikten und widersprüchlichen Konstellationen. Wir sind verwoben in einem Netz kollektiver Zeiteinteilungen, aus denen wir nicht entkommen: entindividualisierte Mittagspausen, der Zwang zu Termineinhaltungen und Projekt-Deadlines, vollgestopfte Kalender und das vertraute Gefühl, dass uns die Zeit unter den Fingern zerrinnt und wir »zu nichts kommen«. Die postmoderne Arbeits- und Dienstleistungsgesellschaft erlaubt es nur wenigen Menschen, durch Autonomie und eine entsprechende Tagesgestaltung in ihrer Zeit »dahinzugleiten« und sich selbst die Aktions- und Ruhephasen zu geben, die man benötigt. Als Rädchen im Getriebe einer Firma bleibt es so jedem selbst überlassen, seine Zeit mehr oder weniger erfolgreich zu »managen«.

Technik für die Schallmauer

Ein solch individueller Ansatz zur Zeitgestaltung ist sinnvoll, aber schwer umzusetzen, da im Zweifelsfall das Kollektiv, die Arbeitseinheit, die Firma Vorrang hat. Den Kompromiss aus organisatorischen Ansprüchen und dem Bedürfnis des Einzelnen bilden die berühmt-berüchtigten Zeitmanagement-Seminare, die sich nach wie vor großer Beliebtheit erfreuen. Sie entsprechen unserer Sehnsucht nach Kontrolle und dem modernen Wunschdenken, alles und jeden »managen« zu können. Ihr Versprechen wirkt fast magisch einfach: Eigentlich muss man sich selbst gar nicht ändern. Und das System schon gar nicht. Ein paar Merkzettel – und schon ist man wieder im angeblich stressfreien Geschäft.

Was für eine Erleichterung: Durch die Hintertür geht's auch. Man lernt einige oberflächliche Techniken, wendet sie an, und schon schwebt man unbelastet über den ehemaligen Niederungen von Termin-Wirrwarr, Stress und verpassten Meetings. Legionen von Trainern und Coachs haben allein durch die Vermittlung dieser Zeitmanagement-Techniken ihr Auskommen. So ergibt eine Suche nach »Zeitmanagement« in der Seminardatenbank der Weiterbildungsplattform managerSeminare über 630 Treffer, angefangen von *Zeitmanagement kompakt* über *The Simple Office* bis hin zu *Worauf es ankommt im Sekretariat.*

Zeitmanagement gaukelt uns vor, dass alles machbar sei.

Die meisten dieser Techniken stammen aus der angloamerikanischen Management-Philosophie. Das disqualifiziert sie nicht grundsätzlich. Leider atmet jedoch der Geist vor allem des amerikanischen Managementwesens genau wie der des militärischen Bereichs das Prinzip »Erst schießen, dann fragen«. Also das bevorzugte schnelle Beseitigen von Problemen und nicht die Frage, ob uns das Problem vielleicht sinnvolle Einsichten vermitteln kann, zum Beispiel über eine falsche Herangehensweise an unsere Tagesorganisation oder die Vergeblichkeit eines Krieges. Dies nämlich kann unter Umständen durchaus die angebrachte Methode sein, in der Arbeitswelt auf Probleme zu reagieren. Wenn ein Fehler wieder und wieder auftaucht, muss ich irgendwann den Lernschritt vollziehen, zu erkennen, dass nicht der Einzelne das Problem ist, sondern dass gegebenenfalls die Organisation etwas an der Situation ändern muss.

Diesen Lernschritt, den Arbeitnehmer und Organisation im Idealfall zusammen machen, verhindern übliche Zeitmanagement-Techniken und sorgen für eine Delegation des Problems, ohne es im Kern zu beseitigen. Das handelsübliche Zeitmanagement schaut nicht über den Tellerrand, sondern geht von vornherein vom Primat des Tempos aus. Es fragt gar nicht erst, ob man entschleunigen soll. Drosselung des Tempos ist keine Option. Vielmehr wird nach Methoden gefahndet, die das Tempo halten oder noch beschleunigen.

Die amerikanische Sozialpsychologin Janice Kelly hat diesen »Effekt des Mitreißens« untersucht. Nach diesem Effekt geraten Menschen in einen »Zeit-Sog«, wenn sie gemeinsam Aufgaben bewältigen sollen. Ganz von selbst beschleunigten Versuchsgruppen ihr Arbeitstempo und hielten es auch bei, wenn keine Notwendigkeit dazu bestand und sie vorher langsamer gearbeitet hatten. Im Gegenteil: Einzelne Versuchsteilnehmer, die wieder langsamer arbeiten wollten, wurden zu Außenseitern und fielen schließlich aus der Gruppe heraus.[2]

Dieses Sog-Phänomen hat die Arbeitswelt erobert. Niemand würde heutzutage in seiner Abteilung zugeben, Kapazitäten freizuhaben oder sich gar zu langweilen. Man wäre als Faulenzer gebrandmarkt. Nur wer immer und überall beschäftigt und »busy« ist, kann sich in der Erfolgsvermutung sonnen. Wer bremst, verliert. Dieser nur halb ironische Spruch aus dem deutschen Verkehrsalltag zeigt deutlich die Mentalität unserer Tage. Als Gesellschaft haben wir einen Überfluss an Geld und einen Mangel an Zeit als gesellschaftlichen Erfolg normiert. Unter dieser Voraussetzung ist es unmöglich geworden zu sagen: »Ich habe freie Zeit«.

> **Wir geraten in einen unumkehrbaren Zeit-Sog.**

Wenn wir nicht mehr zugeben können, Muße im Sinne von freier Zeit zuzulassen, gerät Zeitmanagement vollends zur Alibi-Veranstaltung und absurdem Theaterdonner. Die in entsprechenden Seminaren vermittelten Techniken sollen angeblich Zeit »sparen«, die jedoch wiederum von neuen Aktivitäten gefüllt wird. Weil man sich schämen würde, tatsächlich einmal nichts zu tun. Oder haben Sie schon einmal an Ihrem Arbeitsplatz Zeit »gespart«, um dann zu Ihrem Kollegen zu sagen: »Super, jetzt habe ich eine halbe Stunde Zeit. Die genieße ich bei einem Cappuccino in der Stadt.« Na? Eben.

Selbst wenn Zeitmanagement effektiv wäre und selbst wenn wir die Techniken optimal umsetzen würden: Es würde nichts nützen, weil wir die Zeit gar nicht genießen könnten. Dafür fehlen uns die innere Einstellung und das Bewusstsein für Zeit als Qualität. Zeit hat für uns die Funktion von Fast Food: schnell, billig und ungenießbar. Wir sagen nicht mehr wie weiland Goethe zum Augenblick: »Verweile doch, du bist so schön!« Denn obwohl wir uns vorgaukeln, wie kostbar für uns Zeit ist, haben wir längst verlernt, Momente der Muße zu genießen. Selten halten wir sie überhaupt aus, werden unruhig und bekommen Entzugserscheinungen, bis wir uns mit der nächsten Projektmappe in den Schlaf wälzen.

Schauen wir uns Zeitmanagement-Techniken einmal genauer an. Nehmen wir als Beispiel die verbreitete Eisenhower-Methode. Hier werden anstehende Arbeitsaufgaben auf zwei Achsen, Wichtigkeit und Dringlichkeit, eingeschätzt: Aufgaben wie »Meeting vorbereiten«, »mit Berlin telefonieren«, »Projektstand von Schmidt einfordern« und Ähnliches. Schließlich werden vier Felder gebildet, die die Reihenfolge der Abarbeitung vorgeben sollen. Ein Arbeitsstau soll damit abgebaut und wichtige Aufgaben sollen zuerst erledigt werden. Interessanterweise hatte der Urheber des Modells, der ehemalige US-Präsident Dwight D. Eisenhower, seine Idee vor dem Hintergrund auch militärischer Anforderungen entworfen. Schließlich war er amerikanischer Oberbefehlshaber der alliierten Streitkräfte im Zweiten Weltkrieg.

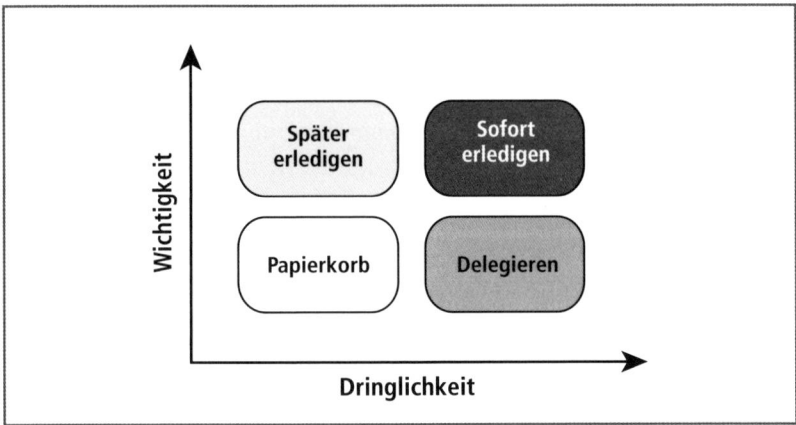

Die Eisenhower-Methode

Die Eisenhower-Methode fragt nicht nach Dingen wie »Warum hat Schmidt nun schon zum dritten Mal seinen Projektstand nicht abgegeben?« oder »Gehört die Telefonkonferenz mit Berlin tatsächlich zu meinen Aufgaben?«. Fingerübungen wie die Eisenhower-Methode oder die allseits beliebte To-do-Liste haben den Charakter eines Feuerlöschers. Sie sind für eine punktuelle Entlastung bei

Arbeitsspitzen durchaus sinnvoll. Als strukturgebende Instrumente mit Entlastungsfunktion, als die sie in Zeitmanagement-Seminaren verkauft werden, versagen solche Techniken schon deshalb, weil sie systemische und organisatorische Elemente ausblenden und sich auf den Einzelnen konzentrieren.

In diesem Sinne ist der Wirkbereich des Einzelnen an seinem Arbeitsplatz die »Schallmauer«, die normales Zeitmanagement nicht durchbricht, nicht durchbrechen kann. Zeitmanagement-Techniken verhalten sich wie Schnupfensprays, die die Schleimhäute abschwellen lassen: Sie verringern kurzzeitig die Symptome, sind für eine wirkliche Beseitigung der Krankheit beziehungsweise der organisatorischen Missstände aber nutzlos. Hier wäre eine Umkehr und ein Eingreifen des Managements erforderlich. Führungskräfte sollten akzeptieren, dass die Organisation von Zeit eine Aufgabe ist, die über die Kraft des Einzelnen hinausgeht.

Der Fehler von Zeitmanagement ist ein grundsätzlicher: Zeit wird als objektivierbare Größe betrachtet, als etwas, das außerhalb von uns existiert – eine Annahme, die dem Alltagserleben zuwiderläuft. Indem wir täglich Dutzende Male auf unsere

> **Zeitmanagement-Techniken behandeln nur die Symptome, nicht das eigentliche Problem.**

Uhren blicken, glauben wir, Zeit wäre ein Wesen, eingesperrt, nur als Vorrücken des Sekundenzeigers sichtbar. In der modernen Welt versuchen wir, die universale Einteilung von Stunden, Minuten und Sekunden auf unsere innere Uhr zu übertragen, und lassen dabei immer häufiger unsere individuellen Bedürfnisse außer Acht.

In der Popmusik beispielsweise lautet eine Regel für einen erfolgreichen Song, spätestens nach 60 Sekunden den Refrain zu bringen. Das sei der ideale Zeitpunkt, um nach Strophe und Bridge einen neuen akustischen und harmonischen Akzent zu setzen und den Hörer gleichzeitig nicht zu überfordern. Außerdem sollte der Song nicht länger als vier Minuten dauern. Ansonsten weicht er vom Mainstream ab und verursacht ungewöhnliche kognitive Anpassungsleistungen, die man dem Zuhörer ersparen will. Diese Quasi-normierung hat sich in fast allen Kategorien von Rock und Pop durchgesetzt. Komplexe, symphonische Kompositionen, wie sie bei

Bands wie Queen oder Supertramp üblich waren, sucht man heute im Radiobereich vergeblich. In diese Bresche springen die Internet-Radios, die global die unterschiedlichsten Stile und Substile erfolgreich besetzen. Dies ist vor allem für die Freunde ausgefallener, »anstrengender« Musik erfreulich, die das sogenannte »Formatradio« der großen Sendestationen nicht mehr ertragen können. Die Songs, die dort gespielt werden, gleichen sich in ihrer Struktur fast wie ein Ei dem anderen. Eine Gleichförmigkeit, die im Miniaturformat den zentralen Missstand unserer Epoche ausdrückt: die Normierung von Zeit.

Herzinfarkt und Spaß dabei

Es geht längst nicht nur um belangloses Radiogedudel. Zeit wird auch und gerade in der Arbeitswelt immer mehr zu einem Rohstoff, der angeblich portioniert, verordnet, konsumiert und verschwendet werden kann. Ein wöchentlicher Terminkalender gleicht nicht selten dem Stundenplan unserer Kindheit, in dem sich wie an einer Perlenkette Schulstunde an Schulstunde reiht, jeweils mit einem fest prognostizierten Zeitumfang. Schön, solange das gut geht. Doch wie oft geraten wir unter Druck, weil der momentane Termin schon viel zu lange dauert und wir doch längst bei Frau Müller im Büro sitzen müssten für die Vorbesprechung des Meetings nächste Woche. Unruhig rutschen wir auf unserem Stuhl hin und her, werden nervös, gestresst, unkonzentriert. Die sorgfältige Portionierung unserer Zeit zerbröselt zu einem Nichts.

Zeit ist erst einmal ein Geschenk, mit dem wir sorgfältig umgehen sollten. Auf einem Stoßstangen-Aufkleber las ich einmal: »Vor Gott und in einem Verkehrsstau sind alle Menschen gleich.« Wie wahr. Wer schon einmal im Sommer auf der Brennerautobahn nur Zentimeter um Zentimeter gen Süden gerollt ist, kennt das Gefühl, wenn wertvolle Stunden, die man schon am Strand zubringen wollte, einem zwischen den Händen zerrinnen. Ein solcher Moment ist eine rare Gelegenheit, gegenüber der Zeit und ihrer Vergänglichkeit wieder etwas demütiger zu werden. Der unbedachte Umgang mit

Terminen zeugt hingegen von mangelndem Respekt der Zeit gegenüber und ist in zweifacher Hinsicht fatal.

Zunächst einmal sind wir zunehmend ignorant gegenüber dem individuellen Bedarf an Zeit. In unserer normierten Welt haben wir das Gefühl dafür verloren, dass Menschen für denselben Vorgang manchmal unterschiedlich viel Zeit brauchen. Der eine Schüler begreift schnell, wie Algebra geht, der andere braucht länger. Der eine Fachmann benötigt eine Stunde für seine Analyse, der andere vielleicht zwei Stunden. Beide kommen zum gleichen Ergebnis, doch in einem Wettbewerb würde man natürlich den schnelleren der beiden zum Sieger erklären. Neulich war ich in der Filiale einer Kaffeekette und bestellte eine der dort üblichen 20-Buchstaben-unglaublich-kompliziert-Kaffeespezialitäten-Kombinationen. Während die eine Servicekraft sichtbar geübt und auf Zack war, gelang es ihrem neuen Kollegen nur unter genauer, zeitraubender Anleitung, das Spezialgetränk zu brauen. Erfreulicherweise wurde keiner der drei Gäste an der Theke unfreundlich oder drängte zur Eile. Man akzeptierte, dass der junge, tatkräftige Mensch eben etwas Zeit braucht, um sich an die diversen Handgriffe und die Zubereitung zu gewöhnen.

Wir ignorieren zunehmend den individuellen Zeitbedarf.

Oft ist das nämlich anders. Da blasen Kunden genervt die Luft durch ihre geblähten Nüstern, motzen und sind ganz grundsätzlich der Meinung, sie selbst hätten das Ganze ja in einem Bruchteil der Zeit geschafft. Wir sind eben darauf trainiert, alles in einer möglichst hohen Geschwindigkeit abzuliefern. Auch dem Arbeitgeber ist ja daran gelegen, dass seine Mitarbeiter möglichst gute Qualität in einer möglichst kurzen Zeitspanne produzieren.

Die Normierung der Zeit ist der Fetisch unserer Arbeitsorganisation.

Daher hat man in der Industrie für manche Vorgänge Normzeiten eingeführt. In einigen Branchen wie den Callcentern führt das zu einer Art kommunikativer Vergewaltigung. Der Mitarbeiter hat zum Beispiel exakt drei Minuten Zeit für die Beantwortung einer Serviceanfrage. Danach schmeißt er den Anrufer aus der Leitung –

auch mitten im Gespräch oder wenn das Problem nicht gelöst ist. So hirnverbrannt agieren wir inzwischen. Wir haben die Normierung der Zeit zum Fetisch unserer Arbeitsorganisation gemacht und fragen oft gar nicht mehr nach dem Sinn. Hier durchstrahlt der postmoderne Materialismus, der nur auf Quantität und das Prinzip »Höher, schneller, weiter« setzt, den Umgang mit einem so sensiblen Gut wie der Zeit und überdröhnt qualitative Aspekte: Kundenzufriedenheit, Dialogfähigkeit, banale Grundmuster menschlicher Kommunikation, ohne die auch ein Geschäft nicht erfolgreich verhandelt und abgeschlossen werden kann.

Schwierig wird es auch, wenn mehrere Menschen im Team wichtige Arbeitsergebnisse verstehen sollen, jeder dafür aber unterschiedlich lange Zeit braucht. In der Regel wird so viel Zeit zur Verfügung gestellt, bis der Schnellste signalisiert: fertig. Ein System, für das man bereits in der Schule als Wettkämpfer sozialisiert wurde: Wer kann als Erster die Rechenaufgabe im Kopf lösen? Wer ist der Schnellste auf der Aschenbahn? Wer knackt als Erster das Logikrätsel? Schon als Zehnjährige lernen wir, Zeit als Feind zu begreifen, den es zu besiegen gilt. Der Dichter Wilhelm Busch reimte: »Eins, zwei, drei! Im Sauseschritt / läuft die Zeit; wir laufen mit.« Und nicht nur das. Wir wollen nicht mehr nur mitlaufen, sondern das Rennen gegen die Zeit gewinnen. Mittlerweile sollte jedem klar sein, dass wir diesen Wettlauf nicht gewinnen können. In der Forschung nennt man einen solchen Versuch ein *Rat race*, ein »Rattenrennen«: eine endlose, selbstzerstörerische, sinnlose Anstrengung.

Klassisch im Arbeitsleben ist folgende Situation: Es ist wieder Meeting-Zeit, jemand präsentiert und erklärt. Abgesehen davon, dass aufgrund fehlender Didaktik-Kenntnisse viele Präsentationen sowieso in der Wissensvermittlung scheitern, wendet sich der Präsentierende irgendwann den Zuschauern zu und wirft ein »Noch Fragen?« in die Runde. Stille. Wenige Sekunden verstreichen, bevor man zur nächsten Folie übergeht oder die Präsentation abschließt.

Man geht also eine Wette darauf ein, dass alle Anwesenden die Inhalte der Präsentation in der Zeit verstanden haben, die der Präsentierende dafür vorgesehen und für nötig befunden hat. Nur leider tickt die Uhr des Präsentierenden sowieso schneller als die der Zuhörer, da er ja die Materie (hoffentlich) bereits verstanden hat. So richtet er sich nach dem Nicken des Ersten, der glaubt, auf der Höhe der Zeit und des Verstehens zu sein. Die anderen Meeting-Teilnehmer bleiben in diesem »schnellstmöglichen Moment der Zustimmung« auf der Strecke. Prof. Karlheinz Geißler von der Bundeswehr-Universität in München nennt diese Jagd nach dem schnellsten Moment eine »Illusion, ein Haschen nach dem Wind«. Tempo werde »zur einzigen Gottheit«.[3]

Als großen Missstand in der Behandlung der Zeit können wir festhalten: Obwohl Menschen unterschiedlich viel Zeit benötigen, um ein Problem zu begreifen oder eine Aufgabe zu lösen, werden sie nach standardisierten Mustern über einen Kamm geschoren. Dabei bleiben nicht nur Einzelne auf der Strecke, sondern durch die Summierung von Nichtverstandenem auch die Produktivität der Gesamtorganisation.

Das führt uns zum zweiten Phänomen der modernen Zeiteinteilung: der Kompression, der Beschleunigung von Zeit. Ohne zu fragen, ob eine Ergebnisproduktion unter Zeitdruck Sinn

> **Optimierung und Komprimierung von Zeit sind zur unhinterfragten Regel geworden.**

macht, haben wir die Optimierung und Komprimierung von Zeit zu einer unhinterfragten Regel gemacht. Die Folge sieht man in allen 08/15-Zeitmanagement-Seminaren: Es wird nicht darauf hingearbeitet, die Aufgaben zu entschleunigen oder auf der Zeitachse nach hinten quasi zu entzerren. Die Kommunikationswissenschaftlerin Miriam Meckel schildert hierzu den Feldversuch eines Telekommunikationskonzerns. Dessen Führungskräfte testeten vor der Markteinführung eine neue E-Mail-Software, die quasi intelligent priorisieren sollte. Das Ergebnis war zunächst unerfreulich: Mails wurden teilweise in Fächer »mit hoher Dringlichkeit« verschoben, wo sie dann verrotteten. Das eigentlich erstaunliche Ergebnis war jedoch folgendes: Von 246 Absendern »dringlicher« Nachrichten gab es nach insgesamt zwei Wochen ohne Bearbeitung eine (!) Nachfrage bezüglich der angeblich so wichtigen Mail. Meckel kommt zu dem Schluss, dass in Organisationen Aussitzen durchaus eine angemessene Problemlösungsstrategie darstellt.[4] Obwohl das wahrscheinlich viele Leser aus eigener Erfahrung bestätigen können, hat diese

Erkenntnis leider noch nicht ihren Weg in offizielle Management-Ratgeber gefunden.

Wir betreiben einen Kult der Eile. Nur wer schnell und effizient arbeitet, erntet Lob, Erfolg und Ansehen. Dabei könnte man in vielen Firmen den Arbeitsalltag durchaus entzerren. Viele angeblich in Stein gehauene Projekttermine oder andere fixe Zeitvorgaben fußen nicht auf wirtschaftlichen Notwendigkeiten, sondern auf selbstdarstellerischen Inszenierungen eigener Wichtigkeit. Weil man noch »auf die Zahlen aus Toronto warte« oder weil man das Glaubensbekenntnis unserer Tage, »Zeit ist Geld«, so tief und unwidersprochen verinnerlicht hat, dass sich einem die Sinnfrage unserer Alltagshetze gar nicht mehr stellt. Man könnte das Thema »Zeitmanagement« wesentlich ruhiger angehen, würde man hier mal Dampf aus dem Kessel ablassen und zugeben, dass viele angeblich dringende Termine nur Effekthascherei sind.

Wir betreiben einen Kult der Eile.

Doch von diesem Diskurs sind wir noch weit entfernt. Das gewohnte Spiel heißt vielmehr: Wie stapele ich mehr Aufgaben in weniger Zeiteinheiten? Wenn ich mir manchmal Terminkalender von Führungskräften anschaue, grusele ich mich. Kein Wunder, dass hier auch der Leistungsfähigste irgendwann zusammenbricht. Denn die Nutzung von – oder besser: unsere Existenz in der – Zeit funktioniert nur als Amplitude, die nach oben (intensive Arbeit in kurzer Zeit) und nach unten (Muße und langsames, bedächtiges Arbeiten) ausschlägt. Die Einsicht ist so alt wie banal: Wer Gas gibt, sollte auch mal Pause machen. Trotzdem muss man das mittlerweile wieder so deutlich sagen, denn nichts beherzigt die moderne Arbeitswelt weniger als dieses Prinzip. Wir hasten und sind stolz darauf. Herzinfarkt und Spaß dabei.

Das größte gesellschaftliche Experiment zur Zeitkompression kann man derzeit im Bildungssektor beobachten: das G8-Modell der Gymnasien und die unglückselige Bachelor-Reform an den Hochschulen. Der Bachelor ist die mit Abstand gröbste Form von Verschlimmbesserung seit langer Zeit.

Als 29 europäische Staaten 1999 bei Keksen und Kaffee in Bologna beschlossen, die Bildungslandschaft zu reformieren, war ihnen anscheinend nicht klar, wie stark nationale Interessen das Bachelor-Konzept verunstalten würden. Angeblich wollte man sich an den US-Eliteunis orientieren – was gründlich misslang. Wo die USA bildungsorientierte Studiengänge konstruierten, also ein Gleichgewicht aus Theorie und Praxis, schufen deutsche Bildungspolitiker und Hochschulrektoren eine Art »Pressfleisch«-Ausbildung: Man nahm ein wenig hiervon und davon, schnitt weg, was zu sehr nach Grundlage aussah, verkleisterte das Ganze mit einem Punktesystem und schickte die ersten Studenten durch diesen Spießrutenlauf. Das Ergebnis kann man landauf, landab besichtigen. Der Bachelor erinnert an eine verlängerte, hochreglementierte Schulzeit, teilweise gibt es mehr Studienabbrecher als vor der Reform. Laut einer Umfrage des Hochschul-Informations-Systems (HIS) brechen 30 Prozent aller Bachelor-Studenten wegen Überlastung ihr Studium ab – berücksichtigt man alle Formen von Studienabschlüssen, macht das nur jeder Fünfte.[5] Die neun führenden Technischen Hochschulen in Deutschland führen für einige Ingenieursfächer inzwischen still und leise das gute alte Diplom wieder ein.[6]

Mittlerweile haben sogar Wirtschaftslenker gegenüber den Bachelor-Abgängern Bedenken. Sie misstrauen den Ausbildungsinhalten und fürchten die fehlende Praxiserfahrung der Absolventen. Wiederum liefert hierfür das HIS die Zahlen: Nach dessen Erkenntnissen stoßen 80 Prozent der Bachelor-Absolventen an Fachhochschulen und über 75 Prozent der Bachelor-Absolventen an Universitäten auf Schwierigkeiten bei der Jobsuche.[7] Die Qualifikation, die ein Bachelor suggeriere, werde als zu gering eingeschätzt.

Insgesamt zeigt das Phänomen Bachelor, wie sehr wir als Gesellschaft das Verdichten von nicht zu verdichtenden Dingen wie der Zeit verinnerlicht haben.

> **Wir können nicht immer mehr in immer weniger Zeit erledigen.**

Wir glauben, immer noch mehr und mehr Luft in den Ballon pressen zu können – bis er platzt. Und selbst dann sind wir wenig lernfähig. Anstatt uns zu fragen, ob wir einfach weniger Luft in unsere Ballons pumpen sollten, sagen wir einfach: Der Ballon ist zu klein. Kann man bei Ballons machen. Gummi ist billig. Doch die Zeit ist eben nicht unendlich verlängerbar, jedenfalls nicht für den Einzelnen.

Der Tag hat nur 24 Stunden, daran dürfte auch in absehbarer Zeit nicht zu rütteln sein. Wir arbeitenden Menschen sind wie Ballons oft kurz vor dem Platzen. Und manche bereits darüber hinaus.

Äpfel und Birnen

Zeitmanagement funktioniert auch deshalb nicht, weil Menschen *Ansprüche* und *Bedürfnisse* verwechseln. Das ist ein wichtiger Unterschied:

- Ein *Bedürfnis* ist etwas, das ich von Zeit zu Zeit dringend brauche: Essen, Schlaf, Sex. Auch elterliche Verpflichtungen und die Gemeinschaft mit anderen Menschen gehören dazu. Wenn ich solche Bedürfnisse nicht stillen kann, entstehen mir früher oder später hohe persönliche Kosten: Ich verhungere oder verdurste, werde aufgrund von Schlafmangel irgendwann psychisch krank oder kann mich nicht mehr mit Menschen unterhalten, weil ich meine sozialen Kompetenzen verloren habe und auf die Frage, ob ich gern Zucker in meinen Kaffee hätte, einfach sage: »Äh, umpff.« Wir Menschen sind als Geschöpfe der Natur so programmiert, dass wir solchen Bedürfnissen den Vorrang geben vor unseren Ansprüchen. Denn aus welchem Grund würden Sie Ihre Arbeit eher unterbrechen: weil Sie ganz dringend zur Toilette müssen oder weil die Joggingschuhe Sie klagend aus der Ecke heraus anstarren, denen sie versprochen haben, sie jetzt endlich, endlich mal zu benutzen? Entscheiden Sie selbst.

- Neben den Grundbedürfnissen wie Essen und Schlafen gibt es noch andere Bedürfnisse, und zwar solche, die durch unsere individuellen *Glaubenssätze* gesteuert werden. Jeder Mensch trägt durch sein Leben einen Rucksack voller Glaubenssätze, die ihm erzählen, wie das Leben läuft. Diese Glaubenssätze können sehr unterschiedliche Inhalte haben und werden uns in der Regel von unseren Eltern vermittelt – ohne dass diese sich dessen bewusst sind. Eltern wollen das Beste für ihren Sprössling und signalisieren über die besonders prägenden Jahre der Kindheit und Jugend hinweg bestimmte Botschaften. Weniger durch ihr explizites Reden als durch ihr Tun.

Ein klassischer Glaubenssatz, der – so nie ausgesprochen! – über manchem Burnout-Betroffenen hängt wie ein Damokles-schwert, lautet: »Ich muss mir die Liebe meiner Eltern erarbeiten.« In diesem Fall haben die Eltern über Jahre durch ihr Verhalten und subtile Botschaften ihre Liebe quasi in ein handelbares Gut verwandelt, das erst verdient werden muss. Bei manchem dieser Kinder schnappt als Erwachsener die »Übertragungsfalle« zu und sie reiben sich im Job für ein wenig Anerkennung völlig auf. Weil sie nicht verstehen, dass es dieser Glaubenssatz ist, der ihr Verhalten und ihr Verständnis von Liebe und Akzeptanz

Glaubenssätze steuern unser Denken und Handeln.

steuert. Im Grunde handeln sie gar nicht als Erwachsene, sondern immer noch als Kinder, die sich die Liebe ihrer Eltern verdienen wollen.

Auch sogenannte Volksweisheiten spiegeln Glaubenssätze wider. Sie sind sozusagen die Fundgrube, aus der sich die Volksseele ihren Rucksack packt. »Eigenlob stinkt!« oder »Geld regiert die Welt!« sind solche Sprüche, die sich oft unhinterfragt ins Hirn brennen und die eigenen Einstellungen zu Arbeit, Erfolg und Geld massiv beeinflussen. Wir haben also auf Bedürfnisseite zwei mächtige Strömungen, die wie ein breiter, schneller Fluss unser Denken und Handeln steuern: Grundbedürfnisse und Bedürfnisse aufgrund von Glaubenssätzen. Beide Bedürfnisarten steuern unser Denken und Handeln auch im Arbeitsleben.

- Zusätzlich basteln wir uns *Ansprüche* als dritte Kategorie, die wir erfüllen wollen. Ansprüche haben weniger Gewicht als Bedürfnisse und sind klassische »Das macht man halt so«-Gebilde: »Man« sollte sich durch Sport fit halten, »man« sollte sich gesund ernähren, »man« sollte das Rauchen aufgeben etc. pp. Ansprüche werden geboren aus der Überzeugung, einem gesellschaftlichen Trend folgen zu müssen. Darum haben sie die geringste Kraft aller drei Kategorien und die wenigsten Konsequenzen. Darum versauern Joggingschuhe in der Ecke, bleibt man Raucher oder macht die Präsentation eben noch bis acht Uhr fertig, obwohl man um sechs gehen wollte. Joggen kann möglicherweise durchaus in der Priorität steigen, wenn wir zum Beispiel einen Herzinfarkt hatten und das Risiko für unser Nichtstun der Tod ist. Die angenommenen Kosten schnellen also in die Höhe und übertrumpfen unsere Bequemlichkeit. Trotzdem bleibt Joggen nur ein Anspruch, den wir eben erfüllen. Zu einem Bedürfnis würde es erst, wenn wir durch lange Gewöhnung und eine neuronale Belohnung in Form von hormonellen Botenstoffen eine Form von Glück empfänden und irgendwann das Joggen ehrlich vermissen würden – weil sich das Gehirn an einen entsprechenden Stoffwechsel und die Produktion von Glückshormonen gewöhnt hat. Das aber ist bei relativ wenigen Menschen der Fall.

Weil wir diesen Unterschied zwischen Bedürfnissen und Ansprüchen nicht berücksichtigen, muss auch unser Zeitmanagement scheitern. Wir vergleichen Äpfel mit Birnen und versuchen, Ansprüche zu verwirklichen, ohne auf die mächtige unterbewusste Strömung aus Bedürfnissen und Glaubenssätzen zu achten. Und wundern uns hinterher, warum schon wieder sieben von zehn Punkten auf unserer To-do-Liste unerledigt geblieben sind. Denn Glaubenssätze einerseits und Grundbedürfnisse andererseits wurzeln im Unbewussten des Menschen – und das schert sich nicht um unsere kulturelle Zeiteinteilung von Stunden und Minuten. Unser Organismus ist so gepolt, dass Bedürfnisse und Glaubenssätze *immer* Vorrang haben. Will man dagegen ankämpfen, hat man einiges zu tun und ist meist zum Scheitern verurteilt. Zum missglückten Zeitmanagement kommen dann in der Regel auch noch Selbstvorwürfe und der Anspruch (!), seine Zeit doch im Griff haben zu müssen. Andere schafften das doch auch. Eben nicht.

Wie kommt man nun aus der Spirale von fehlgeleiteten Ansprüchen, Zeitdruck und erneutem Scheitern heraus? Zunächst einmal sollte man bei sich Inventur machen und sich fragen: Welche Auf-

gaben, die ich mir in meinen Alltag packe, entspringen echten Bedürfnissen? Dazu muss man seinen Rucksack voller Glaubenssätze
ausschütten und betrachten. Das
ist manchmal schmerzhaft, wird
man doch mit seiner Vergangenheit und seiner Familie konfrontiert, die man hinter sich gelassen
glaubte. Man muss sich drei Fragen
bezüglich der Themen »Arbeit« und »Erfolg« stellen: Welche Glaubenssätze habe ich? Von wem habe ich sie übernommen und warum? Sind diese Glaubenssätze heute noch gültig?

Wir müssen unsere Prioritäten klären.

Gerade für Burnout-Leidende ist es eine große Erleichterung, zu
begreifen, welche Motive sie bis zur Erschöpfung antreiben, ohne
das Erreichte genießen zu können. Ich nenne das die »negative
Zielerreichung«. Burnout-Betroffene hasten von Erfolg zu Erfolg,
ohne jemals innezuhalten – selbst im Moment des Erfolgs. Sie haben
ihre Genussfähigkeit oft völlig verloren. Darum ist ein erster Schritt
zu einem neuen Zeitmanagement, seine Prioritäten zu klären, indem man seine Glaubenssätze reflektiert und sortiert. So kann man
künftig im Alltag sofort erkennen, wann alte Glaubenssätze zuschla-
gen und einen in die Burnout-Richtung drängen wollen.

Außerdem sollte man Ansprüche als Ansprüche akzeptieren. Sie
sind eher flüchtiger Natur, haben für unser Unterbewusstsein – und
damit für unsere Handlungsmotivation – wenig Kraft, sind Kopfge-
burten und folgen nicht selten Trends, hinter denen man als Individuum gar nicht steht. Da muss man sich selbst gegenüber einfach
ehrlich sein. Für das Zeitmanagement im Büro heißt das: unerfüll-
bare Ansprüche rausschmeißen, Mut zu Prioritäten haben, eigene
Glaubenssätze durchschauen und damit die Dynamik der Burnout-
Abhängigkeit durchbrechen.

Surfen auf der Welle

Neben dem Identifizieren und Sortieren von Glaubenssätzen, Bedürfnissen und Ansprüchen lohnt es sich, den oft genannten »Stress« einmal unter die Lupe zu nehmen. Denn zunächst gilt: Stress ist nicht gleich Stress. Immerhin haben wir Tage, da stehen wir bereits mit dem falschen Fuß auf, hasten durch den Tag, bringen das Kind in den Kindergarten, kommen zu spät ins Büro, verpassen ein wichtiges Meeting, den Zahnarzttermin müssen wir auch verschieben, und am Abend fallen wir wie tot ins Bett. Im Rückblick fühlen wir uns »gestresst«, ausgelaugt – ein typischer Burnout-Tag, könnte man sagen.

An anderen Tagen fliegen wir nur so durch unsere Verpflichtungen. Wir fühlen uns leicht, Anstrengungen bewältigen wir scheinbar mühelos. Der Chef ist glücklich, die Kunden auch, und für ein schönes Abendessen mit dem Partner bleibt auch noch Zeit. Würde uns ein Reporter ein Mikrofon vor die Nase halten, könnten wir ihm gar nicht oft genug sagen, wie toll unsere Arbeit ist, wie leicht sie uns fällt, und dass wir selbstverständlich Familie und Beruf unter einen Hut bringen.

Stress ist nicht gleich Stress.

Wir würden einen solchen Tag in der Regel nicht »stressig« nennen, obwohl wir es neuropsychologisch durchaus mit Stress zu tun haben: dem *Eustress*, »gutem Stress«. Guter Stress ist wie der Schinken auf einem Sandwich: Er liegt in der Mitte. Er führt uns manchmal an unsere Belastungsgrenzen, aber nicht darüber hinaus. Wir haben noch das Gefühl von Kontrolle. Wir glauben, die Herausforderung durch den Eustress meistern zu können. Psychologen nennen das »Selbstwirksamkeit«: die Überzeugung, mit eigenen Mitteln Dinge meistern zu können. Wir schätzen eine Situation ein: Fordert mich die Aufgabe? Oder überfordert sie mich? Langweile ich mich vielleicht sogar? Beim Eustress lautet die Formel: Die angenommene Selbstwirksamkeit ist größer als die Aufgabe. Ergo werde ich sie bewältigen. Das schafft eine positive Grundhaltung und wir sprechen nicht mehr von Belastung oder Stress, sondern von »Herausforderung«.

Der böse Bruder des Eustresses ist der *Disstress*. Das, was wir meinen, wenn wir sagen: »Ich hatte heute echt Stress«. Bei ihm lautet unsere Formel andersherum: Ich habe eine Aufgabe, aber sie überfordert mich. Ich schätze meine Selbstwirksamkeit als gering ein. In der Wahrnehmung vieler Menschen nimmt der Disstress in der heutigen Arbeitsgesellschaft spürbar zu. Das ist insofern bedeutsam, als Stress keine objektive Sache ist, sondern tatsächlich eine Angelegenheit der individuellen Wahrnehmung. Was für den einen unüberwindlich scheint, ist für den anderen entspannende Sonntagnachmittagsroutine.

Einem Mathematikprofessor sollte es leichter fallen, ein Referat über Einsteins Relativitätstheorie zu halten als einem Verkäufer (wenn der nicht gerade nebenbei Theoretische Physik studiert. Soll ja hin und wieder auch vorkommen). Und einem Verkäufer sollte es leichter fallen, ein kompetentes und einfühlendes Verkaufsgespräch zu leiten, als einem Mathematikprofessor. So hat jeder sein Gebiet, in dem er geübt ist und in welchem er Eustress, also guten Stress, produziert. Wird man dagegen in ein Gebiet versetzt, von dem man keine Ahnung hat, werden psychologische und physiologische Alarmsysteme aktiviert. Die Herausforderung kippt um in eine Überforderung, die mit Besorgnis oder Angst gekoppelt ist.

Stress als Reaktion auf Umweltreize ist ein uralter Mechanismus der Natur. Er war zunächst als Alarmanlage gegenüber lebensbedrohlichen Gefahren gedacht: Raubtiere, giftige Nahrung, Kampf, Naturgewalten. Nun haben wir durch zivilisatorische Fortschritte physische, tatsächlich lebensbedrohende Gefahren wie den Säbelzahntiger weitgehend gebannt. Unser Verstand weiß das. Unser primitives neurophysiologisches System jedoch nicht. Für unser Kleinhirn durchstreifen wir immer noch die Savanne, mit einem Lendenschurz bekleidet. Das bedeutet: Wir reagieren auf Stress mit einer deftigen körperlichen Überschussreaktion und setzen mehr körperliche Alarmstoffe ein, als wir brauchen. Das Ergebnis: Schwitzen, Herzrasen, trockener Mund. Es wird Blut aus dem Gehirn abgezogen und in Muskeln und lebenswichtige Organe gepumpt. Unser Körper gibt Alarm, um vor dem Mammut davonzurennen. Das ist die sogenannte *Fight-or-flight*-Reaktion: Flieh oder kämpfe.

Beim Eustress, dem guten Stress, werden wir nur punktuell in diesen Alarmzustand versetzt. Er ist eher leicht und anregend. Und bald kommen wir davon wieder runter. Der Eustress kommt und geht also, ohne dass wir ahnen, dass wir trotzdem »gerade Stress hatten« – physiologisch jedenfalls. Wir haben also oft Stress, wenn wir das nicht mitkriegen, und dieser Stress ist sogar noch gut für uns. Er hält unseren Organismus auf Trab, regt uns an und erhöht unsere Leistungsfähigkeit. Doch im normalen Sprachgebrauch hat sich der Disstress als »Stress« an sich etabliert. Und er ist es ja, der uns im Alltag zu schaffen macht – im Extremfall bis zum Burnout.

Eustress erhöht unsere Leistungsfähigkeit.

Am wohlsten fühlen sich Menschen also, wenn sie von Zeit zu Zeit in Eustress kommen, der sie herausfordert und an dem sie wachsen können. Disstress dagegen ist nicht nur wenig produktiv, sondern wirkt auf lange Sicht selbstzerstörerisch. Man stelle sich vor, der Urmensch mit dem Lendenschurz befände sich in einem permanenten Stresszustand, in ständiger Angst vor dem Säbelzahntiger. Sein Gehirn und sein Organismus würden neuronale und hormonale Stressprodukte hervorbringen, die ihn schließlich zerrütten und sterben ließen. Keine schöne Vorstellung. Und doch ist das genau die Situation, in der viele Menschen heute leben. Ständig in der Furcht, Fehler zu machen, gefeuert zu werden, nicht den optimalen Partner zu finden, im Leben zu versagen etc. Irgendwann kippen solche Menschen dann um. Willkommen im Burnout.

Was nun den Eustress betrifft, so haben sich verschiedenste Forscher damit beschäftigt, unter anderem auch ein Ungar mit dem eher ungewöhnlichen Namen Mihály Csíkszentmihályi. Dessen *Flow*-Konzept stellt die höchste Stufe von Eustress dar. Im Flow vergisst der Ausführende teilweise die Zeit und erlebt quasi eine »zeitlose«, erfüllende Qualität in seiner Tätigkeit.

Das Flow-Konzept wurde ursprünglich für Extrem- und Risikosportarten entwickelt und erst später auf die Alltagsarbeit übertragen. »Im Flow zu sein« bedeutet, spielerisch in einer Tätigkeit aufzugehen, in der idealen Balance zwischen Über- und Unterforderung. Im Flow besteht Harmonie zwischen dem limbischen System (Ge-

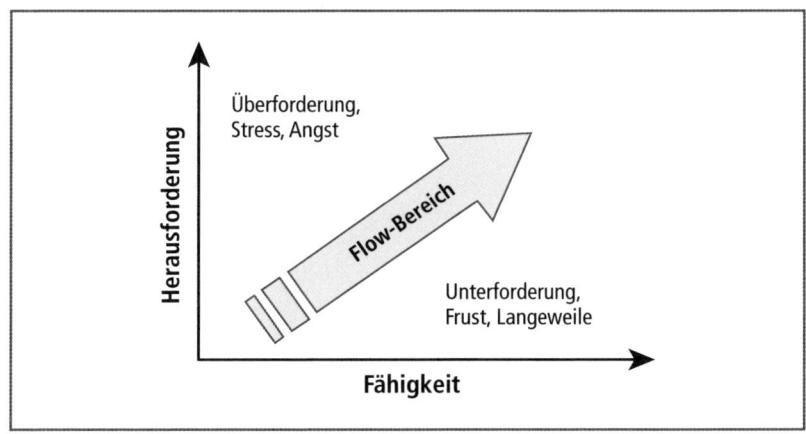

Das Flow-Konzept von Csíkszentmihályi

fühlszentrum) und dem Neokortex (Sitz des Bewusstseins und des produktiven Denkens). Philosophisch gesehen, ergibt sich im Flow eine Möglichkeit, durch Arbeit Glück zu erzeugen. Eine faszinierende Vorstellung. Man muss allerdings über die Aneignung einer Tätigkeit hinaus eine gewisse Routine erlangen, sodass man nicht mehr über wesentliche Teile nachdenken muss.

Der neben John Coltrane wahrscheinlich beste Saxofonist der Welt, Charlie Parker, antwortete auf die Frage, wie er denn so brillant geworden wäre: »Learn the changes. Then forget them.« – »Lerne die Akkorde. Dann vergiss sie.« Die untergeordneten Techniken – wie das Zusammenmischen der Kaffeespezialität auf Seite 105 – müssen so fest programmiert sein, dass darauf keine »Rechenarbeit« des Gehirns verschwendet werden muss. In diesem Zusammenhang sollte man die Frage stellen, ob das Prinzip der *Job rotation* in Firmen angemessen ist. In der Job rotation schaffen es nur die Besten, sich neue Tätigkeiten so schnell anzueignen, dass sie einen Flow-Zustand erreichen, bevor sie wieder ausgewechselt werden. Wenn man auf diese Weise eine Auslese der Besten erreichen will: gut. Andernfalls sollte man vielleicht über andere Modelle zur Weiterqualifizierung seiner Mitarbeiter nachdenken.

Natürlich wird der Flow nur einen kleinen Teil der eigenen Tätigkeit kennzeichnen. Dafür ist der normale Arbeitsalltag zu vielgestaltig und zu kurz getaktet. Trotzdem lohnt es sich, das Konzept zu kennen und die eigene Arbeit daraufhin abzuklopfen: Wo bin ich im Flow? Welche Arbeiten verschaffen mir so große Befriedigung, dass sie mir auch Kraft gegenüber belastenden Burnout-Faktoren geben? Der Flow ist der Zenith, der Olymp der Arbeitseffizienz und in diesem Sinne nicht nur ein theoretisches Liebhaberstück für Weltverbesserer, sondern ebenso eine handfeste Größe für Personaler und Führungskräfte. Den Unternehmen geht es ja in der Regel darum, Menschen nach ihren Talenten und Kompetenzen einzusetzen. Der Flow ist hierfür eine wichtige Kennzahl.

Im Flow vergessen wir die Zeit.

Flow-Erleben reduziert durch einen bemerkenswerten Umstand den Stress, der durch Zeitmanagement entsteht: Im Flow vergessen wir schlicht die Zeit! Normalerweise protokolliert unser Gehirn das Vergehen der Zeit; wir haben im bewussten Zustand stets ein gewisses Zeitempfinden. Dieses Zeitempfinden ist zum Beispiel im Schlaf oder unter Drogeneinfluss reduziert oder ganz ausgeschaltet. Auch im Flow. Der Flow ist daher die zentrale Möglichkeit des Gehirns, uns von der Last drückender Termine und von Stress zu entlasten. Wie auf einer Welle surfen wir im Flow über das Meer der Zeit hinweg. Erst wenn wir wieder an der Küste anlanden, kehren wir zur normalen Zeit-Protokollierung zurück. Doch solange wir im Flow keinen Zeitdruck verspüren, müssen wir ihn auch nicht managen.

Vom Rattenrennen zur Schneckenpost

Der Einzelne hat mehrere Möglichkeiten für das Lösen von Zeitstress:

- Man sollte die eigenen Bedürfnisse und den Unterschied zwischen diesen und seinen Ansprüchen kennen. Bedürfnisse haben Vorrang.
- Man sollte den Unterschied zwischen Eustress und Disstress kennen und wissen, welche Aufgaben und Situationen guten

Stress verursachen. Diese sollte man so oft wie möglich herbeiführen und bewusst erleben.

- Man sollte so oft wie möglich den Flow erleben.
- In Einzelfällen kann man Zeitmanagement-Techniken einsetzen.

All diese Maßnahmen überlassen die Verantwortung für das Lösen von Zeitproblemen dem Einzelnen. Darüber hinaus müssen wir uns jedoch fragen: Wie kann das Unternehmen, die Organisation, Entlastung schaffen?

In der Tat gibt es Ansätze, die vonseiten der Unternehmen eine bessere Zeitkultur schaffen können. Es geht nicht um separate Techniken, sondern um einen runderneuerten Umgang mit der Zeit insgesamt. Nur dann wird Zeit zu einem qualitativen Faktor, den Arbeitnehmer bewusst leben können und der für Arbeitgeber zu einer echten Ressource für den Unternehmenserfolg wird.

Zeitmangel kann Stress verursachen. Ob und in welchem Ausmaß, hängt unter anderem davon ab, inwiefern der Arbeitnehmer seine Zeitsituation selbst beeinflussen kann. Diverse Studien haben gezeigt, dass körperlicher Stress abnimmt, wenn die angenommene Kontrolle über die Situation zunimmt – auch wenn das objektiv nicht der Fall ist. Für die Arbeitsgestaltung heißt das: Man sollte einem Arbeitnehmer möglichst viel Macht über Gestaltung und Ergebnis des Arbeitsprozesses geben – klare Ziele, einen (möglichst gemeinsam) festgelegten Zeitrahmen und dann – laufen lassen. Zu viele Führungskräfte wollen im Detail kontrollieren, wie ihre Mitarbeiter zu Arbeitsergebnissen kommen. Da könnten sie es gleich selbst erledigen. Nicht nur, dass Führungskräfte dem Mitarbeiter mit zu viel Kontrolle das Misstrauen aussprechen. Sie zerstören auch seinen Produktionsrhythmus. Natürlich werden Skeptiker einwenden: Aber man muss doch Vorgaben machen und kontrollieren! Niemand hat das Gegenteil behauptet. Nur sollten Chefs den Versuch machen, ihren Mitarbeitern ab und zu eine längere Leine zu lassen. Ob sie das tun wollen, müssen sie selbst entscheiden. Aber das ist schließlich ihr Job als Führungskraft.

Des Weiteren praktizieren nicht umsonst viele Betriebe Gleitzeit beziehungsweise »Vertrauensarbeitszeit«. Der Name ist Programm.

Als Unternehmen sollte ich meinen Mitarbeitern soviel Verantwortung zutrauen, ihre Zeit selbst einzuteilen und gleichzeitig qualitative Ergebnisse zu produzieren. Damit keine Missverständnisse aufkommen: Selbstverständlich hat ein Arbeitnehmer die Pflicht, jederzeit seinen Job gewissenhaft und nach besten Kräften zum Wohl der Firma zu erfüllen. Hier sollen jedoch vor allem Gründe für und Wege aus den strukturellen Ursachen von Burnout diskutiert werden. Und bei den Maßnahmen auf Unternehmensseite gibt es durchaus noch Potenzial. Nur ein verschwindend geringer Teil der Arbeitnehmer dürfte eine Vertrauensarbeitszeit zur Schädigung des Unternehmens ausnutzen. Im Gegenteil: In der Regel arbeiten Arbeitnehmer bei Vertrauensarbeitszeit mehr. Schlicht aus Angst, man könnte ihnen mangelndes Engagement vorwerfen. Ich persönlich habe in meiner Beraterlaufbahn zwar einige »innere Kündigungen« gesehen, doch noch nie eine, bei der nicht beide Seiten – Arbeitnehmer und Arbeitgeber – ihren Anteil an der verfahrenen Situation gehabt hätten.

Weiterhin sollte ernsthaft über eine Ausweitung der Teilzeit nachgedacht werden. In der Schweiz beispielsweise ist der Stellenwert der Teilzeit ein völlig anderer. In Deutschland dagegen wird man eher schief angeschaut, wenn man in Teilzeit gehen will, außer man hat die gesellschaftlich akzeptierte Rolle einer Mutter, die ihre Arbeitskraft der Firma zur Verfügung stellt. Oft wird unterstellt, man könne seinen Job nicht mehr richtig erledigen und falle als produktive Kraft quasi komplett aus. In Einzelfällen mag dies richtig sein. Trotzdem bewegen sich Unternehmen hier noch zu wenig. Übrigens: Wann beginnen wir eine Debatte über Teilzeit als Möglichkeit für einen Weg aus der Arbeitslosigkeit? Das ist längst überfällig. Doch die simple Gleichung »weniger Arbeit für mehr Menschen« ist in unserer Gesellschaft tabu. Dafür sorgt nicht nur das Statusideal »Viel Geld, wenig Zeit«, sondern dafür sorgen auch die Gewerkschaften, die lieber mehr Arbeitszeit für gleiches Gehalt aushandeln, als den Arbeitslosen eine Lobby zu geben, nach dem Motto: weniger Gehalt für weniger Arbeit, dafür mehr Arbeit für alle. (Natürlich gilt diese Dynamik nur bis zu einer gewissen Einkommensuntergrenze. Bei 1-Euro-Jobs oder bei Niedriglöhnen an der Grenze zur Sittenwidrigkeit gibt es dafür keinen Spielraum, denn die Lebenshaltungskosten müssen mit dem Gehalt abgedeckt werden. So manche Familie mit geringem Nettoeinkommen kann es sich buchstäblich nicht leisten, mehr freie Zeit und weniger Verdienst zu haben.)

Mikropolitisch muss man die auf Seite 108 angesprochene »Amplitude der Zeit« entzerren. Es muss Schluss sein mit künstlich verknappten Projektterminen und unter chronischer Verstopfung leidenden Kalendern. Dafür eignen sich Zeitmanagement-Methoden in aller Regel nicht, weil sie das System nicht infrage stellen. Und genau darum geht es: Wir müssen unsere Projektarbeit, unsere Meetingkultur und unseren Umgang mit Technik ganz bewusst entzerren und entschleunigen. Und zwar immer wieder, weil ansonsten der von Janice Kelly erforschte Beschleunigungseffekt wieder zuschlägt.[8]

Wir müssen unseren Arbeitsalltag bewusst entschleunigen.

Damit ein Unternehmen nicht mehr in diese zerstörerische Geschwindigkeitsspirale gerät, sollte man jedem Arbeitnehmer eine halbe Stunde Muße verordnen, die er nicht mit Arbeit oder Kommunikation oder Essenspausen füllen darf. Muße hat nichts mit Faulheit zu tun. Mußephasen dienen dazu, das Gehirn wieder auf Konzentration zu trainieren und den Verstand bewusst in den Leerlauf zu schicken. Ansonsten leidet das Gehirn wie ein Öltank mit verstopftem Auslassventil: Es gibt keinen geordneten »Abfluss« von Stresssymptomen oder die Möglichkeit zu kreativen Verknüpfungen, sondern nur ein unkontrolliertes Aussickern, das letztlich zum Stillstand führt. Denn irgendwann können Sie in den Tank nichts mehr hineinpressen. Abgelassen wird aber auch nichts mehr. Sie können sich ausrechnen, wie lang das gutgeht. Viel sinnvoller ist es, dem Organismus Zeiten der Ruhe und Muße zu verordnen. Und glauben Sie nicht, dass das den Mitarbeitern leichtfällt! Muße muss man lernen. Am Anfang ist es schwer, seine Gedanken wandern zu lassen und das hektische Gefummel an einer PowerPoint-Präsentation zu unterdrücken. Machen Sie einmal den Selbstversuch. Sie werden feststellen, wie sehr Sie bereits der Droge »Aktivität« verfallen sind und wie schwer es ist, einfach in sich zu ruhen und die Welt an sich vorüberziehen zu lassen.

Schließlich müssen Führungskräfte eines Unternehmens ein »atmendes« Zeitmanagement vorleben. Sie sind die Multiplikatoren einer neuen Zeitkultur, und mit ihnen steht und fällt ein derart umwälzendes Projekt. Darin liegt eine pikante Schwierigkeit: Indem Chefs eine neue Zeitkultur erlernen und vorleben sollen, müssen sie das System ablegen und verleugnen, in dem sie groß geworden sind. Das fällt natürlich nicht leicht. Doch Führungskräfte sollten wissen, dass ihr bisheriges System von Zeitmanagement schlicht auf der Illusion der Beherrschbarkeit von Zeit beruht und den Grundstein für mannigfaltige Burnout-Gefahren in Unternehmen birgt. Insoweit ist eine persönliche Umstellung der Zeitkultur auch eine wirksame Prävention des strukturellen Burnouts – an dem das heutige falsche Zeitmanagement einen großen Anteil hat.

5. KAPITEL

Information Overload

Thomas Dehmer konnte wieder einmal nicht schlafen. Müde wälzte er sich in seinem Bett herum und starrte auf die Anzeige des Digitalweckers. 3:18 Uhr. Er stand auf und schaltete den Rechner an. In letzter Zeit konnte er nachts sogar besser arbeiten als tagsüber. Dann hatte er wenigstens seine Ruhe. Im Büro kam er ja zu nichts.

Am irrsten machte ihn sein Bereitschaftshandy. Nicht, dass es ständig klingeln würde. Aber allein diese ständige Hab-Acht-Stellung machte ihn fertig. Die Kunden sind doch nicht blöd, dachte Dehmer. Naja, manche schon. Aber der Rest kommt auch mal gut ohne mich aus.

Er surfte ein bisschen herum. Seit einiger Zeit verbrachte er viel Zeit bei Twitter, Facebook, auch mal XING. Viele seiner Kollegen waren ebenfalls bei Facebook. Und so war es schon mal passiert, dass sie sich verabredet hatten, ohne dass Dehmer es mitbekommen hatte. Das hatte ihm gestunken. Immerhin war die ganze Technik-Chose nicht schlecht. Kurzweilig und interessant sogar. Jede Minute kamen bei Twitter neue Nachrichten, man klickte sich durch, empfahl weiter, was einem gefiel, das andere sortierte man aus.

Da waren die E-Mails und Chats in der Firma schon anstrengender. Seit sie dieses neue Intranet-Tool installiert hatten, konnte man sich vor nichtssagenden Ansagen aus allen Ecken gar nicht mehr retten. Es wurde immer schwieriger, sich im Informationswust auszukennen.

Dehmer freute sich auf seinen Urlaub. Wann hatte er eigentlich das letzte Mal durchgeschlafen? Er konnte sich nicht erinnern. Egal. Eine Woche Italien mit Sabine würden ihn wieder auf die Beine stellen. 4:10 Uhr. Thomas Dehmer wankte zurück ins Bett.

Erinnern Sie sich noch an die ersten Mobiltelefone Anfang der 1990er-Jahre? Kiloschwer, im Koffer zu transportieren und eher dafür geeignet als Wurfgeschoss Räuber in die Flucht zu schlagen als damit zu telefonieren? Im Nachhinein betrachtet, stellen sie den Urknall der kommunikativen Mobilität dar, die ökonomisch-digitale Ursuppe, aus der in rasender Geschwindigkeit das Internet, E-Mail, das iPhone, Twitter und digitales Stalking krochen. Diese pfeilschnelle Evolution hat das mediale Sperrfeuer, unter dem wir leiden, und den kommunikativen Blackout unserer Tage erst ermöglicht.

Ich gehöre zur glücklichen Generation derer, die über 20 Jahre – vom Commodore 64 über den Atari, von Windows bis hin zur mobilen Welt der Smartphones – die komplette Reihe der technischen Möglichkeiten nicht nur hautnah miterleben konnten, sondern sich aufgrund ihres Alters auch, fasziniert davon, sehr gerne damit beschäftigten. Über die Jahre hinweg ist meine Begeisterung für technische Innovationen, die kreative Köpfe quasi im Wochentakt erfinden, nicht kleiner geworden.

Dennoch läuft etwas schief. Inzwischen beherrschen wir die Kommunikationstechnologie nicht mehr. Sie beherrscht uns. Und immer öfter erwächst aus diesem Beherrschtwerden ein Überwältigtsein auf zwischenmenschlicher und – im Burnout – tatsächlich auf neurologisch-physiologischer Ebene. Die Wissenschaftlerin und Publizistin Miriam Meckel beschreibt es so: »Das Gehirn kommuniziert biochemisch, indem Botenstoffe, wie Dopamin oder Serotonin, Signale und damit Informationen transportieren. Und so wie im Netz manchmal die Kommunikation zusammenbricht, wenn Server ausfallen, so ist es im Gehirn, wenn der Signaltransport über die Botenstoffe nicht mehr funktioniert. Das irritiert Ihre Gefühle, Ihre Orientierung, Ihr Wohlbefinden, alles. Burnout ist auch ein Krankheitsbild der Kommunikationsgesellschaft.«[1]

> **Die Kommunikationstechnologie beherrscht uns – nicht wir sie.**

Autopilot unter Volllast

Der Flugzeugbauer Embraer hat ein ehrgeiziges Projekt in Angriff genommen. Er will den Kopiloten in Flugzeugen komplett wegrationalisieren und durch noch mehr Computertechnik ersetzen.[2] Ein zweiter Mann im Cockpit koste zuviel und Gewicht spare man durch diese Maßnahme auch noch. Kritiker bemängeln natürlich ein Sicherheitsproblem. Ein Computer könne niemals den »menschlichen Faktor« ersetzen, der auch in ungewöhnlichen Situationen durch Instinkt und Erfahrung richtig reagiere. Dem technischen Autopiloten fehlten hierfür wichtige Referenzwerte. Der Spruch »Alles im Leben macht man irgendwann zum ersten Mal« gelte auch für Computer. Das Projekt ist natürlich noch in der Testphase, aber man darf gespannt sein, wie weit die Automatisierung auch im Flugverkehr noch voranschreitet. In weniger risikoreichen Verkehrsmitteln ist die Automatisierung schon gang und gäbe:

- Die ersten führerlosen U-Bahnen fahren bereits, ohne dass sich noch jemand groß darüber aufregt.
- Google hat kürzlich enthüllt, dass der Konzern bereits seit zwei Jahren ein führerloses Auto testweise durch die USA kreuzen lässt.
- In Supermärkten gibt es schon seit geraumer Zeit Scannerkassen ohne Personal. Man zieht alles selbst über ein Lesegerät und bezahlt an einem Automaten.

Bei den Transportmitteln ist die Steuerung das zentrale Element, wenn es um Automatisierung geht. Doch nicht nur Flugzeuge oder U-Bahnen benutzen einen Autopiloten – auch wir Menschen haben einen. Und der läuft 24 Stunden am Tag, sieben Tage die Woche, 365 Tage im Jahr. Nur nennen wir ihn anders. »Exekutiv-Funktion«

Unser Autopilot läuft rund um die Uhr.

heißt das gute Stück.[3] Diese steuert unsere Aufmerksamkeit und filtert die für uns wichtigen Informationen aus der Umwelt. Nur durch die Exekutiv-Funktion können wir uns überhaupt konzentrieren

und versinken nicht in einem Strudel unkoordinierter Wahrnehmung.

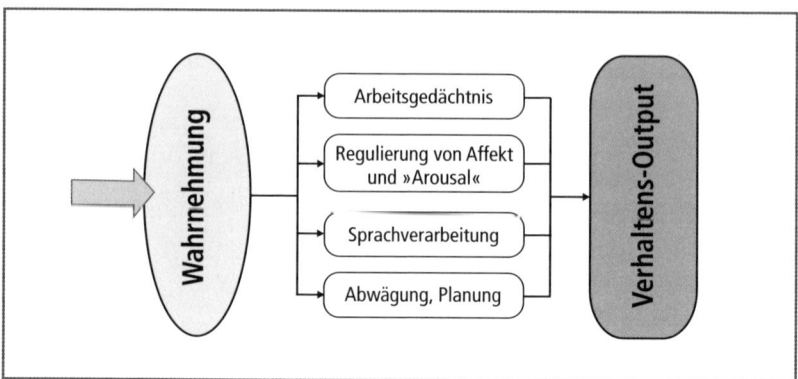

Die Exekutiv-Funktion des Gehirns

Konzentration ist nichts anderes als das erfolgreiche Ausblenden
von Umweltreizen und das intensive Bearbeiten lediglich einer einzigen Tätigkeit. Allein die Notwendigkeit einer funktionierenden
Exekutiv-Funktion schließt daher Multitasking als Arbeitsprinzip
auch einer modernen Gesellschaft aus.

Es gibt Menschen, bei denen dieser Filter versagt: Autisten. Bei
Autismus kann das Gehirn nicht mehr vernünftig auswählen, welche Reize wichtig sind und welche nicht. Das Ergebnis ist eine permanente Überforderungsgefahr für das Gehirn. Der Alltag von Autisten ist daher von Ritualen geprägt, festen Abläufen und wenigen
Kontaktpersonen. Man will einfach ihre lädierte Exekutiv-Funktion
schonen und Stress bei ihnen vermeiden. Trotzdem ist das Prinzip
der auswählenden Exekutiv-Funktion bei Autisten das gleiche wie
bei gesunden Menschen.

Eine intakte Exekutiv-Funktion ist überlebensnotwendig, um im
Alltag zurechtzukommen. Jede Sekunde stürzen enorme elf Millionen Sinneseindrücke auf uns ein, wovon wir jedoch lediglich einen winzigen Bruchteil auswählen – nur etwa 40. Das Allermeiste
blendet das Gehirn automatisch aus. Zum Beispiel das Ticken der
Wanduhr, das wir nach einiger Zeit nicht mehr hören. Wir wissen

irgendwann, dass aus dem Ticken der Uhr für uns keine relevante Information mehr erwächst. Unser Gehirn zieht daraus den Schluss, dass es im Moment Wichtigeres gibt – vielleicht die Seite des Buches, das wir gerade lesen – und wirft das akustische Ticken aus der Exekutiv-Funktion. So gleiten wir von Sekunde zu Sekunde durch unser Leben, während im Hintergrund still und unsichtbar die Exekutiv-Funktion in rasender Geschwindigkeit und Komplexität für uns Reize aus der Umwelt wahrnimmt, sortiert, priorisiert, in den Mittelpunkt stellt und wieder verwirft.

Die interessante Frage für die Burnout-Diskussion lautet: Kann die Exekutiv-Funktion überlastet werden, ja gar versagen? Anscheinend schon. Ein Symptom dafür ist die allgemeine, massive Zunahme von Konzentrationsstörungen. Unser Autopilot hat immer öfter Aussetzer, wie das Bauteil eines Autos, das mit der Zeit ausgewechselt werden muss, weil es stark beansprucht wird. Im Gegensatz zu unseren Vorfahren, deren Autopilot auch mal in Ruhe war, setzen wir unsere Exekutiv-Funktion durch die vielen technischen Errungenschaften, die wir benutzen – Laptop, Handy, SMS, E-Mail etc. –, in einen permanenten Alarmzustand. Dies führt dazu, dass wir nicht mehr zwischen wichtigen und unwichtigen Reizen unterscheiden können – eigentlich eine der wichtigsten evolutionären Funktionen des Autopiloten – und unsere Konzentration insgesamt sinkt.

Eine dauerhafte Überreizung der Exekutiv-Funktion macht krank.

Unsere moderne Zeit verursacht der Exekutiv-Funktion Stress, weil wir in immer kürzeren Abständen immer mehr Reizen ausgesetzt sind. Nun könnte man ja damit beginnen, Reize zu reduzieren, nach dem »Back to the roots«-Prinzip. Ich wähle wieder besser aus, was wichtig ist und was nicht, und ignoriere den Rest. Dieser Möglichkeit stehen jedoch mehrere Hindernisse im Weg:

- **Unfähigkeit zur Differenzierung.** Erstens haben die meisten Menschen bereits die Fähigkeit verloren, zwischen wichtigen und unwichtigen Reizen zu unterscheiden. Ein, wenn auch verschlüsseltes, Indiz ist hierfür der Niedergang der Presse auf breiter Front.[4] Es geht nicht nur darum, qualitative journalistische Inhalte in den digitalen Raum zu verschieben. Es geht auch darum, dass seriöse Information Recherche und Erfahrung braucht. Und genau hierfür scheinen Menschen immer weniger bereitwillig zu bezahlen – weil sie den Wert dieser Information nicht mehr erkennen beziehungsweise ihn genauso gewichten wie unreflektierte, zweifelhafte Information aus sozialen Netzwerken und von Laienreportern. Dieses Denken entspricht der eigenen, privaten Suchmethodik des oberflächlichen Surfens und der »Klicksucht« im Internet.

- **Unfähigkeit zur Abschottung.** Die modernen digitalen Helfer, Smartphone und Social Networks, gehören längst zu unserem Arbeitsalltag. Wie bei den Borg aus »Star Trek« sind bei uns Körper und Technik schon fast verschmolzen. Das Handy ist praktisch überall dabei; manche nehmen es sogar mit auf die Toilette. Es gibt Manager, die über amputationsähnliche Gefühle berichten, nimmt man ihnen den BlackBerry oder den Netzzugang. Nicht umsonst heißt der BlackBerry darum in manchen Kreisen »CrackBerry«. Solche sozialen Phänomene kann man nicht einfach ignorieren. Daher kann eine Lösung im Sinne einer vernünftigen Auslastung des Autopiloten nur aus einer Mischung von Reizreduzierung und einer gesunden Informationsfilterung bestehen.

- **Erhöhung der Lebensqualität.** Die digitalen technischen Errungenschaften bereichern durchaus unseren Alltag. Wir kommunizieren mit Freunden in Brasilien, während wir in München am PC sitzen, oder verabreden uns mit einem Geschäftspartner über einen *Location based Service* spontan zu einem Kaffee in Berlin, weil wir gesehen haben, dass wir beide in Berlin und nur drei Straßen voneinander entfernt sind. An sich eine tolle Sache. Nicht umsonst heißen die Kontakte in sozialen Netzwerken »Freunde«, »Buddies« etc. Wir versuchen, reale, vertraute Beziehungen durch eher brüchige Klickbeziehungen zu ersetzen und verleihen ihnen den wohligen Schimmer eines Kaminfeuers, indem wir von »Freundschaften« sprechen.

Trotz unserer Bemühungen fehlt uns die Kompetenz, mit »virtueller Komplexität« angemessen umzugehen. Stellen Sie sich vor, Sie schauen aus der Luft auf die Skyline von Manhattan: Sie sehen viele Hochhäuser, Straßenkreuzungen, den East River und den Hudson River, Autos, vielleicht eine Fähre nach Staten Island. Sie wissen genau, wozu sie ein Auto benutzen würden: um zu fahren. Oder dass in einem Gebäude eben Büros oder Wohnungen untergebracht sind. Sie wissen, dass sie eine Menge Zeit benötigen würden, um von Harlem im Norden in den Battery Park an der Südspitze Manhattans zu Fuß zu gehen. Von einer Straßenseite des Broadways auf die andere hingegen kämen Sie schnell.

Wir können aufgrund unserer Erfahrungen in der realen Welt also gut abschätzen, welche Dinge welchen Zweck erfüllen und wie komplex diese Dinge sind. Im virtuellen Raum versagt unsere Schätzung allerdings. Wir glauben, nur mal schnell über die Straße zu gehen (in ca. fünf Sekunden), während unser Gehirn den Weg von Harlem zum Battery Park zurücklegen muss (immerhin knapp drei Stunden!). Wenn ich mich in dieser Größenordnung mehrmals verschätze, bekomme ich beziehungsweise mein Autopilot ein ernsthaftes Problem. Während uns diese Größenunterschiede in der realen Welt völlig einleuchten, überlasten wir unseren Autopiloten, sobald wir in die digitale Welt eintauchen. Nicht durch die *Länge* der Beschäftigung, sondern durch deren *Komplexität*. Ein kurzes, lustiges Video ist nicht unbedingt der Gipfel der Gehirnbeanspruchung. Wohl aber das gleichzeitige Sehen des Videos, das Klingeln des Telefons, die Hintergrundgeräusche des Büros, vorbeirennende oder anklopfende Kollegen, blinkende Smartphones, ratternde Faxgeräte und ähnliche Dinge.

Da der moderne Mensch aus den gerade genannten Gründen nicht fähig oder nicht willens ist, seine Reizüberflutung zu reduzieren, gehen viele Menschen unbewusst, aber logisch den entgegengesetzten Weg: Wenn ich den Strom von Menschen (beziehungsweise Informationen) über eine Brücke nicht reduzieren kann und trotzdem alle rüber wollen, muss ich die Brücke selbst verstärken, damit sie nicht einkracht. Hier folgen wir unserer bewährten

> **Wir verringern nicht die Last; wir verstärken die Brücke.**

Strategie, die da heißt: immer mehr, aber in verbesserter Umgebung. Eine faszinierende Parallele dazu findet sich in der bereits erwähnten Verhandlungsstrategie von Gewerkschaften: Anstatt Arbeitszeit zu reduzieren (bei gleichem Lohn), wollen die Gewerkschaften immer mehr Lohn (bei gleicher Arbeit). Es geht also nie um eine Reduzierung von Arbeitslast – wovon vielleicht auch die Arbeitslosen durch Teilzeitmodelle etc. profitieren würden –, sondern immer nur um eine Verstärkung der Brücke.

Um diese Brücke zu verstärken und den Information Overload zu bewältigen, schaffen wir uns – als ganz brave Leistungsgesellschaft – Tankstellen für unser Gehirndoping: den schnellen Kaffee »to go«, weil wir nicht einmal mehr zehn Minuten Zeit haben, um ihn im Café zu trinken. Oder Ritalin® als »kleine Pille für zwischendurch« für gestresste Manager – eine Droge, die in Deutschlands Chefsesseln immer beliebter wird.[5] Und nicht nur dort. 60 Prozent aller Berufstätigen wären bereit, konzentrationsfördernde Drogen zu nehmen, wenn sie keine Nebenwirkungen befürchten müssten.[6] Bei den »Mutigeren« ist Koks bereits wieder groß im Kommen. Hauptsache fit, leistungsfähig und vor allem: hochkonzentriert.

Insgesamt geht der Trend, genau wie beim Phänomen Zeit, hin zum »Immer mehr, immer dichter«. Dass dadurch manche von uns im Burnout kollabieren, ist völlig normal. Es gehört für mich nach wie vor zu einem der faszinierenderen Aspekte von Burnout, dass Betroffene, die zu mir in die Praxis kommen, glauben, sie seien Einzelfälle und alle anderen kämen bestimmt besser mit ihren Belastungen zurecht. Au contraire, mon capitaine! Als Gesellschaft insgesamt standen wir gestern am Rand der Klippe. Heute sind wir schon einen Schritt weiter.

Der Wissenschaftsjournalist Stefan Klein beklagt, dass wir in unserem Informationszeitalter »in einem einzigen Jahr mehr Eindrücke sammeln als Goethes Zeitgenossen in einem ganzen Leben«.[7] Das bedeutet, unser Gehirn muss viel mehr Reize als noch vor vier, fünf Generationen verarbeiten. Von Mittelalter und Steinzeit gar nicht zu reden. Als wir alle noch durch die Savanne stapften, kam einmal am Tag der Säbelzahntiger vorbei. Einmal Großalarm – das war's aber auch. Dasselbe Alarmsystem, das den Tiger registriert hat, reagiert heute auf das Klingeln des Telefons oder den Kalenderalarm. Bei diesen Gegebenheiten kann man nun wirklich nicht mehr von lebensbedrohlichen Dingen sprechen. Für unser Gehirn sind aber Säbelzahntiger und Telefonklingeln ein und dasselbe. Die ultimative Alarmanlage unseres Verstandes wird heute noch bei den kleinsten Dingen in vollem Umfang aktiviert. Über Jahrmillionen hat sich diese Alarmanlage als Sicherheitssystem bewährt. Nur ist sie für unseren modernen Büroalltag leider völlig überdimensioniert. Wir brausen, neurophysiologisch gesehen, sozusagen mit 200 km/h in einem Porsche durch eine Tempo-30-Zone. Und das jeden Tag. Dutzende Male.

Der Autopilot, die Exekutiv-Funktion, läuft jeden Tag unseres gestressten Arbeitslebens unter Volllast. Selbst wenn wir einmal daraus ausbrechen, kann unser Gehirn nicht sofort umschalten: Die meisten Menschen brauchen einige Tage, um sich in ihren Urlaub hineinzufinden und »runterzukommen«. In dieser Zeit stuft sich unser neurobiologisches System neu ein. Es lernt, das Alarmniveau herunterzuschrauben. Der Porsche-Motor kühlt auf ein vernünftiges Niveau herunter. Die Folgen des ständigen Alarmzustandes sind bekannt: Konzentrationsstörungen bis hin zu Erinnerungslücken, Schlafstörungen trotz Erschöpfung und Müdigkeit, Gereiztheit, weil man sich neuen Menschen und Situationen nur noch schlecht anpassen kann.

Der dauerhafte Alarmzustand führt zu Burnout-Symptomen wie Konzentrationsstörungen und Gereiztheit.

Kommt Ihnen das bekannt vor? Das sind alles klassische Burnout-Symptome. Symptome, die wir durch den unvorsichtigen Umgang mit unserem Autopiloten selbst provozieren. Natürlich fragt man sich: Wieso stellt der Betroffene das nicht ab?

- **Digitale Erreichbarkeit schafft soziale Absicherung.** Digitale Erreichbarkeit signalisiert dem Einzelnen: Jemand denkt gerade an mich. Und wenn es in einer dienstlichen E-Mail ist. Auch diese sagt: Ich bin Teil einer Gemeinschaft, einer Firma, eines Netzes, werde nicht außer Acht gelassen. In dieser Hinsicht funktionieren wir nicht anders als in der Steinzeit. Auch dort war der Ausschluss aus der Stammesgemeinschaft die schlimmstmögliche Strafe, bedeutete sie doch in den meisten Fällen nicht nur fehlende Kommunikation, sondern Hunger, Kälte, fehlende soziale Absicherung und am Ende den Tod. Diese Angst wirkt bis heute in uns nach. Obwohl wir immerhin den Tod nicht mehr fürchten, sollte Facebook einmal offline sein, brauchen wir trotzdem das Gefühl der Zugehörigkeit. Dieses geschieht heutzutage immer häufiger nicht durch realen Austausch, sondern durch dessen digitale Pendants: SMS, E-Mails, Verlinkungen in sozialen Netzwerken, Twitter-Follower, Chats etc.

- **Digitale Erreichbarkeit wird belohnt.** Unsere ständige Erreichbarkeit signalisiert: Ich bin jederzeit für den Arbeitsprozess verfügbar, stelle mich so in den Dienst der Gemeinschaft. Da Arbeit eines der am höchsten gehandelten Güter unserer Gesellschaft ist, erhöhe ich meinen sozialen Wert, indem ich mich auf diese Weise für die Arbeit und den Chef aufopfere. So erhält man durch die digitale Vernetzung und permanente Erreichbarkeit eine soziale Belohnung. Das Klingeln des Handys im Restaurant bedeutet: Ich bin wichtig, mein Chef und meine Kollegen brauchen mich und ich bin für sie selbstverständlich jederzeit erreichbar. Mein Opfer adelt mich.

- **Der Autopilot liebt Volllast – in Maßen.** Unser Autopilot läuft grundsätzlich gern einmal unter Volllast. Es gibt für ihn nichts Schöneres, als mal so richtig rund zu laufen und seine Signale in die Hirnrinde zu feuern, wo sie weiterverarbeitet werden. Durch die Aktivierung des Autopiloten fühlen wir uns lebendig. Man darf nicht vergessen: Der menschliche Organismus ist so konstruiert, dass er in feindlicher Umgebung auch (kurzzeitige) Extremsituationen überstehen kann. Der Preis dafür ist unsere enorme Gehirnkapazität, die wir natürlich auch nutzen wollen. Wie ein muskelbepackter Krieger, der unruhig hin und her tigert und auf die Schlacht wartet, giert unser Autopilot nach anspruchsvollen Situationen, in denen er so richtig zeigen kann, was in ihm steckt.

Weil sich der Autopilot nicht selbst kontrollieren kann, müssen wir das mit unseren höheren Hirnfunktionen übernehmen. Wir müssen Phasen der Volllast genauso bewusst starten, wie wir Phasen des Genusses zwischenschalten, in denen der Autopilot sich durch reduzierte Sinneseindrücke erholen kann. Und genau diese Fähigkeiten hat die Gesellschaft allgemein und haben Burnout-Betroffene im Besonderen verlernt. Die Exekutiv-Funktion läuft vollautomatisch ab, egal was und wie viel wir ihr servieren. Es wäre von der Evolution auch einigermaßen schlecht eingerichtet, wenn wir willentlich steuern könnten, ob wir jetzt nichts mehr sehen oder hören wollen. Das würde höchstens dem Säbelzahntiger gefallen. Nein, unsere Sinneswachsamkeit muss durch die Exekutiv-Funktion und den Autopiloten permanent sichergestellt sein.

Wir können und müssen an anderer Stelle einen Riegel vorschieben: Wir sollten als denkende Wesen unseren Organismus von Zeit zu Zeit in Situationen bringen, in denen der Autopilot wenig zu tun hat – das bewusste Genießen von Musik, Lesen in der Stille, ein Spaziergang in der Natur. Sie können selbst einmal einen – zugegeben ziemlich anstrengenden – Selbstversuch unternehmen: Legen Sie sich aufs Bett, schließen Sie die Augen und versuchen Sie im Wachzustand, eine halbe Stunde gar nichts zu tun. Leicht, meinen Sie? Ich garantiere Ihnen, Sie werden die Wände

Wir selbst müssen bewusst für Ruhephasen sorgen.

hochgehen. Von einem Moment auf den anderen bremsen Sie Ihren Autopiloten von Vollgas auf null herunter. Das dauert ein bisschen. Gerade, wenn man solche Entspannung nicht gewohnt ist, fangen die Gedanken an zu rasen. Man fragt sich, wie viel Zeit bereits vergangen ist. Erst fünf Minuten? Kann doch gar nicht sein. Fühlt sich an wie zwanzig.

Das Herunterbremsen der Exekutiv-Funktion ist eine Frage der Übung. Wichtig ist es zunächst, die Funktion des Autopiloten im Gehirn und seine Rolle in der heutigen Epoche des Information Overloads zu verstehen. Volllast ist in Ordnung – für einige Zeit. Und dann bitte – einfach mal still werden und genießen.

Spielzeug für das Großhirn

Im Portal YouTube gibt es ein kurzes, sehr witziges Video.[8] Es zeigt fiktive Angestellte eines Büros, die durch die Benutzung von Laptop, BlackBerry etc. ihre Fähigkeit zu normalem Verhalten verloren haben. Da läuft zum Beispiel jemand durch eine Glastür und merkt es nicht einmal – weil er so vertieft in sein Smartphone ist. Oder eine Angestellte versucht, Kaffee unter Verrenkungen aus einer Kaffeemaschine zu trinken, weil sie vergessen hat, wie man eine Kaffeekanne benutzt. Auch wenn sich das Video am Ende als Werbung eines Technologiekonzerns enttarnt: an der Treffsicherheit und Originalität der Botschaft ist nicht zu rütteln. Der moderne Arbeitsmensch ist in Gefahr, sich vom Information Overload bis zur kognitiven Schädigung überwältigen zu lassen.

Dies ist durchaus keine Übertreibung. In Japan löste 1997 eine Folge der Zeichentrickserie *Pocket Monsters* bei fast 12 000 kindlichen Zuschauern Epilepsie-Symptome aus, bis hin zu Ohnmachtsanfällen und dem typischen, unkontrollierten Zucken.[9] 685 Kinder mussten sogar im Krankenhaus behandelt werden. Ein besonders abrupter, heftiger Fall von Information Overload für das Gehirn.

Der Information Overload kann überhaupt erst als Krankheitsbild Fuß fassen, weil die soziale und digitale Vernetzung ein so überaus wichtiger Bestandteil unseres heutigen Lebens und Arbeitens geworden ist. Das merkt man erst, wenn Teile der gewohnten Vernetzung ausfallen. Manche Menschen fühlen sich regelrecht »amputiert«, wenn sie eine Zeit lang keinen Zugriff auf ihre Mails, SMS oder Facebook-Nachrichten haben.

> **Das Abgeschnittensein von der digitalen Welt verursacht Phantomschmerzen.**

Die digitale Vernetzung ist ein so selbstverständlicher Teil unseres Selbst geworden, dass wir die Möglichkeiten des Austauschs, wenn wir sie gerade nicht nutzen, wie den Ausfall eines Körperteils erleben und ihn schmerzlich vermissen.

Ein Blogger-Kollege beschrieb einmal selbstironisch, wie er den Ausfall des Google-Servers im Mai 2009 erlebte. Er drückte »wieder und wieder« den Reload-Button seines Browsers, obwohl er wusste, dass dies sinnlos war. Wie Ratten, die immer noch auf die Taste für Futter drücken, obwohl der Mechanismus doch seit zehn Minuten nicht mehr funktioniert, betteln wir um ein Lebenszeichen aus der virtuellen Welt. Wir rufen permanent, aber ziellos »Hallo?« in den dunklen Tunnel der digitalen Empfangsbereitschaft hinein: durch Drücken des Reload-Buttons, ständiges Checken unserer E-Mails oder der Twitter-Timeline, Kontrollieren des Handydisplays, ob eine SMS eingetroffen ist. Das Magazin STERN sprach damals von einer »Lektion in Abhängigkeit« von Google und seiner Erreichbarkeit, die den Nutzern weltweit gegeben werde.[10] Auf der Suche nach einem Ersatz für Google als dringend benötigte Machete durch den Informationsdschungel würde uns »nichts mehr anderes einfallen, als zu googeln«. So schließt sich der Kreis im Hamsterrad.

Wir sind in die Suchtfalle getappt. Unsere virtuellen Helfer haben den Autopiloten, der nun mal angesprochen werden *will*, von den vielen »Pings« und Info-Häppchen abhängig gemacht. Eine Studie im Auftrag des Computerriesen Hewlett-Packard erbrachte 2005 dahingehend ebenso erstaunliche wie beunruhigende Ergebnisse. Bei 1000 Versuchspersonen ließ sich durch exzessives elektronisches Kommunizieren ein Abfall des Intelligenzquotienten von bis zu zehn Prozent nachweisen. Sogar Kiffer, die vor dem Test einen Joint geraucht hatten, schnitten in den folgenden Aufmerksamkeitstests besser ab als die digitalen Informations-Junkies. Die Forscher stellten weiterhin die bereits geschilderte Unfähigkeit fest, zwischen relevanter und irrelevanter Information zu unterscheiden. Hewlett-Packard sprach daraufhin klare Empfehlungen für die technische Kommunikation am Arbeitsplatz aus: SMS- und E-Mail-Kontrolle ausschließlich in Leerlaufphasen einsetzen.[11]

Der Grund für unsere Gier nach Reizen liegt in unserer Biochemie. Jeder neue Stimulus, vom Hupen eines Autos bis zum leise von einer Computerstimme gesäuselten »Sie haben Post!«, erzeugt einen winzigen Alarmzustand im Gehirn, eine Aktivierung. Botenstoffe werden ausgeschüttet und der Autopilot richtet sozusagen den Lichtkegel seiner Taschenlampe vorübergehend auf diesen Reiz. Die Grundhaltung unseres Organismus lautet: Achtung, was ist das? Bitte überprüfen! Liegt eine Gefahr vor? Evolutionär sehr

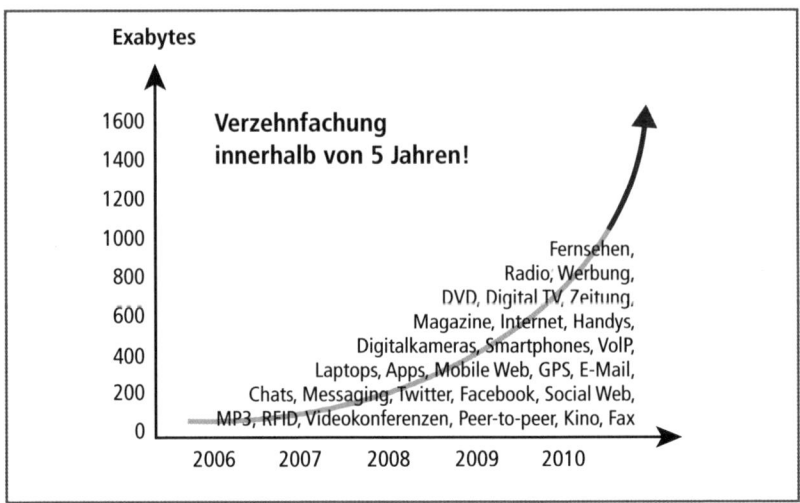

Entwicklung der Informationsflut seit 2006

sinnvoll. In der frühen Geschichte der Menschheit gab es nun mal bedeutend mehr Gefahren als freudige Überraschungen am Wegesrand. Der Räuber mit Knüppel war ein häufigeres Phänomen als das unschuldig winkende Kind – hinter dem vielleicht ein Räuber mit Knüppel hervorsprang. Daher löst unser Gehirn auch heute noch biochemischen Alarm aus, egal ob wir nachts durch einen Park gehen und einen Stock knacken hören oder ob unser Handy klingelt. Das bedeutet: Reiz ist Reiz, das Gehirn stuft nicht ab, sondern löst grundsätzlich eine Hab-Acht-Stellung aus.

Diese Reaktion ist für die meisten heutigen Umweltreize schlicht unangemessen. Kein Räuber springt aus dem Ficus in unserem Büro, und vom Blinken und Rattern des Faxgeräts hängt in der Regel nicht unser Leben ab. Und da wir Menschen für die hereinbrechenden Reize kein abgestuftes Reaktionsmuster haben, tun wir das einzig Richtige: Wir wollen mehr davon! Äh, Moment? Sollten wir uns nicht lieber von Reizen abschotten? Klingt das nicht irgendwie verrückt? Nicht unbedingt.

Hinter der »Mehr davon«-Haltung steckt ein neuronaler Mechanismus. Neue Reize setzen nicht nur Stress-, sondern auch Glückshormone frei. Und an die wollen wir ran. Wenn wir schon die Alltagsreize nicht reduzieren können, wollen wir wenigstens die Glücksbotenstoffe »ernten«. Es gibt ja durchaus Menschen, die erst im kommunikativen Stress so richtig aufdrehen und sich lebendig fühlen. Kombinieren wir das zum Beispiel mit hohem Pflichtbewusstsein, Loyalität und einer großen Arbeitsmoral, haben wir den perfekten Dünger für unser Burnout-Feld. Den Rest erledigen die Zeit, der Chef sowie diverse Kollegen, die ihre Arbeit bei uns abladen.

Wir gieren nach Reizen.

Mit steigender neuronaler Gewöhnung brauchen wir immer mehr von der Droge »Reiz«. Ein waschechtes Suchtdilemma: Der Stoff, nach dem wir gieren, zerstört uns. Ironisch-treffend drückt das der Unternehmensberater und Journalist Thomas Knüwer aus: »Wenn Social Media eine Droge wäre, wäre Twitter wie Kokain: Buchstäblich JEDER ist plötzlich dein Freund. Yuppies konsumieren es auf ihrem iPhone. Es ist billig. Kurz. Sinnlos.«[12]

Daher üben neue Technologien wie das iPhone oder das iPad nicht nur eine rein technisch-intellektuelle Faszination aus. Sie sind viel mehr: neue Versprechungen, harte Drogen für unsere übersättigte Kommunikationszentrale im Gehirn, die trotz Überlastung nach immer neuer Ansprache giert. In diesem Sinne ist Apple der erfolgreichste Drogendealer des frühen 21. Jahrhunderts, vergleichbar nur noch mit Al Capone, der als Schnapslieferant das Chicago der Prohibition beherrschte. Apple gibt uns die Verheißung der medialen Teilhabe an einer schönen, neuen, stylischen Welt, in der es immer neue Wege gibt, mit anderen Menschen digital in Kontakt zu treten und sich zu vernetzen. Einerseits eine großartige Sache. Die digitale Globalisierung hat immerhin enormen Anteil am wachsenden Wohlstand und einer weltweiten Informations- und Demokratisierungsbewegung:

- Der Aufstand in Iran 2010 erreichte die Welt vor allem durch den Mut und die Bilder iranischer Blogger. Bei Twitter wurden Neuigkeiten und Solidaritätsbekundungen in rasender Geschwindigkeit verbreitet. Auf diese Weise können soziale Massenmedien auch ein großes politisches und aufklärerisches Potenzial entfalten.

- Ebenso in China. Dort halten Blogger, kritische Journalisten und Künstler, die vorwiegend über das Internet mit ihren ausländischen Fans und Unterstützern Kontakt halten, die Fahne einer demokratischen, von jedem nutzbaren Kommunikation hoch.

- Die Plattform WikiLeaks gelangte zu Berühmtheit durch die Veröffentlichung der »Irak-Papiere« und den knapp 250 000 Dokumenten zur amerikanischen Diplomatie. Obwohl in der Sache durchaus umstritten, zeigt das WikiLeaks-Phänomen doch: Information lässt sich nicht so einfach kanalisieren und verschließen wie vor 20 oder 100 Jahren. Für die politische und wissenschaftliche Meinungsbildung durchaus eine gute Sache.

Andererseits stehen wir als Individuen da wie Goethes Zauberlehrling, der die Geister, die er rief, nicht mehr unter Kontrolle bekommt. Es geht uns wie Luke Skywalker, dem sein Meister Yoda zuraunt: »Dies ist eine gefährliche Phase, mein Junge. Du fühlst die Macht, aber du kannst sie nicht beherrschen.« Willkommen im Club.

Nicht umsonst ist die Gier eine der sieben Todsünden, und der Mensch mit seinem starken Überlebenswillen auf eine gute Portion Gier programmiert. Diese Strategie kommt in unserem Informationszeitalter an ihre Grenzen. Wir müssen unsere Gier ganz bewusst einschränken und die Informationen, die wir tatsächlich brauchen, sorgfältig auswählen. Wir brauchen daher eine ganz neue Art von Kommunikations- und Medienkompetenz. Diese zu vermitteln, wäre im Grunde eine wichtige Aufgabe der Bildungsszene. Bislang habe ich jedoch nicht den Eindruck, dass außerhalb einer medientheoretisch interessierten Gruppe von Fachleuten und Journalisten über die Möglichkeiten und Umsetzung solcher Weiterbildung ernsthaft diskutiert wird.

Die Geister, die wir riefen, werden wir nicht mehr los.

Die Qual der Wahl

Wie können wir dem Information Overload begegnen? Natürlich will niemand ernsthaft ins vordigitale Zeitalter zurück. Zu groß sind insgesamt die technologischen Segnungen unserer Zeit. Beispiel Fliegen: Ich kann inzwischen online meinen Flug buchen, kann – ohne größeres Gepäck – den »Quick Check-in« am Flughafen nutzen und am Abflugsteig, nur mit meinem Smartphone und einem digitalen Code ausgestattet, an Bord meiner Maschine nach Berlin hüpfen. Ich spare Zeit, Nerven und schone auch noch die Umwelt, weil ich kein Papierticket mehr ausdrucken muss. Einfacher geht's nicht.

Außerdem sind auch andere, globale wirtschaftliche Dynamiken, der weltumspannende Wissensaustausch und der überregionale Handel ohne die digitalen Medien nicht denkbar. Nur die militantesten Technikgegner würden gerne einen Scheiterhaufen für Handys errichten und ihre eigenen Leiden an der Reizüberflutung in Rauch aufgehen sehen. Man darf nicht vergessen, dass Fortschritt und Wissen nur durch den Austausch von Informationen vonstattengehen. Je schneller ich an – qualifizierte – Informationen komme und je weiter ich diese wiederum streuen kann, desto schneller kann Wissen an verschiedenen Punkten aufgenommen, verarbeitet, erweitert, umgruppiert und weitergegeben werden. Egal, ob es sich um literarische Essays, physikalische Formeln, Theorien zur politischen Entwicklung in Südamerika oder die Entdeckung einer neuen Krötenart in Asien handelt. Das Internet macht nicht an nationalen Grenzen Halt. Während die Nationalstaaten des 21. Jahrhunderts versuchen, ihre Wirklichkeit den Umständen des neuen Jahrtausends anzupassen (man denke nur an die Diskussionen um Google Street View oder die Novellierung des Jugendmedienschutz-Staatsvertrags), leben Privatpersonen, Unternehmen und nicht staatliche Organisationen längst in einer supranationalen Vernetzung, die sie weder auflösen können noch wollen.

Verweigerung kann nicht die Lösung sein. Der digitale Zug der Vernetzung hat bereits zu viel Fahrt aufgenommen. Was wir brauchen, ist die Fähigkeit zur intelligenten Auswahl von Information. Aus dem Tornado von Telefonanrufen, Werbebotschaften, E-Mails, Kalenderinformationen, Dokumenten und Chats müssen wir unseren unbewusst agierenden Autopiloten im Kopf durch das bewusste Erlernen und Einsetzen von Auswahltechniken entlasten.

Dies bedeutet Verzicht, und der fällt erst einmal schwer. Denn in unseren eng getakteten, oft als stressig erlebten Zeiten hat sich die Aufmerksamkeit unserer Umwelt und der Medien, die berüchtigten 15 Minuten Ruhm, als Währung einer neuen, von den Zwängen zur Komprimierung beherrschten Zeit etabliert. Wir werden wahrgenommen, also sind wir. Das Piepen einer frisch eingetroffenen SMS signalisiert: Irgendjemand hat an uns gedacht und nimmt gerade Kontakt zu uns auf. In einem gewissen Sinn sind wir für uns und den Absender der SMS aus dem gesichtslosen Kosmos der digitalen Kommunikation herausgetreten und sichtbar geworden. Und nicht nur das. Auch für die übrige Welt bedeutet das Klingeln meines Handys: Seht, ich lebe in einem sozialen Netz, das an mich denkt und dem ich nicht egal bin. Ich bin wichtig – nicht auf die oft persiflierte Comedy-Art, bei der ein Banker »Kaufen!« in sein Handy brüllt. Sondern auf eine behutsamere, fast intime Art, die sagt: Du bist nicht allein. Durch den digitalen Äther hindurch berühre ich dich, teile mich dir mit. Vielleicht mit den banalsten Dingen, aber fühle dich wohl und von mir beachtet.

> **Wir brauchen eine intelligente Auswahl von Informationen, aber keine Verweigerung.**

Denn nichts fürchten wir mehr als das Alleinsein. In der Besinnung wird der Strudel unserer hektischen, oft belanglosen Plappereien zu einem kakofonen Tosen, das wir nicht ertragen. Die Kathedrale der Stille in uns ist eingestürzt und wir haben verlernt, sie wieder aufzurichten. Oft wollen wir das auch gar nicht – trotz des spirituellen Booms, trotz der zunehmenden Esoterik. Wir befürchten zu Recht, uns in der Kathedrale bewähren zu müssen – auf eine passive, meditative Art. Wir müssten uns wieder selbst aushalten und uns Rechenschaft ablegen über unser Tun und Sein. Und das haben viele Menschen im postmodernen Zeitalter verlernt.

Wir haben den Netzgedanken verinnerlicht. Längst sind wir die Summe unserer Kontakte, definieren uns über die Zahl unserer Facebook-Freunde und der empfangenen SMS. Ein Netz hat kein Zentrum, sondern nur mehr oder weniger viele Knoten. Ein Zentrum bedeutet Einschränkung, Angreifbarkeit. Der Vorgänger des Internets, das ARPAnet, wurde unter anderem konstruiert, um im Fall eines gegnerischen Atomschlags die Kommunikation und Energieversorgung in den USA aufrechterhalten zu können. Sollte ein Netzknoten ausfallen, würde das Gesamtnetz zwar lädiert, aber nicht komplett darniederliegen. Ein Netz bedeutet Absicherung, Kontrolle von Unwägbarkeiten. Nicht umsonst spricht man von dem »sozialen Netz«, das einen »auffängt«. Das ist auch gut so.

Die permanente Kommunikation lenkt uns von uns selbst ab.

Nicht mehr gut ist es, die eigene Seele als Netz zu konstruieren. Aber genau das geschieht. Wir rücken die Kommunikation an sich immer mehr in den Mittelpunkt unseres Denkens und fragen immer weniger: Wer bin ich, der diese Kommunikation empfängt? Welches Zentrum habe ich? Ruhe ich in mir, in diesem Zentrum?

Auch ein Zentrum bedeutet Stärke, Sicherheit, aber auf einer anderen Ebene. Habe ich ein starkes Zentrum, kann ich das, was ich empfange, abgleichen gegen mein Zentrum, meine Überzeugungen. Diese innere Stärke nennen die Japaner »hara«. Hara ist die Grundlage aller Balance des menschlichen Lebens und unverzichtbares Zentrum der Seele. Dieses Zentrum enthüllt sich nur in der Stille. Erst wenn der kommunikative Sturm sich legt und unsere innersten Gedanken laut werden, zeigt sich, ob wir ein starkes Zentrum haben. Ob wir in uns ruhen und auch mal Belastungen aushalten. Andauernde Kommunikation überdeckt diese Selbstprüfung und nagt an unserem Zentrum wie Rost an einem Eisenträger. Wir verlieren uns im Netz und lassen unser Zentrum hinter uns. Schließlich umgibt uns nichts mehr als das digitale Echo unserer eigenen Schritte.

Trotzdem empfinden es manche Menschen als leichter, das alltägliche Gequassel und den Information Overload in Bahnen zu lenken und das Beste zu hoffen, als durch die Auswahl von Information, das Wiedererrichten der »Kathedrale der Stille« und den Wiederaufbau des Zentrums neue Wege zu beschreiten. Auch in der Bearbeitung von Information sind und bleiben wir gut gedrillte Konsumenten. Unsere Strategie lautet: lieber mehr davon und schauen, wie wir es schaffen. Der Gegensatz, eine kluge Auswahl unter selbst gestalte-

Wir brauchen eine Slow-Information-Bewegung.

ten Vorzeichen, fällt uns schwer, fühlt sich ungewohnt an in einer Welt, die schreit: »Kauf mich, ich löse deine Probleme!«

Es wird Zeit für eine neue Kultur der Informationsauswahl. Ähnlich wie die Slow-Food-Bewegung, die den qualitativ hochwertigen, langsamen Charakter von Nahrungszubereitung und -verzehr betont, muss eine *Slow-Information*-Idee zum Leitbild unserer Kommunikation werden. Denn Information hat tatsächlich eine Qualität, deren Abstufung uns in der alltäglichen Hektik gerne entgeht.

Beispielsweise gehört Werbung in den Medien zu den informationellen Reizen, die in ihrer Häufung und gleichzeitigen Niveaulosigkeit höchstens noch mit Instant-Kaffee vergleichbar sind. Allein im deutschen Fernsehen beschießt man uns mit über 400 Werbeclips – pro Stunde. Dazu kommen Internet-Werbebanner, Anzeigen in Zeitungen und Zeitschriften, neue Werbeformen wie *AdWords* und *AdSense* bei Google und anderes mehr. In manchen Zeitschriften und Magazinen gibt es inzwischen mehr Heftseiten mit ganzseitigen Werbeanzeigen als Inhaltsseiten. Das ist nicht nur für den Leser ablenkend und ärgerlich, sondern zeigt auch die immense Abhängigkeit journalistischer Printprodukte von der Werbeindustrie. Und wer als Internetbrowser Firefox benutzt, weiß sicher den *Adblock* zu schätzen, ein kleines Zusatzprogramm, das störende Werbung und Imagefilmchen ausblendet.

Werbung per se hat in einer auf Konsum und Kapitalismus basierenden Gesellschaft durchaus ihre Berechtigung. Aber die Dosis macht das Gift. Werbung als soziales Phänomen ist inzwischen zu laut, zu viel, zu belastend geworden. Der Altmeister Oliviero Toscani, der für viele kontroverse Werbekampagnen verantwortlich zeichnet, war der Meinung, man könne Werbung auch als Qualitätsprodukt herstellen, auch mit einer politischen Botschaft. Das ist für den »High-End«-Bereich der Werbung durchaus denkbar, unternimmt aber nichts gegen die Flut durchschnittlicher Werbung, der wir uns Tag für Tag stellen müssen. Daher gehört Produktwerbung zu der Kategorie von Information, die wir in der Gefahr eines Information Overloads als Erstes kappen sollten. Weil Konsum zwar die

Wirtschaft ankurbelt, aber nichts mit unserem geistigen Überleben als Individuum zu tun hat.

Werbung in all ihren Formen ist nur ein Beispiel für Information, die uns täglich beansprucht. Was für den Einzelnen an Information von Belang ist, wofür er zeitliche und kapazitive Opfer zu bringen bereit ist, bleibt ihm selbst überlassen. Das Ziel muss nicht sein, einem Radfahrer zu sagen, wo er hinzufahren hat. Sondern dafür zu sorgen, dass er Rad fahren kann und an seinem Ziel ankommt. In diesem Sinne braucht der Mensch im Informationszeitalter eine Unterweisung in intelligenter Informationsauswahl und Medienkompetenz, die ihm mit der Zeit so selbstverständlich wird wie das Radfahren. Auch bei einem Damm ist es nicht sinnvoll, auf einen Dammbruch zu warten und dann zu schauen, wie man das Wasser abpumpt. Sondern man sorgt dafür, dass es gar nicht erst zu einem solchen Dammbruch kommt. Genauso sind gegen Burnout und Information Overload als wichtige Teilursache vorausschauende und präventive Maßnahmen wie intelligente Informationsauswahl am besten. Wenn wir satt sind, hören wir ja auch auf zu essen – jedenfalls die meisten von uns. Was Informationen und unsere Kommunikation betrifft, verhalten wir uns dagegen in der Regel wie Essgestörte, die wahllos alles in sich hineinstopfen. Auswahl bedeutet Priorisierung und das Schaffen von zeitlichen Freiräumen. Weg von der Ohnmacht der ständigen Erreichbarkeit und hin zum Wiedererlangen von Kontrolle.

Auswahl bedeutet Priorisierung.

Das ist schwer genug. Ein Großteil unseres Information Overloads wird während der Arbeit erzeugt. In den meisten Unternehmen existieren keine Regeln, wann E-Mails eingesetzt werden sollen, wann Telefonate, wie mit Mailboxen umgegangen werden soll oder wie man Termine richtig setzt. Das ist umso bedrohlicher, da Unternehmenskommunikation immer vielfältiger wird. Man will die neuen Möglichkeiten des *Social Web*, will mit dem Einsatz von Twitter und Facebook auf der Höhe der Zeit sein und vergisst, dass die Fähigkeiten der Mitarbeiter mit den technologischen Möglichkeiten mitwachsen müssen. Die Wirklichkeit sieht so aus, dass manche Mitarbeiter froh sind, wenn sie ihren Internet-Browser richtig bedienen können und »im Internet nichts kaputtmachen«. Manche Führungskräfte betreiben aus fehlender Medienkompetenz oder Frust inzwischen ein »Management by Verweigerung«. Sie löschen ungelesene E-Mails oder benutzen Kommunikationskanäle, die für ihre Mitarbeiter einen hohen Arbeitsaufwand bedeuten. Aber wie viel schlauer wäre es, im Ansatz die E-Mail-Flut durch technologische Kompetenz der Mitarbeiter von vornherein zu begrenzen? Natürlich gibt es immer jene Verantwortungsflüchtlinge, die alles und jeden in das »Kopie«-Feld einer E-Mail mitnehmen, um sich nach jeder Seite abzusichern. Doch selbst solche Leute könnten sich auf Dauer dem informellen Druck einer ökonomischen E-Mail-Benutzung nicht entziehen.

Es ist die Natur der digitalen Vernetzung, größere Kapazitäten bereitzustellen, als Menschen verarbeiten können. Während täglich Terabyte an Informationen im weltweiten Netz hinzukommen, ist das menschliche Gehirn für die Vergänglichkeit gemacht. Vergessen kann ein Segen sein. Aus diesem Gegensatz – hier die unerschöpflichen Möglichkeiten der Speicherung und Vernetzung, da die begrenzten Kapazitäten des menschlichen Geistes – ergibt sich zwingend ein notwendiges Management von Information und Kommunikation, will man nicht in der täglichen Datenflut untergehen.

Wissenschaftler haben festgestellt, dass Menschen nur ein soziales Netzwerk von maximal 150 Kontakten als »harten Kern« pflegen können. Alle Kontakte über diese Grenze hinaus drohen zu verflachen und zu berüchtigten Karteileichen zu werden. Für sie spielt es keine Rolle, ob sie im kleinen Zettelkasten vor sich hin gammeln oder im todschicken iPhone. Sie sind letztlich Ballast, den wir mitschleppen, von dem wir uns zu trennen jedoch nicht den Mut haben. Denn vielleicht

Wir können maximal 150 Kontakte in sozialen Netzwerken intensiv pflegen.

»nützt« uns dieser Mensch ja noch, irgendwann in der Zukunft, und sei es nur durch die Kontaktverknüpfung in einer Internet-Plattform, als kleinstmöglicher Hinweis auf unsere Existenz im viel gepriesenen sozialen Netz.

Natürlich fällt den meisten von uns diese Auswahl schwer. Andere Menschen symbolisieren schließlich die Verankerung der eigenen Existenz im Alltag. Wo wir die Bindung an uns selbst verloren haben, wo wir uns und unsere Bedürfnisse nicht mehr spüren, müssen wir uns in anderen unseres eigenen Daseins versichern. Das bedeutet: lieber inflationäre, qualitativ fragwürdige Kommunikation als der Verzicht auf eine Kontaktmöglichkeit. Weil wir instinktiv Herdentiere sind, bleiben uns Asketen und im Wald vor sich hin lebende Eigenbrötler fremd. Einerseits bewundern wir deren Fähigkeit, offensichtlich mit der Welt in einer Weise abgeschlossen zu haben, die wir weder verstehen noch anstreben. In der Geschichte wurden solche Menschen gerne idealisiert: als Weise, als Seher, als geistige »Leuchttürme« ihrer Umgebung, denen man zwar nicht nahe sein will, auf deren Ratschläge das Dorf aber nicht verzichten kann.

Interessant bleibt beispielsweise die Tatsache, dass viele bedeutende Werke der Literatur in Einsamkeit verfasst wurden. Denn tiefe, inspirierende Gedanken können wir anscheinend leichter fabrizieren, wenn der Autopilot wenig zu tun hat. Die Energie, die es nicht auf Reizabwehr und -kanalisierung verwenden muss, kann das Gehirn für kreative Arbeit nutzen. Einer der berühmtesten japanischen Schwertkämpfer, Miyamoto Musashi, zog sich im 17. Jahrhundert einige Jahre in eine Höhle zurück, wo er – des Kämpfens müde und bewegt von der Friedenslehre des Buddhismus – eine der wichtigsten Schriften auf dem Gebiet des Kampfes und der Taktik verfasste: das Buch der fünf Ringe.[13] Dies ist nur ein Beispiel unter vielen. Im Alltag verfassen wir meist keine bedeutenden Werke. Doch schon die jährliche Steuererklärung fordert von uns zumindest ein gewisses Maß an Konzentration und Kreativität. Manche bunkern sich daheim für zwei Tage ein und wollen nicht gestört werden – wohl wissend, dass eine Unterbrechung der Konzentration den Gedankenfluss stört und wichtige kreative Impulse verfliegen können.

Die permanente Störung des Gedankenflusses ist einer der Hauptgründe, warum viele Menschen ihren Büroalltag als so wenig produktiv einschätzen. Denn Störungen beherrschen den Arbeitstag, nicht das tiefe Studium von Problemen oder eine wirkliche, befruchtende Diskussion. Denn diese Dinge brauchen Zeit, und die hat niemand mehr. Der hässliche kleine Bruder der Produktivität ist

In vielen Büros herrscht Aktionismus statt Produktivität.

der Aktionismus. Er und nicht originelle Arbeitsergebnisse herrschen in vielen Firmen. Man stellt kreative Wissensarbeiter ein, um sich Wettbewerbsvorteile zu sichern, müllt sie in ihrer Arbeitsumgebung mit ständiger Ablenkung zu und wundert sich dann, dass sie nicht die erwarteten Geistesblitze abliefern.

Auch im beruflichen Alltag benötigen wir daher eine Entlastung des Autopiloten, die uns erlaubt, kreativ zu werden und den Information Overload zu kontrollieren. Denn genau dieses Überwältigtwerden von Reizen, kombiniert mit der trostlosen Perspektive, dass es immer genauso weitergehen wird bis ans berufliche Lebensende, also die permanente Auslastung unseres Autopiloten ist der Kern des strukturellen Burnout-Problems. Oft beklagen Manager, dass sie das berühmte »Tagesgeschäft« gut im Griff hätten, aber für wegweisende Entscheidungen, strategische Planspiele oder schlicht kreative Pausen weder Zeit noch »Muße« im Sinne freier Gehirnkapazitäten hätten. Kein Wunder. Muße ist nämlich nicht einfach die Abwesenheit von Kommunikation. Muße ist die Fähigkeit zum Nachdenken, zur Neukombination von Fakten, zum Strömen-Lassen von Inspiration.

Allzu oft sind unsere Gedanken wie die vom Sturm gepeitschte See. Um wieder ganz Mensch zu werden und nicht nur Arbeitsmaschine, müssen wir die See glätten, sodass wir wieder auf deren Grund blicken können. Erst dort können wir erkennen, wer wir sind. Davon kann in unserer gehetzten Zeit leider keine Rede sein.

Darum müssen wir den Sturm über der See bändigen, die Windstöße in Form ständiger Ablenkung reduzieren. Auswählen – und zulassen, dass wir auswählen. Für Unternehmen heißt das, herauszufinden, wo der Sturm tobt: in der Kommunikation zwischen Menschen und Abteilungen, in Rollenüberlastungen von einzelnen, wichtigen Mitarbeitern, in einer unkollegialen, repressiven Arbeitsatmosphäre. Und dann den Information Overload gezielt und mutig bekämpfen. Damit sich Menschen erholen können und große Ideen geboren werden.

6. KAPITEL

Die Entgrenzung der Arbeit

Doris Arlt kam wieder mal zu spät. Seit sie von ihrem Büro losgefahren war, quälte sie sich nun durch die abendliche Rushhour, um ihre Tochter abzuholen. Und es ging einfach nicht vorwärts, verdammte Scheiße.

Sie war froh, dass sie diesen Job als Teamassistentin gefunden hatte. Wieder mal Zeitarbeit, aber na gut. Auch die eineinhalb Stunden hin und zurück konnte man verschmerzen. Was ihr wirklich die Galle hochtrieb, waren die E-Mails ihres Chefs um Mitternacht. Das kam gar nicht so selten vor und sie hasste das. Woher nahm dieser eitle Tropf eigentlich das Recht, so in ihr Privatleben einzugreifen? Aber nach dem, was sie von ihren Freundinnen hörte, ging es denen auch nicht viel besser.

Sie seufzte, während sie in eine Seitenstraße abbog. Wer hätte vor zehn Jahren gedacht, dass sie einmal so in Arbeit ertrinken würde? Hobbys gab es inzwischen für sie keine mehr. Allein der Gedanke daran war fast gar nicht mehr präsent. Dabei hatte sie früher so gern getanzt. Ihre Freizeit reichte gerade so aus, um ab und zu ins Kino zu gehen oder auf eine Party von Freunden. Das war's.

Doris Arlt hoffte, dass ihr Chef dieses Projekt durchbrachte. Nicht immer war sie auf seiner Seite, doch diesmal drückte sie ihm die Daumen. Sein Erfolg hieß in diesem Fall auch ihr Erfolg. Sprich: Ihr Arbeitsplatz wäre für weitere zwei Jahre sicher. Sie würden in der Abteilung sogar noch aufstocken müssen. Und das könnte sie jetzt sehr gut brauchen. Doris Arlt hatte dieses ewige Jobhopping satt. Und den Plan, gemeinsam mit ihrem Mann irgendwann ein Haus zu kaufen und sich niederzulassen, hatte sie inzwischen ebenfalls begraben. Jens mühte sich ab, so gut er konnte, doch manchmal hatte Doris Arlt das Gefühl, es reiche einfach hinten und vorne nicht.

Sie bog ab und freute sich auf einen ruhigen Abend mit ihrer Familie. Wenn ihr Chef nicht wieder dazwischenfunkte.

Burnout hat tatsächlich suchtartige Züge. Gerade intelligenten, leistungsbereiten Menschen geht die Arbeit leicht von der Hand. Sie haben Erfolge, wollen schließlich mehr vom »Kick«, der Anerkennung, dem Geld, der Karriere. Sie werden angefixt von einem System, das ihre Schwächen durchschaut und mit ihnen spielt. Mit ihrer guten Ausbildung, Auslandserfahrung, dem nötigen Willen und vielleicht interessanten Verbindungen haben sie für das große Spiel einen Chip in der Hand, den sie nur allzu bereitwillig auf den Casinotisch werfen.

Leistungsbereite Menschen sind besonders vom Burnout gefährdet.

Schon eine ganze Weile sitzt Hans K. vor mir. Seine Hände spielen mit einem Kugelschreiber. Das Glas Wasser ist unberührt. Wieder sieht er aus dem Fenster, dann zu mir, dann zu Boden. Er zuckt mit den Schultern. »So war das halt«, erklärt er. »Erst waren es acht Stunden, dann zehn. Im Moment komme ich vor 13 Stunden gar nicht mehr nach Hause.« Hans K. sagt es leise, fast entschuldigend. Es ist die Kurzfassung seines Weges in die Sucht. In den Burnout.

Man steigt ein in den Zirkel aus Erfolg und Belohnung, spielt das Spiel eine Weile mit, steigt auf, vielleicht zum Abteilungs- oder Bereichsleiter, bekommt mehr Verantwortung, glaubt, die Mehrarbeit schon »irgendwie« zu schaffen, braucht immer höhere Dosen des Kicks, wird immer mehr vom Unternehmen beansprucht, kommt irgendwann an seine Grenzen, versucht mit Zeitmanagement, innerer Geißelung und manchmal mit leistungssteigernden Drogen nachzuhelfen – bis man schließlich nicht mehr kann und zusammenbricht.

Genau wie bei einem Alkoholiker, der auf dem schmalen Grat zwischen »coolem Schlucker« und »besoffenem Kerl« wandelt, können Burnout-Betroffene ganz schnell aus dem Himmel der Leistungselite in die Hölle der »Versager« fallen: vor sich, vor den angeblichen Freunden, vor den Kollegen. Denn Burnout bedeutet: sich einzugestehen, dass man versagt hat. Dass man schwach und nur ein Mensch ist. Das erfordert Größe, die im Moment des Scheiterns nicht jeder aufbringt. Gerade noch umjubelter Star der Abteilung und *High Potential*, ist man plötzlich ein Fall für die Betriebskrankenkasse. Das tut weh.

Trotzdem sind Burnout-Betroffene nicht nur Opfer. Schließlich ist jeder Mensch erst einmal selbst für sein Leben verantwortlich. Zu Beginn gehen Burnout-Anfällige einen Deal ein mit der Arbeitswelt: Ich will viel und dafür gebe ich auch viel. Der Prototyp des Workaholic ist geboren. Der Journalist und Autor Alexander von Schönburg beschreibt die Folgen eines unbedingten Leistungswillens so: »Meist sind [Workaholics] tickende Zeitbomben, die irgendwann in ihren Leistungen stagnieren und womöglich kollabieren. Wer es bei der heute üblichen Rund-um-die-Uhr-Vernetztheit mit dem Arbeitsplatz – durch Mobiltelefone, BlackBerrys und Laptops – nicht schafft, sich Rückzugsräume zu schaffen, in denen er Ruhe findet und regeneriert, […] betreibt Raubbau an seiner Gesundheit, seiner Geisteskraft und, aus betriebswirtschaftlicher Sicht, an seiner Produktivität.«[1] Das merkt auch der Workaholic.

Arbeit als Daseinszweck

Eine beliebte Möglichkeit, den drohenden Zusammenbruch hinauszuzögern, ist die Ausdehnung der eigenen Arbeitszeit hinein ins Private. Wie Hans K. machen es viele arbeitswillige Menschen: Da die Zeit in der Firma nicht mehr ausreicht, nehmen sie Dokumente, Mails etc. mit nach Hause und verbringen ihre Abende und Nächte damit, Versäumtes nachzuarbeiten. Statt Gespräche mit dem Partner oder des Kümmerns ums Kind sind dann Excel-Tabellen oder E-Mails aus Toulouse angesagt. So wird die Kanne Kaffee zum besten Freund, während sich die Ehefrau allein im Bett wälzt und darauf wartet, dass der Göttergatte endlich seine Präsentation abschließt.

Die Ausdehnung der Arbeitszeit ist eine scheinbar leichte Lösung – man hat, zunächst jedenfalls, mehr Zeit zur Verfügung, und das ohne sichtbare Kosten. Die paar Minuten daheim, die gehen doch immer.

Sind ja nur ein paar E-Mails, vielleicht ein kurzes Durchsehen des letzten Projektberichts. Wer das schon einmal erlebt hat, weiß, was kommt: Schwuppdiwupp, hast du nicht gesehen, sind zwei Stunden um, und der Tag ist für andere, entspannende Aktivitäten verloren.

Warum nehmen wir als denkende Menschen diesen Missstand unhinterfragt hin? Hier begegnen wir wieder dem unseligen Phänomen Zeitmanagement, das uns bereits im Büro im Griff hat und uns dressiert, frei gewordene Zeit nur mit immer mehr Arbeit vollzustopfen. Wie einen Ballon, den man immer praller füllt und der irgendwann zwangsläufig platzt. Denn nur wer arbeitet, macht seinen Chef glücklich, vermeidet Repressalien, bleibt sozial anerkannt.

Die Ausdehnung der Arbeit in den privaten Bereich verschlimmert das Problem.

Stellen Sie sich vor, Sie besuchen ein fantastisches Zeitmanagement-Seminar und schaffen Ihre Arbeit, für die Sie sonst acht Stunden brauchen, in sieben. Toll, nicht wahr? Was tun Sie aber nun mit der gewonnenen Stunde? Gehen Sie erst mal in die Kantine, einen Cappuccino trinken? Sagen Sie zu Ihrem Kollegen: Hey, ich bin für heute fertig, habe die Ehre? Die meisten von uns müssten ehrlich antworten: wohl eher nicht. Denn in dieser Situation passiert Folgendes: Entweder Ihr Chef oder Ihr Kollege kommt zu Ihnen, klopft Ihnen zu Ihrer hervorragenden Zeitmanagement-Leistung auf die Schulter und erhöht den soeben heruntergearbeiteten Stapel auf Ihrem Schreibtisch um satte fünf Zentimeter.

Wenn wir ehrlich sind, nutzen wir freie Zeit nicht für Muße, Hobbys oder ähnlich sinnvolle Dinge. Wir werden durch unsere Erziehung, unsere Arbeitswelt und die Ansprüche unserer Firma oder des Chefs darauf gedrillt, immer noch mehr zu arbeiten. Ohne zu fragen oder zu murren. Ein Geschäftsführer erzählte mir einmal, einer seiner Abteilungsleiter nehme grundsätzlich den Laptop mit in den Urlaub. Dort arbeite er wie gewöhnlich, gebe per Handy Anweisungen und verschicke E-Mails. Und natürlich erwartet dieser Abteilungsleiter eine ähnliche Aufopferung und einen ähnlichen Arbeitseinsatz von seinen Mitarbeitern. O-Ton: »Wenn ich das kann, können die das auch.« So beeinflusst eine wichtige Person – nämlich der Chef – die Arbeitshaltung von 15 Mitarbeitern und versaut deren

Urlaub, nur weil er selber nicht entspannen kann. Und natürlich muckt von den Mitarbeitern keiner auf, denn das könnte ja den Job kosten. Gott sei Dank war in diesem Fall die Geschäftsführung so einsichtig, den betreffenden Abteilungsleiter zur Räson zu bringen und eine »Bitte nur Spaß im Urlaub, aber keine E-Mails«-Richtlinie im Betrieb durchzusetzen.

Dieses kleine Beispiel verdeutlicht, dass wir von Natur aus so gut wie nie in der Gefahr sind, freie Arbeitszeit mit Erholung zu besetzen. Eher das Gegenteil ist der

Wir gönnen uns keine Mußestunde, sondern sind auf immer mehr Arbeit gedrillt.

Fall. Wir verzichten auf Erholung, um zu arbeiten. Und wenn die Zeit am Arbeitsplatz dazu nicht ausreicht, weichen wir eben auf die Freizeit und das Wochenende aus. Denn stoppen wird uns niemand. Solange wir im Sinne der Arbeitswelt funktionieren und mehr oder weniger brauchbare Ergebnisse abliefern, wird der durchschnittliche Arbeitgeber den Teufel tun, uns zu bremsen.

Bei wenigen Minuten zusätzlicher abendlicher Arbeitszeit bleibt es selten. Man füttert das eigene kleine Anspruchsmonster, bis es zufrieden schnurrt. Und schon erhöht man die Dosis. Aus ein paar Minuten werden ein, zwei Stunden. Erst an einem, später an mehreren Tagen in der Woche. Man hat ja Druck. Am Ende leidet die Partnerschaft, es kommt zum Krach. Von dem Versäumnis, das eigene Kind aufwachsen zu sehen, gar nicht zu reden. Bis zum Multiinfarkt aus beruflicher Überlastung, Ehestreit und dem Schuldgefühl, eigenen und fremden Ansprüchen nicht mehr gerecht zu werden, ist es nur noch ein kleiner Schritt.

Dieses einem Krebsgeschwür vergleichbare Wachsen von Arbeit in unserer freien Zeit haben nicht nur viele Angestellte perfektioniert. Bei Selbstständigen, Freiberuflern und Unternehmern ist eine solch selbstzerstörerische Haltung Klischee und Kult zugleich. »Selbstständig sein«, sagen sie und lachen, »heißt ja: selbst und ständig«. Und stolz geht es hinein in die nächste Wochenendarbeit. Selbstständige arbeiten bis zu 63 Stunden pro Woche – im Schnitt![2] Damit liegen sie in der Hitliste der enthusiastischen Selbstzerstörung unangefochten vorn. Oft kann man Selbstständigen dabei zusehen, wie sie auf diese Weise sehenden Auges in die Überlastung und den Burnout rennen. Natürlich opfern sie sich gern auf und tun »alles für die Firma, tja, muss halt sein.« Das kann man auch gut auf einen Grabstein meißeln.

Die Entgrenzung der Arbeitswelt hinein in unsere anderen Lebensbereiche – Freizeit, Familie, Sozialleben, Urlaub – geschieht nicht ruckartig oder gegen unseren Willen. Es passiert schleichend, leise, meist nur in der Rückschau erkennbar. Genau wie sich die Öffentlichkeit bei einem Amokläufer fragt: »Wie konnte das passieren? Er war doch so ein stiller, angenehmer Mann?«, genauso fragen sich Burnout-Betroffene im Endstadium oft: »Wie konnte das passieren? Ich bin doch so ein bodenständiger, normaler Mensch, der seine fünf Sinne beisammen hat?«

Das schon. Aber um den Burnout-Zug zu bremsen, bevor er gegen die Wand kracht, müssten sich Arbeitnehmer besinnen können. Sie müssten die Vogelperspektive einnehmen, quasi von oben auf ihr Leben schauen und sich fragen: Ist Arbeit alles, was ich bin? Ist es das wert? Was treibt mich überhaupt an? Und will ich das? Ganz abgesehen davon, dass es einer gehörigen Portion Reflexionsfähigkeit bedarf, um diese Fragen überhaupt zu stellen und dann noch sinnvoll zu beantworten: Die Entgrenzung und das Abgleiten in den Burnout finden auch statt, weil niemand ernsthaft *will*, dass sich Arbeitskräfte besinnen – der Arbeitgeber nicht, die Burnout-Industrie nicht und ihr Umfeld auch nicht, weil dem dann der Spiegel vorgehalten würde, in welcher Tinte es eigentlich selbst sitzt. Und am allerwenigsten wollen sie selbst sich besinnen.

Die Entgrenzung der Arbeitswelt verläuft schleichend.

Denn was hat man heute noch außer seiner Arbeit? Ohne Arbeit ist man wertlos, nutzlos, liegt der Gesellschaft auf der Tasche und ist sozial abgestempelt. Wer einmal arbeitslos war und den Spießrutenlauf durch das Arbeitsamt mitgemacht hat, weiß, wovon ich spreche. Ich finde den Begriff »Agentur« für diese Behörde fast höhnisch irreführend und kenne nicht wenige Menschen, die ganz bewusst auf Unterstützung vom Arbeitsamt verzichtet haben, um nicht sozial stigmatisiert zu werden. Und sei es nur für zwei Monate. Nirgendwo im Leben der Betroffenen sollen Spuren dieser empfundenen Demütigung hinterlassen werden: nicht im Lebenslauf, aber auch nicht in den Rentenpapieren oder in irgendwelchen Dateien. Die Leute haben lieber einen negativen Schufa-Eintrag als eine Datenspur beim Arbeitsamt.

Von den wichtigen Bereichen unseres Lebens – Arbeit, Familie, Freizeit, Gesundheit, Finanzen – hat sich die Arbeit zum übermächtigen Element aufgeschwungen und diktiert von ihrer erhöhten Position aus die Verteilung der anderen Lebensbereiche. Warum auch nicht? Unsere Gesellschaft lädt dazu ein. Quasi alles ist darauf zugeschnitten: Vergütungsmodelle in Unternehmen, Statussymbole, die man sich nur mit erarbeitetem Geld kaufen kann, der Mensch als Maß aller Dinge, der sein Leben möglichst perfekt und effizient umsetzen soll.

Tatsache ist: Man muss sich rechtfertigen, wenn man einmal nicht arbeitet. Das betrifft nicht nur den Langzeitfall von Arbeitslosigkeit, sondern auch Tageseinteilungen im Job oder den eigenen Urlaub. Hauptsache, man hat eine sozial verträgliche Ausrede für sein Nichtarbeiten. In früheren Zeiten gab es den Typus des Bohemiens, der den lieben langen Tag in Cafés herumhing, philosophische Diskussionen führte und ansonsten Gott einen guten Mann sein ließ. Solche Leute würde man heute »Faulpelze« oder »Arbeitsverweigerer« nennen. Wenn sie nicht so vermögend wären, würde man ihnen die Hartz-IV-Bezüge streichen. Jack Kerouac zum Beispiel, einer der intellektuellen Begründer der Beatnik-Bewegung im Amerika der 1950er-Jahre, stilisierte sich in seinen Erzählungen gern zum *Hobo*, zum vagabundierenden Rebellen. In Wahrheit bekam er jeden Monat 800 Dollar von seinem Vater überwiesen.

Ab und zu treffe ich Menschen, auf deren Visitenkarte »Privatier« steht. Sogar diese Menschen haben, obwohl finanziell ausgesorgt, einen Zug zur Rechtfertigung, so als wäre man automatisch ein Schmarotzer und schlechter Mensch, nur weil man von den Zinsen seines Vermögens lebt. Auch hier findet man den Zwang zur Rechtfertigung durch Arbeit. Man unterstützt ehrenamtlich Projekte, betreibt Stiftungen oder wirkt als Dozent. Denn ohne eine Beschäftigung hängt auch hier der Vorwurf in der Luft: Da kachelt einer zulasten der Gesellschaft und gibt nicht einmal in Form von Arbeit etwas zurück.

Der moderne Mensch lebt durch seine Arbeit. Verliert er sie, verliert er in den Augen der Gesellschaft seine Daseinsberechtigung. Das sei »die unmissverständliche Botschaft der aktivierenden Arbeitsmarktpolitik«, so das Fazit einer in Jena durchgeführten Studie zu Erwerbsarbeit und Arbeitslosigkeit. Das »Klischee vom faulen Arbeitslosen« diene den Menschen mit Arbeit »als Negativfolie, vor der man sich selbst in positivem Kontrast abheben möchte«. Auch zur Bedeutung der Arbeit im Leben von Menschen trifft die Studie eine klare Aussage: »Zwar kann sich der Mensch auch außerhalb einer Erwerbsarbeit nützlich machen, aber letztendlich wird seine Stellung in der Gesellschaft von seiner Berufstätigkeit bestimmt.«[3]

> **Der moderne Mensch erfährt seine Daseinsberechtigung durch Arbeit.**

Die sogenannten »1-Euro-Jobs« sind hierfür ein gutes Beispiel. Diese sollten ursprünglich als Sprungbrett dienen, um Menschen in den ersten Arbeitsmarkt zu bringen. Dies geschieht jedoch kaum. Warum sollten Kommunen auch ihren »billigen« Arbeitskräften freiwillig mehr bezahlen, wenn sie auch für einen Euro arbeiten? Es ist jedoch nicht ersichtlich, warum jemand, der eine Stunde Grünanlagen pflegt, nicht wenigstens vergleichbar das verdienen soll, was ein Landschaftsgärtner für die gleiche Arbeit bekommt. Den Arbeitslosen jedoch wird eingeimpft, dass sie das tun müssen, denn schließlich lägen sie dem Staat auf der Tasche. Statt sie also anständig zu bezahlen und damit aus der Arbeitslosigkeit herauszuholen, bleiben sie trotz des »Jobs« in der Abhängigkeit. Und so treibt dieses System sich selbst voran.

Da wir Menschen nur eine begrenzte Zeit auf Erden zur Verfügung haben, beginnen wir einen Verdrängungswettbewerb. Die Zeit, die wir der Arbeit mehr widmen, muss anderen Lebensbereichen entnommen werden. Dass sich viele um diese Einsicht herummogeln, ist eine der großen Lügen unserer Leistungsgesellschaft. Auch für Menschen in der Burnout-Bewältigung besteht oft nicht die größte Anstrengung darin, sich zu entspannen oder eine neue Perspektive zu entwickeln. Vielmehr macht ihnen die Neuverteilung des »Zeit-Kuchens« das meiste Kopfzerbrechen. Denn weniger Arbeit bedeutet weniger Anerkennung, weniger Geld, weniger Droge.

Einen Klienten fragte ich einmal: »Was glauben Sie, wird Sie der Burnout kosten?« und dachte dabei an Neuausrichtung, Energie, an die Umstellung von Alltagsroutinen. Er jedoch antwortete wie aus der Pistole geschossen: »Wie meinen Sie das, finanziell?« Er glaubte, er könne sich den Ausweg aus dem Burnout erkaufen und in der Überhöhung seiner Arbeit und dem Tunnelblick weitermachen.

Das ist ein Irrtum. Einen Burnout kann man eben nicht mehr »managen«, wie es viele Burnout-Betroffene machen wollen. Das viele Managen und das Jonglieren mit zu vielen Bällen hat sie ja erst in ihre missliche Lage gebracht. Jetzt heißt es: loslassen, ruhig werden, passiv, Gedanken und Dinge strömen lassen. Das ist der schwierige Teil, aber anders geht es leider nicht.

Am Ende dieses Weges muss eine Neujustierung der Lebenswelten stattfinden, mit einer geschrumpften Arbeitssphäre und einer Aufwertung der bislang vernachlässigten Szenerien Familie, Freunde, Gesundheit, Spiritualität.

Satan's little helper

Elektronische Kommunikation und deren Abbildung in technischen Gerätschaften hätte über die letzten zwei Jahrzehnte keinen so durchschlagenden Erfolg in unserer Gesellschaft erzielt, wenn wir das nicht selbst so gewollt hätten. Stellen Sie sich vor, die Bundesregierung hätte per Gesetz angeordnet, jeder Bürger habe ständig ein Telefon bei sich zu tragen, um für Notfälle und behördliche Belange erreichbar zu sein. Das Volk wäre an die Decke gegangen. Oder hätte erst einmal einen *Flashmob* organisiert.

Denn verordnen kann man uns so etwas nicht: Wir lassen uns freiwillig verführen. Heutzutage hat die persönliche Erreichbarkeit einen so hohen Stellenwert, dass wir ganz von selbst für eine permanente Ansprechbarkeit sorgen. In Deutschland beispielsweise gibt es inzwischen mehr Handyverträge als Bürger. Der Trend geht eindeutig zum Zweithandy. Egal, ob wir uns in einem Café entspannen, gerade auf dem Weg zur Autowerkstatt sind oder die Kinder von der Schule abholen: Wir haben uns an das Gefühl gewöhnt, durch ein mehr oder weniger originelles Handyklingeln jederzeit aus unserer Tätigkeit gerissen zu werden. Den Gesprächspartner oder den Verkehrsfluss ignorierend, widmen wir unsere Aufmerksamkeit dem Anrufer oder der eingehenden SMS. Meist können wir hinterher sagen: War nicht so wichtig. Doch dem Impuls der Ablenkung können wir nicht widerstehen. Wäre ja auch unhöflich, oder?

Woher kommt diese allzu bereitwillige Entgrenzung, dieser Wille zur Selbstauslieferung, zur Fremdbestimmung über die eigene Zeit? Technik bildet nur die Grundlage, das Fundament. Auf dem Keller der elektronischen Möglichkeiten und des potenziellen Information Overloads bauen wir das Erdgeschoss der Unterwerfung unter die Arbeit. Denn unsere Arbeit ist oft genug unser Leben. Unser Selbstwert braucht sie wie die Luft zum Atmen. Und wer würde sich schon freiwillig die Luft abschnüren?

Dank Handy & Co. sind wir permanent ansprechbar.

2004 ist es Wissenschaftlern erstmals gelungen, ein Atom zu »beamen«, das heißt über eine sehr kurze Distanz von einem Ort zum anderen zu teleportieren.[4] Die Forscher müssen einen Hauch von *Star Trek* empfunden haben. Ich stelle mir das ziemlich lustig vor: Ein bärtiger Forscher brummt »Beam' mich rauf, Scotty«, drückt auf einen roten Knopf und lässt ein Atom tanzen. Obwohl es sehr wahrscheinlich noch einige Jahrzehnte dauert – wenn es überhaupt gelingt –, bis diese Technik für den Transport von Menschen ausgereift ist, nutzen wir kurz wenigstens gedanklich das Beamen und versetzen den Klienten Hans K. flugs in die Wüste Australiens oder zu einem Eingeborenenstamm am Amazonas.

Dort wäre er mit seiner Geschäftigkeit, dem überforderten Autopiloten und seiner einseitigen, arbeitslastigen Erlebniswelt auf einmal keine Stütze der Gesellschaft mehr, sondern zählte sehr wahrscheinlich zum illustren Kreis der Geisteskranken, die jedes Maß für eine gesunde Regulierung von Arbeit, Freizeit und Familie verloren haben. Der Dorfälteste hätte sicher wenig Verständnis für das nervöse Händeringen, mit dem Hans K. bei anderen Stammesmitgliedern an die Bambushütte klopft und fragt, ob er nicht noch was tun könne. Er habe da noch einen »freien Termin-Slot«.

Dieses kleine Gedankenexperiment soll zeigen, wie wichtig die gesellschaftliche und die kulturelle Situation für die Entstehung von Burnout sind. Bestimmte allgemeingültige Werte schaffen den Nährboden, auf dem Burnout aufgeht: Leistungsorientierung, Individualisierung, Erfolgsstreben, Materialismus und eine übermächtige Stellung der Arbeit in der Gesellschaft. Diese Entgrenzung, das Raumgreifen der beruflichen Sphäre in die Freizeit und in die Familie hinein, hat unsere postmoderne Gesellschaft zuerst schleichend, dann immer schneller erfasst. Es ist ja auch so einfach. Für den modernen Wissensarbeiter genügt ein USB-Stick oder ein E-Mail-Postfach, um überall und jederzeit auf seine Dokumente, den Terminkalender oder neue Nachrichten zuzugreifen.

Man wird buchstäblich zu dieser Entgrenzung gedrängt. Wo früher Drogendealer noch mit Überredung und einem gewissen psychologischen Talent ihre Fixer für den ersten Schuss um den Finger gewickelt haben, gehen moderne Verkäufer von Telekommunikationsfirmen schlichter vor. Als ich kürzlich meinen DSL-Anbieter wechseln wollte, wurde mir vom Verkäufer ein sogenannter UMTS-Stick aufgedrängt, mit dem ich mich überall in das Mobilfunknetz des Anbieters einwählen und im Internet surfen kann. Es entspann sich ungefähr folgender Dialog:

Verkäufer: »Hier. Der Stick ist drei Monate gratis. Wenn Sie ihn nicht wollen, geben Sie ihn danach zurück, und es entstehen Ihnen keine Kosten.«

Ich: »Vielen Dank, aber ich brauche ihn nicht. Ich weiß, dass ich ihn sowieso zurückgeben werde, also lasse ich ihn da.«

Verkäufer: »Wie gesagt, er ist kostenlos. Hier, ich gebe ihn Ihnen mit, und Sie probieren ihn einfach aus.«

Ich: »Vielleicht haben Sie mich nicht verstanden. Ich weiß jetzt schon, dass ich ihn nicht brauche. Warum also sollte ich ihn mitnehmen?«

So ging das noch einige Minuten. Das Ende vom Lied war, dass ich nur um den Preis einer Körperverletzung den Stick hätte ablehnen können. Hinterher ärgerte ich mich. Weniger über die kommunikative Vergewaltigung als über das erfolgreiche Anfixen. Der Verkäufer hatte mir mit dem Stick ein Instrument untergejubelt, mit dem ich der Entgrenzung meiner Arbeit wieder ein wenig Vorschub leisten konnte. War ich sonst auf mein Büro, das Hotel oder Cafés mit Hotspot angewiesen, drohte mir nun die Verlockung, den Cyberspace mit all seinen Möglichkeiten und Arbeitsforderungen von überall her anzuzapfen. Was ich bisweilen auch tue. Nur meine Disziplin und eine gewisse angeborene Sturheit bewahren mich davor, den Stick über die drei Monate hinaus zu behalten. Ich weiß ja, dass es auch ohne ihn geht. Man muss halt einen gewissen Verzicht üben. Aber das habe ich vorher ja auch getan. Ohne dies als Verzicht zu registrieren, denn den Stick hatte ich ja nicht.

Wie Süchtige sind wir umgeben von den Verlockungen der schönen neuen Arbeitswelt.

Was sich wie eine nette Anekdote aus dem Leben eines Psychologen anhört, hat ernste Hintergründe. Aus der Faszination neuer Technik heraus verknoten wir unsere Lebens- und Arbeitswelt, wie wir es vor zehn, 15 Jahren noch nicht für möglich gehalten hätten. In elektronischen Terminkalendern, möglichst noch gemeinsam genutzt, in digitalen To-do-Listen und Adresslisten, mobilen Twitter-Anwendungen und vielem mehr schaffen und nutzen wir ein permanentes Angeschlossensein an die Arbeits- und Kommunikationssphäre. Die heutigen Teenager unterscheiden gar nicht mehr nach Internet-Anwendungen. Sie sind entweder *online* oder *offline* – die soziale Übersetzung der physischen Grundprogrammierung aller elektronischen Zustände: 1 und 0.

Nehmen wir das iPhone. Natürlich hat es ein schickes Design und es eröffnet neue Möglichkeiten der Kommunikation und der Organisation des Alltags. Doch den geradezu märchenhaften Verkaufserfolg erklärt dies nicht. Der Grund ist ein anderer. In seinem haptischen Erleben verkörpert das iPhone die magischen Rituale des Voodoo: Wir tippen auf eine glatte Fläche, und der kühle Klumpen in unserer Hand reagiert schnell und elegant. Mit unseren Fingern steuern wir die komplizierteste Technik, und zwar nicht durch das Benutzen von Tasten. Das sind wir längst gewohnt. Scheinbar direkt beeinflussen wir durch unser Drücken und Wischen das Rumoren in der Maschine, zwingen der kühlen Technik elegant-rationell unseren Willen auf. Wenn das keine Zauberei ist.

Doch die Möglichkeiten des iPhone – oder auch des BlackBerrys – sind vergiftete Geschenke. Sobald wir an die Steuerung der Smartphones gewöhnt sind, übernehmen »Satan's little helper« die Kontrolle, indem sie unseren Alltag organisieren. Und wir lieben sie dafür. Nicht umsonst explodiert die Entwicklung von Apps: kleine Zusatzprogramme für das iPhone mit den unterschiedlichsten Funktionen, von sinnvoll bis absolut sinnfrei-verspielt – vom digitalen Zeitungsabonnement über eine digitale Wasserwaage bis zur psychedelischen Klangerzeugung samt LSD-artigem Farbentrip.

Haben wir erst mal unseren kleinen Helfern die Steuerung unseres Alltags überlassen, beginnt die Entgrenzung, die Überwältigung, die Diktatur der Maschine und das Einbrechen der Arbeitswelt in unsere Privatheit. Wir kombinieren die Macht der Technik mit dem Lebensinhalt, der uns am meisten bedeutet: Arbeit. Über den Umweg der Kommunikationszentrale in der Hosentasche lassen wir es zu, dass auch abends in der Wohnung noch der Terminkalender bimmelt oder wir von angeblich wichtigen E-Mails bedrängt werden. Früher hätten wir uns vom Kellner eines Restaurants gestört gefühlt, der an den Tisch kommt und sagt: »Ein Telefongespräch für Sie, mein Herr.« Längst vergessene Zeiten. Heute reagieren wir sofort auf das Klingeln des Telefons beim Abendessen, ignorieren Pasta und Partner, denn »es könnte ja wichtig sein«. Gestört fühlen wir uns auch nicht mehr. Im Gegenteil. Geehrt. Denn das Klingeln bedeutet Bezahlung in einer Währung, die wir kennen und lieben: Aufmerksamkeit.

> **Satan's little helper übernehmen die Kontrolle über unser Leben.**

Wir werden eingeladen, uns wieder einzuklinken in den ständigen Mahlstrom weltumspannender Kommunikation, von dem wir ein Teil sein wollen. Früher hieß es von New York City, dass die Stadt niemals schlafe. Dasselbe können wir heute von den Kommunikations- und Informationsströmen sagen. Sie sind überall, jederzeit um uns herum, erreichbar, verfügbar. Und wir warten darauf, uns einzuklinken, egal wie nichtssagend unsere Twitter-Beiträge auch sind. Hauptsache teilnehmen. So werden wir vom Gestalter unseres Alltags zum Befehlsempfänger, zum rein Reagierenden. Burnout ist auch die Kapitulation vor der kommunikativen Bedrängnis durch Telefon, SMS, Handy und E-Mail – Funktionen, die wir heute in der Regel in Gestalt eines einzigen Geräts bündeln, das wir immer mit uns tragen.

Der Modezar Karl Lagerfeld meinte einmal: »Handys sind was für Dienstboten. Ich muss nicht immer erreichbar sein.« Lagerfeld erkannte ganz klar, wohin diese ständige Erreichbarkeit, verbunden mit dem Primat der Arbeit, führt: zu einer nicht mehr kontrollierbaren Ausbreitung der Arbeitssphäre, einer Verdrängung der Selbstbestimmung, Eindimensionalität, Hetze und einem Verlust von Lebensqualität.

Die Gesichter der Arbeit

Die Grundlage für eine Entgrenzung der Arbeitswelt liegt unter anderem in der Tatsache, dass Arbeitnehmer mehr und mehr Tätigkeiten virtuell organisieren und erledigen können:

- Virtuelle Teams über Länder- und Kontinentgrenzen hinweg organisieren sich und treiben ihre Projekte voran. Ohne sich auch nur einmal physisch begegnet zu sein, hält jedes Teammitglied das Ende eines digitalen Seils in der Hand, welches ihn mit den anderen verbindet. Das Seilende trägt er in Form seines Smartphones und seines Laptops auch abends und nachts immer bei sich.

- Immer mehr Unternehmen ersetzen Dienstreisen durch Video- und Telefonkonferenzen, sparen dadurch Reisekosten und erschrecken ihre Mitarbeiter durch immer neue, unmöglichere Konferenzzeiten. Eine grundsätzlich begrüßenswerte Entwicklung. Unternehmen brauchen hierfür jedoch ein gutes Fingerspitzengefühl, welche Meetings man virtuell abhalten kann und für welche eine gewisse Tuchfühlung nötig ist.

- Obwohl das papierlose Büro noch nicht Wirklichkeit geworden ist, werden mehr und mehr Dokumente ins Virtuelle, auf unternehmenseigene Server oder gleich in die Cloud des Internets verbracht. Von dort sind sie jederzeit und von überall her zugänglich. Dies fördert den Informationsaustausch aller Beteiligten und setzt die Selbstkompetenz voraus, Informationen nach ihrer Qualität und der Relevanz für die eigene Arbeit einzuschätzen.

Der lange Arm der digitalen Kommunikation kann uns also auch nachts daheim am Bildschirm erreichen, wenn wir zwar hundemüde sind, der Projektkollege in New York aber vielleicht gerade seinen Nachmittagstee hinter sich gebracht hat. Uns werden sozusagen ständig Arbeitsangebote gemacht, die wir abwehren müssen, weil wir sonst im Burnout landen. Früher sagte man: »Papier ist geduldig«. Diese Geduld war aber noch nichts im Gegensatz zum kalten, summenden Schweigen eines Bildschirms, an dessen Rand im Sekundentakt eine E-Mail-Benachrichtigung blinkt. Die Tyrannei der allzeit abrufbereiten Information wurde durch den Siegeszug des Internets und die Digitalisierung erst möglich. Ohne Gegenwehr schlittern wir in die Entgrenzung unserer selbst, da wir Arbeit nicht erst im Büro suchen müssen. Sie läuft uns vielmehr nach Hause nach wie ein Hund, den wir wieder vors Haus scheuchen müssen, damit er nicht in die Ecke macht.

Das war nicht immer so. Bis in die 1980er-Jahre hinein waren Arbeitnehmertätigkeiten noch an feste Örtlichkeiten gebunden: das Büro, die Fabrikhalle etc. Arbeit und Lokalität waren fest miteinander verwoben. Homeoffice war so gut wie unbekannt. Die Soziologen Kerstin Jürgens und Günter Voß nennen dieses Phänomen im Rückblick »Fordismus«, nach Henry Ford, dem amerikanischen Autopionier.[5] Der Arbeiter hatte am Fließband zu erscheinen, von neun bis fünf zu arbeiten und dann wieder zu gehen. Ein äußerst unflexibles, aber auch überraschungsarmes System. Räumliche und zeitliche Entgrenzung waren fast unmöglich.

Wer die Lösung aus solch starren Arbeitsverhältnissen begrüßt, sollte nicht vergessen, dass sich die Formen von Arbeit in nicht immer vorteilhafter Weise in vielfältige Formen zersplittert haben.

Den Arbeitsplatz auf Lebenszeit gibt es nicht mehr.

Die unbefristete Arbeitsstelle ist längst nicht mehr der Normalfall. Wenn man noch vor zehn, 15 Jahren ganz selbstverständlich erwähnt hat, man schaffe »bei Bosch« oder »bei Daimler«, wird dieses in Sprache gegossene Vertrauensverhältnis zunehmend durch andere, unsichere Arbeitsformen unterminiert:

- **Leih- und Zeitarbeit.** Diese Form der Beschäftigung hat in den letzten Jahren rasant an Fahrt aufgenommen. Von 1999 bis 2009 kletterte die Zahl der Leih- und Zeitarbeiter von 286 000 auf 610 000 – eine Steigerung um satte 213 Prozent.[6] Die Zeitarbeit ist bei Unternehmen nicht nur deshalb beliebt, weil sie den Leuten weniger Geld zahlen müssen. Im Grunde verlagern Firmen das unternehmerische Risiko auf den Arbeitnehmer. Er bekommt weniger Geld, kann weniger vorsorgen, hat kürzere Kündigungsfristen und weniger juristische Möglichkeiten, sich gegen unfaire Behandlung zu wehren. Auch wenn es aus der Zeitarbeitsbranche heraus durchaus Versuche gibt, Initiativen wie »Equal Pay« anzuwerfen – also den Zeitarbeitern wenigstens faire Löhne zu zahlen, wenn sie schon von heute auf morgen auf die Straße gesetzt werden können –, prägen das Image der Zeitarbeit dennoch Negativschlagzeilen wie beispielsweise der Skandal um die Arbeiterwohlfahrt Essen.[7]

  Außerdem haftet der Zeitarbeit immer noch der Geruch des Missbrauchs an. Ursprünglich dafür konzipiert, um Lastspitzen im Arbeitsaufwand abzudecken, werden immer häufiger Leiharbeiter langfristig als Ersatz für normale Arbeitsverhältnisse eingesetzt. So beschäftigt beispielsweise EADS im Werk Hamburg-Finkenwerder 17 000 Menschen, davon 5000 Leiharbeiter. Eine Quote von immerhin knapp 30 Prozent.[8] Mithin hat sich die Zeitarbeit als Instrument etabliert, mit dem sich auch qualifizierte Arbeitskräfte billig einkaufen lassen. Ob sich aus einem ursprünglichen Zeitarbeitsvertrag ein Angestelltenverhältnis entwickelt, bleibt der Geschäftsentwicklung und der Moral des Unternehmens überlassen. Diesen Graubereich der Übergangsentscheidung hat der Gesetzgeber wohl bewusst ausgeklammert und sich damit um diesen Konflikt mit der Wirtschaft gedrückt.

Die Leiharbeit fordert eine größere Flexibilität als die Arbeit eines klassischen Angestellten. Obwohl dieser auch bereit sein muss zu Dienstreisen oder einem Standortwechsel, fällt für einen Zeitarbeiter die klassische Standortplanung praktisch weg. Er muss damit rechnen, alle zwei Jahre von Stadt zu Stadt weiterverschoben zu werden. Quasi die moderne westliche Form des chinesischen Wanderarbeiters. Dass sich die in Mitteleuropa weitverbreitete Methode der Altersversorgung in Form einer eigenen Immobilie damit gewissermaßen von selbst erledigt, ist fast zwingend. Welche Bank gibt einem Zeitarbeiter dafür schon einen Kredit? Dass ein Leiharbeiter durch seinen niedrigeren Lohn und die fehlende soziale Absicherung auch auf andere Weise schwerer Vermögen aufbauen kann, verschärft die Situation. Das ständige Hecheln nach einer neuen Beschäftigung und die erzwungene Flexibilität machen die Zeitarbeit zu einem hochgradig gefährlichen Gebiet für die Entgrenzung der Arbeitswelt, der man verständlicherweise alles andere unterordnet.

> **Die klassische Lebensplanung ist für Leih- und Zeitarbeiter praktisch unmöglich.**

- **Ich-AG.** Als weitere Variante der prekären Beschäftigung schuf 2003 die damalige rot-grüne Regierung die Ich-AG, eine Art Mini-Selbstständigkeit, mit der man die Arbeitslosenstatistik schönen wollte. Ich formuliere bewusst so hart, weil meiner Meinung nach der durchschnittliche Ich-AGler die Voraussetzungen einer echten Selbstständigkeit, die sich eigenständig trägt, nicht mitbringt: Zähigkeit, Initiative, eine gute Idee, Unternehmergeist. Dies ist nicht als Vorwurf zu verstehen. Nicht jeder ist zur Selbstständigkeit geschaffen. Die Ich-AGler hatten einfach das Pech, dass man ihnen genau das eingeredet hat. Man einigte sich mit dem zuständigen Sachbearbeiter vom Arbeitsamt, griff den Gründungszuschuss ab und verschwand aus der Arbeitslosenstatistik. So war jede Seite zufrieden. Bei den Businessplänen wurde daher oft auch nicht so genau hinge-schaut. Viele Ich-AGs waren darum mittel- und langfristig zum Schei-tern verurteilt und verschwanden wieder von der Bildfläche.

Über den Erfolg oder Misserfolg der Ich-AGs gibt es unterschiedliche Meinungen. 2006 schließlich wur-de das arbeitsmarktpolitische Projekt Ich-AG wieder eingestellt, als man die Förderung von Existenzgründungen strukturell zu-sammenlegte. Als Übergangsform zur »echten« Selbstständig-keit kennzeichnet die Ich-AG ein Höchstmaß an persönlicher Flexibilität und Entgrenzung.

■ **Selbstständige und Freiberufler.** Schließlich sind als Spielart der persönlichen Beschäftigungsverhältnisse die Selbstständi-gen und Personengesellschaften zu nennen. Einzelpersonen als Selbstständige machen etwa elf Prozent der arbeitenden Bevölkerung aus.[9] Diese Gruppe ist jedoch vom Einkommen her äußerst heterogen: vom Steuerberater mit 15 000 Euro bis zum Musiker mit 350 Euro Monatseinkommen ist alles dabei. Dementsprechend sind für eine Selbstständigkeit vor allem vier Faktoren prägend: eine Wochenarbeitszeit von meist über 50 Stunden, Idealismus und Selbstaufopferung sowie ökonomi-sche Unsicherheit.

Für den Großteil der Selbstständigen bedeutet das einen permanenten Ritt auf Messers Schneide. In den letzten Jahren wurde aber gerade diese prekäre Form der Selbstständigkeit vor allem von einer stilbildenden Berliner Szene aus zu einem neu-en Modell der Arbeitsgesellschaft hochgejazzt.[10] Der Soziologie-Professor Ulrich Bröckling nennt das schlicht die »Identifikation mit dem Aggressor«. Man feiere »die Zumutungen, weil man sie nicht ändern [könne]. Ökonomisch erfolgreich sind nur die wenigsten.«[11] Diese »digitale Bohème« ist angeblich jung, krea-tiv, hungrig, hip und gestaltet ihr ausgefülltes, angenehmes Le-ben ohne die Zwänge der klassischen Arbeitsverhältnisse.

Die Kehrseite der Medaille ist für die Mehrzahl der Mitglieder dieser neuen Kaste eine permanente Selbstausbeutung sowie das komplette Verschwimmen von Arbeitswelt und Privatleben. Neben einigen erfolgreichen Beispielkarrieren, die gerne in die Kamera gehalten werden, fliegt die Masse der kreativen Selbstständigen unter dem Radar der ökonomischen Tragfähigkeit und hält sich neben dem Job als Softwareentwickler, Künstler oder Designer mit Nebenjobs als Kellner oder Touristenführer über Wasser. Die Journalisten Thomas Groß und Tobias Timm ziehen daher ein nachdenkliches Fazit: »Welcher Perspektive man auch zuneigt, so könnte sie tatsächlich aussehen, die Zukunft der Arbeit: Im Team vereinzelt, zu Schwärmen vereint, voll befreit und doch gestresst, brüten wir über Aufgaben, bei denen Spiel und Anstrengung dasselbe sind. Wir dürfen kreativ sein, aber wir müssen es auch. Wir haben Spaß, aber das Ziel fest vor Augen. Während der Einfall reift, bleibt uns Zeit, etwas Zeit zu verdaddeln, unseren Facebook-Account zu checken oder mit Gleichgesinnten herumzulümmeln, denn all das hat auch etwas mit Arbeit zu tun. Allzu lang aber sollten die Kaffeepausen nicht werden. Was passiert, wenn nichts passiert? Die Ideen auf Dauer ausbleiben?«[12]

Egal, ob es um Festanstellung, Zeitarbeit oder Selbstständigkeit geht: Wenn wir von der Entgrenzung der Arbeit sprechen, wenn Arbeit in unserem Leben immer mehr Raum einnimmt und den privaten Bereich überflutet, müssen andere Tätigkeiten und Rollen zwangsläufig zurücktreten. Der Tag hat nun mal nur 24 Stunden. Jeden Tag schlüpfen wir in verschiedene Rollen, je nachdem, in welcher Situation wir uns befinden: die Rolle des Arbeitnehmers, des Ehepartners, der Tochter, des Vaters etc. Alle vier Jahre spielen wir auch die Rolle des Wählers – eine kurze und von vielen ungeliebte Rolle, die immer weniger Menschen anzieht. Oder die Rolle des Konsumenten, der im Kaufhaus flehentlich seine Blicke streifen lässt, auf der vergeblichen Suche nach einem Verkäufer. Oder die Rolle des empörten Bürgers, der sich Wasserwerfern in Stuttgart entgegenstellt.

Unsere Rollen sind vielgestaltig und hochflexibel. Jede Rolle hat ihre Zeit. Umso bedauerlicher, dass wir uns mehr und mehr wie ein

Theaterschauspieler verhalten, der nur noch ein Kostüm anzieht, egal welches Stück er spielt oder welche Szene. Im Theater würde uns das sofort auffallen. Nur bei uns selbst dauert es meist sehr lange, bis wir merken, dass wir das Kostüm der Arbeitsrolle tragen, obwohl schon längst das des vorlesenden Vaters oder das der zuhörenden Freundin gefragt wäre. Über die Perfektionierung der Arbeitsrolle haben wir vergessen, das Kostüm auch hin und wieder auszuziehen.

Mit der Entgrenzung der Arbeit geraten wir in Rollenkonflikte.

Denn wir müssen zuerst eine Rolle abstreifen, bevor wir die nächste anlegen. Sonst bekommen wir Probleme. Oder haben Sie schon einmal versucht, ihrer Frau zuzuhören, während Sie eine E-Mail auf Ihrem Handy beantworten? Wenn, war es bestimmt nicht angenehm. Ein klassischer Rollenkonflikt zwischen der Arbeitsrolle (E-Mail des Chefs beantworten) und der Partnerrolle (der Ehefrau zuhören). Und obwohl wir wissen, dass dieser Konflikt grundsätzlich nicht aufzulösen ist, wir also nicht beide Rollen gleichzeitig ausfüllen können, scheuen wir die Entscheidung und versuchen, zweigleisig zu fahren. Das Ergebnis ist ein Flurschaden, weil wir letztlich keine der beiden Umweltanforderungen (Chef beziehungsweise Ehefrau) sinnvoll erfüllen können.

Letzten Endes gehen wir damit wieder dem Prinzip des Multitasking auf den Leim, diesmal jedoch nicht auf der Ebene der Arbeitsaufgaben, sondern auf der Ebene unserer Lebensrollen: Arbeitnehmer, Partner, Vater, Partygänger – alles gleichzeitig. Wir ziehen verschiedene Kostüme übereinander an und hoffen, dass es irgendwie klappt. Tut es leider nicht. Damit verwirren wir nicht nur uns selbst, sondern beeinträchtigen auch noch unsere Umwelt durch fehlende Konzentration und mentale Abwesenheit.

Grenzen als neue Freiheit

Was können wir tun, um der Entgrenzung unserer Arbeitswelt ent-gegenzutreten? Wollen wir das überhaupt? Ist eine Art Rolle rück-wärts möglich, die unseren Arbeitsplatz erhält und uns gleichzeitig vor dem Burnout bewahrt? Die Antworten auf diese Fragen finden wir auf zwei Ebenen: der individuellen und der Systemebene.

Entgrenzung ist eine Tatsache. Das bestätigt sich jedes Mal, wenn wir uns vom Klingeln des eigenen Handys gestört fühlen. Schon der alte Grieche Archimedes ermahnte seine Umgebung: »Störe meine Kreise nicht!« Lass mich in Ruhe meine Arbeit machen. Entgren-zung und die Beanspruchung durch unser Umfeld sind damit kein neues Phänomen. Was sich allerdings geändert hat, ist, dass wir uns der unsichtbaren Grenzen, die wir ziehen sollten, nicht mehr be-wusst sind. Weil wir uns nicht mehr erlauben, sie zu ziehen. Weil uns die Arbeitsgesellschaft den Befehl gibt: Halte dich allzeit bereit für die nächste Aufgabe, die nächste Kommunikation. Wir haben uns daher verboten, Archimedes' mutigen Weg zu gehen und unse-rer Firma entgegenzurufen: Störe meine Kreise nicht!

Daher müssen wir als Erstes wieder ein Bewusstsein der Grenzen schaffen und der Alltagsbereiche, die sie umschließen. Wir müssen achtsam werden und dürfen Grenzüberschreitungen nur in gerin-gem Maß akzeptieren. Anrufe müssen auch mal weggedrückt werden dürfen. E-Mails werden nur noch in einem de-finierten Zeitkorridor gelesen und be-antwortet. Diese »Freiheit zur Grenzzie-hung« ist eines der zentralen Elemente,

Wir ziehen keine Grenzen mehr.

um die Arbeitnehmer die Kaste der Selbstständigen beneiden: Herr zu sein über seine Zeit, sich nicht den allgemeinen Rastern von Fir-men und Meetingstrukturen anzupassen, sondern seine berufliche Welt nach dem eigenen Rhythmus zu gestalten.

Ist das realistisch? Ist das machbar in einer Welt, die in globalen Vernetzungen denkt und die Firmen nicht fragt: »Was kannst du für deine Mitarbeiter tun?«, sondern »Was können deine Mitarbei-ter für dich tun?«. Sind wir als arbeitende Menschen nicht längst nur Getriebene im Mahlstrom des täglichen Arbeitstrotts? Ich würde nicht als Coach arbeiten, wäre ich nicht der Meinung, man könne Dinge verändern. So auch hier.

Dafür muss man nicht einmal an den guten Willen von Unternehmen appellieren, sondern an deren Geldbeutel – eine Sprache, die die Wirtschaft sehr gut versteht. Denn die Wissenschaft steht auf der Seite der Humanisten:

- **Menschen sind kreativer und produktiver, wenn sie Gelegenheit zu Muße und Nichtstun haben.** Nur dort entsteht der genialische Blitz, die Idee, die Erfindung von neuen technischen Geräten und Meilensteinen der Forschung. Wir müssen »seelisch offline« gehen, wie es Götz Mundle, Ärztlicher Geschäftsführer der Oberberg-Kliniken und Burnout-Spezialist, formuliert.[13] Längst wissen Neurologen und Psychologen, dass das Gehirn des Menschen in Ruhephasen nicht leerläuft, sondern ebenso wichtige Arbeiten verrichtet wie im beanspruchten Zustand. *Default mode network*, »Leerlauf-Zustand«, nennen die Forscher die Tätigkeit des Gehirns im Ruhezustand. Einige halten die Verarbeitungsroutinen in dieser Phase – zum Beispiel im Schlaf – sogar für evolutionär wichtiger als unsere Hochleistungsphasen im konzentrierten Wachzustand.

- **Menschen sind *Single-task*-Wesen.** Wie bereits im Kapitel 3 über Multitasking festgestellt, tun sich Menschen leichter, wenn sie eine Aufgabe nach der anderen abarbeiten können. Dasselbe gilt für gleichzeitige Rollenansprüche der Umwelt. Wer im selben Moment Kollege, Vater am Telefon und Partner vor dem E-Mail-Fenster sein muss, ist gestresst und kann sich auf keine der Aufgaben richtig konzentrieren. Unser Gehirn ist ausgelegt für das Prinzip »Alles hübsch nacheinander«. Leider hat sich die Begeisterung für das Rechenprinzip des Computers negativ auf unsere Sichtweise menschlicher Arbeitsprozesse übertragen.

- **Menschen brauchen Bestätigung in verschiedenen Lebensbereichen.** Im Moment ziehen viele Menschen Selbstwert nur aus ihrer Arbeit und sind bei Jobverlust entsprechend verwundbar. Von seiner individuellen Warte aus muss sich der Einzelne darum einen arbeitsfreien Bereich in seinem Leben erkämpfen und ihn zu einer qualitativen Quelle des Glücks und der Selbstbestätigung machen. Das ist schwierig, weil die gesellschaftlichen Entwicklungen, wie wir im ersten Kapitel gesehen haben, das Syndrom des einsamen Reiters und das Primat »Glück durch Arbeit« postuliert.

- **Die menschliche Exekutiv-Funktion des Gehirns wird durch die ständige Informations- und Kommunikationsflut überlastet.** Unser Autopilot stößt mittlerweile an seine Grenzen, ein Prozess, der sich über die letzten 15 Jahre dramatisch verschlimmert hat. So wie der Klimawandel eine immense Bedrohung für unseren Planeten darstellt, bedroht der Information Overload unsere geistige Gesundheit und Produktivität.

All diese Faktoren sprechen für eine neue Grenzziehung in unserem Leben. Denn Grenzen bedeuten in diesem Fall nicht Einengung, sondern Befreiung. In einer natürlichen Beschränkung können wir unsere individuellen Rollen wieder wachsen lassen und unsere Lebensqualität stark verbessern. Aus einem Gleichgewicht

> **Grenzen engen nicht ein, sie befreien.**

von Aktivität und Muße wachsen Wohlbefinden, Kreativität und die Belastungsfähigkeit, die wir für unseren Job brauchen.

Diesen Weg können und sollten wir nicht allein gehen. Es wird für die Wirtschaft Zeit, umzudenken und ihre Mitarbeiter und Führungskräfte in einer solchen Entwicklung zu unterstützen. Kostet das Mut? Vielleicht. Lohnt es sich? Auf alle Fälle. Die Zeit des Prinzips »Einer gewinnt, einer verliert« ist abgelaufen. In Zukunft müssen beide gewinnen: das Unternehmen *und* der Mitarbeiter. Nicht Konkurrenz und Ausbeutung, sondern Kooperation und Optimierung heißt das Erfolgsrezept für die Arbeitswelt des neuen Jahrhunderts.

Dazu gehört, dass Unternehmen endlich erkennen, dass sie nicht nur Produkt- oder Dienstleistungsmaschinen sind. Man kann nicht von Werteentwicklung im eigenen Unternehmen faseln und den Mitarbeiter gleichzeitig als »Humankapital« bezeichnen. Dies impliziert, Arbeitnehmer gäben ihr Selbst außer ihrer Arbeitskraft quasi an der Garderobe ab und existierten im Unternehmen als reine Produktivkraft und nicht als Menschen aus Fleisch und Blut, die im Büroalltag ebenso an ihre Familie denken, sich über die Hypothek Sorgen machen oder darüber, wie sie Tante Helga pflegen sollen. Erst wenn Firmen akzeptieren, dass Menschen tatsächlich nicht nur als Arbeitnehmer, sondern als komplexe Individuen in den Firmenfluren herumlaufen, werden sie ein neues Bündnis auf Augenhöhe mit ihnen eingehen können. Dieses Bündnis besteht im Kern aus neuen, den modernen wissenschaftlichen Erkenntnissen folgenden Arbeitsbedingungen und aus der Verpflichtung der Arbeitnehmer, diese neuen Freiheiten sinnvoll zu nutzen und so dem Unternehmen diese frei werdende Produktivität wieder zur Verfügung zu stellen.

7. KAPITEL
Das Chef-Problem

Gerald Schumann hatte es geschafft und er wusste es. Nach zwölf Jahren in der Tretmühle eines Konzerns hatte er sich zum Bereichsleiter hochgearbeitet. Sein Auto war ansehnlich, das Haus groß und die Position sicher – soweit man das in der heutigen Zeit überhaupt noch sagen konnte. Seiner Meinung nach war Schumann so weit oben, wie er konnte und wollte.

Begonnen hatte er als kleiner Angestellter und hatte schnell auf sich aufmerksam gemacht. Ein kleines Rädchen im Getriebe, aber mit Ehrgeiz, einiger Kompetenz und dem Instinkt ausgestattet, sich im Dunstkreis der richtigen Leute aufzuhalten. So wurde er mehr nach oben gesogen, als dass er von unten gedrängt hätte.

Im Lauf der Jahre hatte er immer mehr Leute unter sich und im Grunde hasste er seine Führungsaufgaben. Nicht, dass er seine Mitarbeiter gehasst hätte. Er war schließlich kein Dummkopf oder Menschenschinder. Schumann hatte es aber noch nie gemocht, Verantwortung für andere Menschen zu tragen. Nicht einmal ein Haustier hatte er. Schon als Kind ging er in komplizierten Mathematikaufgaben auf und konnte stundenlang grübeln. Seine Mitschüler, später seine Mitstudenten und Kollegen, kamen unter »ferner liefen«. Schließlich war das Ingenieurwesen seine Domäne, und nach Schumanns Meinung sollten alle Menschen in seiner Umgebung so intelligent und rücksichtsvoll sein, die Rangordnung seiner Gedankenwelt zu würdigen.

Auf Konferenzen traf er eine Menge Leute, die in einer ähnlichen Lage waren: Chefs auf der Visitenkarte, die sich immer noch am liebsten in ihr Sachgebiet vergruben. Schumann hielt die Mär von der Karrieregeilheit von Führungskräften für einen Witz. Seiner Erfahrung nach hatten sich die wenigsten Führungskräfte in eine nächsthöhere Position gedrängt. Chefs wie er waren im engeren Sinn keine Menschenführer, keine Impulsgeber. Nicht bösartig, aber auch nicht inspirierend. Im besten Fall waren sie gute Moderatoren, die ihr Team machen ließen. Wenn die Abteilung kompetent genug war, ging das gut. Wenn nicht, spielte man russisches Roulette um seinen Arbeitsplatz. Und Schumann verlor nie.

So hatte er über die Jahre hinweg einen gewissen Flurschaden bei seinen jeweiligen Mitarbeitern verursacht. Doch wurde ihm dieser selten persönlich angelastet. Das Management hatte selbst eine Kultur des »Friss oder stirb« etabliert, in welcher für »Streichelzoos« (wie Teamtrainings intern genannt wurden) kein Platz war. In diesem rauen Klima gingen Schumanns Unzulänglichkeiten unter oder wurden vom System kaschiert.

Je höher auf der Karriereleiter Schumann kletterte, desto mehr stresste ihn sein Job. Nicht allein die Verantwortung lastete auf ihm. Als rational denkender Ingenieur konnte er vergleichsweise gut verdrängen. Aber die Menschenführung – das Politische, das Konflikthafte – nahm einen immer größeren Platz in seinem Arbeitsalltag ein. Und obwohl er sich mit der Zeit gewisse Routinen im Umgang mit seinen Mitarbeitern zugelegt hatte, wurde es nicht besser. Manchmal schlief er schlecht, schob das aber auf das Wetter oder den Jetlag. Ihm ging es doch gut.

Schnappschuss Führung

Was hat Burnout mit Führung zu tun? Sind es nicht persönliche Faktoren in mir, die den Burnout auslösen beziehungsweise verstärken? Und vielleicht noch Rahmenbedingungen wie Termindruck, Multitasking etc., die mir im Arbeitsalltag das Leben schwermachen. Aber Führung?

Jeder, der als Arbeitnehmer sein Geld verdient, hat irgendwann einmal mit Führung zu tun. Sein Chef als direkter Vorgesetzter führt ihn mehr oder weniger gelungen durch den Alltag. Er ist vielleicht in Projekte eingebunden, in denen er dem Projektleiter verpflichtet ist und von diesem geführt wird. Oder er selbst führt in einem Projekt. Auch in Teams bilden sich formelle und informelle Hierarchien, in denen der eine mehr Einfluss und Führung erhält als der andere.

Im Grunde kann bei jeder Kommunikation im Beruf ein Machtgefälle entstehen, durch das Führung ausgelöst wird. Der ältere Kollege leitet den jüngeren Kollegen an einer Maschine an, weil dieser die Abläufe noch nicht so gut kennt. Der erfahrene Projektmanager leitet sein Projektteam an, zu dem auch höhere Führungskräfte gehören können. Er bezieht Autorität durch seine Rolle, Glaubwürdigkeit und wahrgenommene Kompetenz. So, wie sich in Jugendgruppen sehr schnell gewisse Hackordnungen herausbilden, formieren sich in Teams und Projekten informelle Gruppen, Clubs und Seilschaften. Das ist ein normales Phänomen, das aber eben auch Aussagen trifft über die Führungswirklichkeit in Unternehmen.

Führen und geführt werden gehört zum Arbeitsalltag.

Obwohl informelle Führung in Teams und Gruppen ein sozialpsychologisch hochspannendes Thema ist, soll es in diesem Kapitel vor allem um die offizielle, institutionalisierte Führung in Unternehmen gehen, und das aus mehreren Gründen:

- **Vergleichbarkeit.** Herausbildung, gelebte Wirklichkeit und Hierarchisierung formeller Führung ist leichter zwischen Unternehmen vergleichbar als informelle Führung. Man könnte auch sagen, die *formelle* Führung hat einen vielfach größeren Sachanteil, den man beobachten, messen und verändern kann. Der naturgemäß große Beziehungsanteil der *informellen* Führung ist komplex, situativ und nur schwer in Vergleichskategorien zu gießen.

- **Ökonomie.** Im strukturellen Burnout geht es, wie der Name vermuten lässt, um erkennbare Strukturen und Schwächen der Organisation, die man mit Mitteln der Prozessoptimierung und Organisationsentwicklung verändern kann: zum Beispiel um den unternehmensweiten Umgang mit Terminvergaben, die Politik der Zielvereinbarungen, den Einsatz von Anreiz- und Vergütungssystemen oder den

Der strukturelle Burnout bezieht sich auf Schwächen der Organisation.

Umgang mit Kommunikationsmitteln. Die informelle Führung ist nicht weniger wichtig, aber wenn man zum Mittelpunkt eines Berges will, kann man sozusagen den Tunnel von zwei Seiten beginnen. Und auf der Seite der formellen Führung und der Unternehmensorganisation ist das Gestein meist weicher.

- **Begriffsklärung.** Wenn Menschen über Burnout klagen, erfährt man meist etwas über zu lange Arbeitszeiten, angeblich inkompetentes Führungsverhalten oder den Stress durch zuviel Kommunikation und Information. Hier liegt ein Unterschied zum Mobbing-Phänomen. Während Mobbing sich zumeist auf der *Beziehungsebene* (unterschwellige Konflikte, »Revierverhalten«, »sich nicht riechen können« etc.) zwischen Menschen abspielt, gründet Burnout auf der tatsächlichen *Sachebene* (Arbeitslast, Arbeitsstunden, Mitarbeitergespräche, Zielvereinbarungen etc.) zwischen Mitarbeiter und Unternehmen sowie auf der *Ebene der individuellen Persönlichkeit* (Perfektionismus, schwacher Selbstwert, Dominanz des Leistungsgedankens etc.). Aufgrund dieser Unterscheidung sollte man beispielsweise im Einzelcoaching ein Erleben von Burnout und eventuelle angebliche Mobbing-Elemente, die der Klient vorbringt, sorgfältig prüfen und in der Analyse trennen.

- **Controlling.** Wenn man in der Organisations- und Personalentwicklung arbeitet, hat man viel mit Menschen zu tun: ihrem Denken, ihrer Kommunikation und ihrem Verhalten. Als Psychologe und Mensch weiß ich, wie unberechenbar und wenig »mathematisch« sich Menschen verhalten. Daher sind Ergebnisse in der Psychologie und der Organisationsentwicklung auch meist in Wahrscheinlichkeiten ausgedrückt. Wenn ich also ein Einzelcoaching mit einer Führungskraft mache, erhöhe ich damit die Wahrscheinlichkeit, ihr Führungsverhalten zu verbessern. Eine 100-prozentige Garantie gibt es bei sozialen beziehungsweise psychologischen Interventionen aber nicht. Das ist bei Managern nicht anders als bei Arbeitslosen oder Straftätern. Aus diesem Grund fällt es auch Controllern und Geschäftsführern meist so schwer, in Personalentwicklung zu investieren.

Diese beiden Gruppen denken – zu Recht – in Zahlen und Return on Investment (ROI): Was investiere ich und was bekomme ich dafür, möglichst mit einer berechenbaren Garantie? Die Aufgabe der Organisations- und Personalentwicklung ist es, nicht im Wolkenkuckucksheim zu verharren, sondern dem Controlling eine Brücke zu bauen. Selbstverständlich können wir die Basis unserer Arbeit, den Menschen und die mit ihm verbundene Unsicherheit und Unvorhersagbarkeit, nicht verleugnen. Aber wir können Instrumente und Modelle entwickeln, die es Controllern und zahlenorientierten Menschen erleichtern, sich auf Konzepte wie Coaching oder Teamförderung einzulassen. Der strukturelle Burnout ist so ein Modell, das durch die Entwicklung bestimmter Indikatoren menschliches Verhalten und organisatorische Stellgrößen in Unternehmen vergleichbarer macht. Ein Kompromiss, der versucht, beide Welten – die Zahlen und den Menschen – einigermaßen zu versöhnen. Auf dem Gebiet der Führung geschieht das eben durch den Fokus auf die formelle Führung, auf die das Unternehmen gestalterischen Einfluss hat und der sich besser messen lässt als die informelle Führung.

Ich will mich an dieser Stelle auf drei Fragestellungen beschränken, die den Zusammenhang zwischen Führung und Burnout veranschaulichen sollen:

1. Wie verursacht die Geschäftsführung Burnout bei ihren Führungskräften?
2. Wie leiden Führungskräfte unter Burnout?
3. Wie lösen Führungskräfte bei ihren Mitarbeitern Burnout aus?

Alle drei Fragen hängen zusammen, und zunächst klingt es wie das klassische Henne-Ei-Problem: Verursacht die Führungskraft den Burnout bei sich beziehungsweise ihrem Mitarbeiter durch ihre individuelle Vorgehensweise? »Treibt sie« den Mitarbeiter aufgrund persönlicher Überzeugungen »hinein« in Terminzwänge, unbezahlte Über-

Wie hängen Burnout und Führung zusammen?

stunden etc.? Oder ist sie selbst Opfer eines »Systems«, das durch die Firma als Ganzes, durch die Unternehmenskultur – und damit eben auch durch jeden Mitarbeiter – verursacht wird?

Dieses Szenario ist ein Kreislauf:

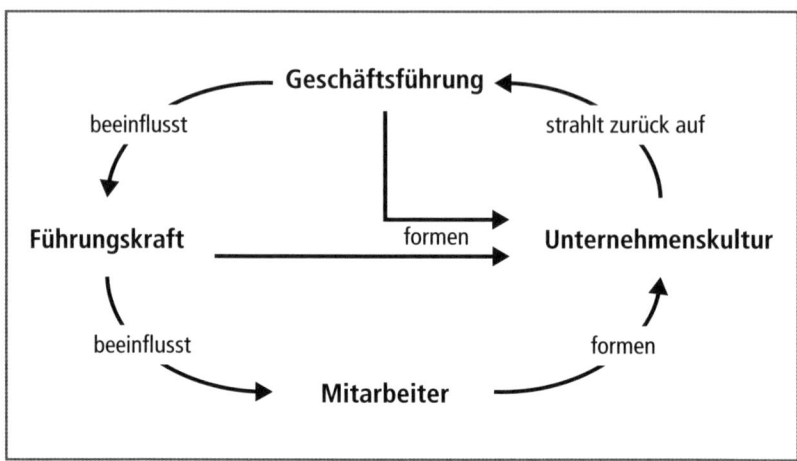

Kreislauf: Wie Führung zur Unternehmenskultur beiträgt

Wo soll man also eingreifen? Man kann angesichts dieses Kreislaufs (oder Gordischen Knotens) mutlos werden und den Dingen eher ihren Lauf lassen, als zu versuchen, sie zu ändern. Jedoch: Man muss den Gordischen Knoten nicht aufdröseln. Man zerschlägt ihn, indem man an einer Ebene ansetzt. Denn das ist ja das Schöne an so einem Kreislauf: Er transportiert Negatives durchs Unternehmen, aber eben auch Positives. Fängt man an, ein Rad zu verändern, drehen sich alle anderen Räder ein klein wenig mit.

Sonne, Mond und Sterne

Wie verursacht nun eine Geschäftsführung Burnout bei ihren Führungskräften? Es gibt ein böses Sprichwort: »Der Fisch stinkt vom Kopf her.« Im Gegensatz zur alltäglichen operativen Führungsarbeit der »Mittelschicht« liefert die Geschäftsführung oder, bei größeren Betrieben, der Obere Führungskreis (OFK) die strategischen Blaupausen und gibt Impulse für das »große Ganze«. Zu diesem großen Ganzen gehören auch unausgesprochene Werte und der Umgangston im Miteinander zwischen Geschäftsleitung und Führungskräften, zwischen Führungskräften untereinander und von Führungskräften zu Mitarbeitern.

Wie wichtig dieser strategische und kommunikative Impuls in Unternehmen ist und wie stark sich Mitarbeiter daran orientieren müssen, zeigt sich an den Schlagzeilen einer beliebig ausgewählten Ausgabe des manager magazins[1]:

- **Vorwerk:** »Unguter Geist – Ein machthungriger Geschäftsführer verlässt endlich die Traditionsfirma. Doch der Spuk ist nicht vorbei.«
- **Schlecker:** »Jugendweihe – Kaputtes Image, miese Zahlen – die Gründerkinder Lars und Meike Schlecker wollen die letzte Chance nutzen, den Verfall des Drogeriefilialisten aufzuhalten.«
- **Adidas:** »Kick it like Herbert – Herbert Hainer hat Adidas in die Champions League der Sport- und Modekonzerne geschossen. Sein leistungsfanatischer Führungsstil ist zum Vorbild für viele andere Dax-Größen geworden.«
- **Air Berlin:** »Der Luftikus – Kein deutscher Manager macht so viel Wind wie Joachim Hunold. Doch nennenswerte Gewinne fehlen. Und die Methoden des Chefs werden zunehmend zum Problem.«

Beispiel Air Berlin: Bei dessen Chef Joachim Hunold diagnostiziert das Magazin eine »brennende Sehnsucht nach Anerkennung«, die »typisch sei für Aufsteiger«. Als Folge könne er das immer größer werdende Unternehmen nicht mehr steuern, weil er sich in Nebenbaustellen verzettele und es ablehne, zu delegieren. Hunolds Führungscrew sei es gewohnt, »sogar bei Bagatellen das Plazet des Chefs einzuholen«. Und weiter: »Vorstandssitzungen im klassischen Sinne – mit gründlicher Vorbereitung, festem Protokoll und klar fixierter Aufgabenverteilung – gibt es nicht. Und wer meint, er könne im Rahmen einer Strategie selbstständig das Nötige tun, wird bald zur Räson gebracht.«[2] Dieses Beispiel verdeutlicht sehr gut, wie die Handlungsweise einer zentralen Firmenfigur, sei sie Geschäftsführer oder Vorstand(svorsitzender), das Klima, die Arbeitsweise und die Ergebnisse einer Firma verbessern oder lähmen können.

Die Handlungsweise der Führung schlägt sich auf Klima, Arbeitsweise und Ergebnisse eines Unternehmens nieder.

Ob sie will oder nicht, die Geschäftsleitung steht im Zentrum des Geschehens. Eben nicht nur strategisch und hinsichtlich der Kennzahlen, sondern auch als Symbol. Geschäftsführungen halten nicht nur den Kopf hin, wenn's brennt, sondern sind für ihre Firmen »Leuchttürme«, prägen das Menschenbild ihres Unternehmens, wie miteinander geredet wird, welche Anreiz- und Zielkultur herrscht, letztlich, ob das Unternehmen produktiv ist und sich die Mitarbeiter wohlfühlen. Wie ein Zentralgestirn muss die Unternehmensführung mental und emotional für Führungskräfte und Mitarbeiter präsent sein, muss die Botschaft des Unternehmens glaubhaft verkörpern, muss hinter Entscheidungen und Entwicklungen stehen, auch wenn sie unbequem sind. Denn eine Identifizierung mit dem Unternehmen und ein entsprechendes Engagement von Führungscrew und Mitarbeitern entwickeln sich über das Gefühl, über das Herz. Nicht nur über den Verstand, wie viele Anhänger des Rationalen und der Theorie vom *Homo oeconomicus* immer noch glauben. Selbst an den Business Schools lehrt man die MBA-Studenten inzwischen die Kunst der Sozialkompetenz und der situativen Führung. In der Ära des angloamerikanischen Risikokapitalismus keine Selbstverständlichkeit.

Ein herausragendes Beispiel für einen Unternehmenslenker, der es schafft, Mitarbeiter auch emotional zu erreichen, ist Peter Löscher. Nach seinem Amtsantritt als Siemens-Chef installierte er – trotz der

Korruptionsaffäre, trotz der Krise der Tochter SES und trotz Rangelei mit den Gewerkschaften – in relativ kurzer Zeit ein neues Führungssystem, weil er erkannte: »Führung funktioniert über Persönlichkeiten.«[3] Wo vorher Gremien regierten und eine dementsprechende »Verantwortungsdiffusion« herrschte, setzt Löscher nun einzelne Führungskräfte ein, die das Sagen haben und so persönliche Verantwortung schaffen. Wichtige Entscheidungen können so weniger wegdelegiert werden, und man trifft diese Entscheidungen mit mehr Sorgfalt, weil sie persönlich auf einen zurückfallen können.

Letztlich muss ein Unternehmenslenker Möglichkeiten der Identifikation für seine Mitarbeiter bieten, eine Projektionsfläche für Dinge, Werte, die man gut findet. Im Idealfall identifiziert man sich mit dem gesamten Unternehmen; dann arbeitet man eben »bei Bosch« oder »bei Daimler«. Man fühlt eine innere Verbundenheit, einen Stolz, der weit über eine Gehaltsabrechnung hinausgeht. Eine Unternehmensführung muss als Person und Instanz eine solche Wertewelt schaffen, will sie ihre Mitarbeiter langfristig binden: Identifikation, Stolz, Mut, Wahrhaftigkeit, Fairness. Fehlen solche Identifikationsmöglichkeiten, wirkt das Unternehmen nach innen und außen technokratisch und kühl. Der Management-Autor Reinhard Sprenger nennt dieses Phänomen schlicht »Autismus«. Auch

> **Führungskräfte müssen ihren Mitarbeitern Identifikationsangebote bieten.**

er beklagt die fehlende Führungsorientierung und Sinnstiftung von Firmen, zum Beispiel bei Banken. Dies habe »einen zum Teil dramatischen Anstieg von Burn-out-Fällen aus der Finanzbranche« zur Folge. Sprenger diagnostiziert: »Ein Gefühl der Erstarrung hat die Leistungsfreude verdrängt, die schleichende Melancholie der Sinnentleerung. Krank aber ist das Unternehmen; der Mitarbeiter ist nur Symptomträger. […] Wie sollen sich Menschen mit Leidenschaft und Hingabe einsetzen, wenn der Sinn der Veranstaltung ist, irgendwelche Zahlen zu produzieren? Wie soll man Leidenschaft entfalten, wenn man nur noch finanziellen Zielgrößen hinterherhechelt? Wie soll eine Mannschaft ein Spiel gewinnen, wenn sie nur noch auf die Anzeigetafel schaut? Führung mag diese Frage ignorieren, sie mag darauf verweisen, dass es ja bekanntlich darum gehe, ›was hinten rauskommt‹. Aber dafür ist ein Preis fällig: Zustimmung und Motivation erodieren.«[4]

Stellen wir uns unsere jeweilige Firma als Sonnensystem vor: die Geschäftsführung als »Sonne« in der Mitte, die Führungskräfte als »innere Planeten«, die der Sonne relativ nahe sind, und die Mitarbeiter sind »ferne Planeten«, die von der Sonne zwar erreicht werden, aber eher schwach und indirekt. Ihnen sind die inneren Planeten (beziehungsweise Führungskräfte) näher. Für die Führungskräfte als »innere Planeten« gibt es ein bestimmtes Maß an Sonnenstrahlung, das sie einerseits brauchen (Orientierung, Impuls, Anweisungen), das andererseits aber auch nicht überschritten werden sollte (Gängelung, feindseliges Klima, überehrgeizige Zielvereinbarungen). Gerät die Sonnenstrahlung aus dem Gleichgewicht, können je nach Richtung zwei Dinge geschehen:

1. **Überhitzung.** Wenn eine Sonne zu sehr strahlt, verbrennt sie ihre inneren Planeten. Sie sterben ab (übrigens auch eine interessante Nebendefinition von Burnout).

2. **Auskühlung.** Das gleiche Ergebnis stellt sich im umgekehrten Fall ein, wenn also die Sonne auskühlt und ihre inneren Planeten nicht mehr wärmt: keine Sonne => kein Licht, keine Wärme => kein Leben.

Wenn wir das Sonnenmodell auf das Zusammenspiel von Geschäftsleitung und Führungskräften anwenden, können wir die folgenden wichtigen Burnout-Mechanismen identifizieren:

- **Orientierungslosigkeit.** Die Geschäftsleitung formuliert keine positiven, produktiven Unternehmenswerte. Es herrscht eine technokratische Grundstimmung (Auskühlung). Jeder »macht seinen Job«. Solange die Zahlen stimmen, sieht man keinen Grund zur Veränderung. Allerdings bilden die Mitarbeiter auch keine nennenswerte Bindung an die Firma aus.

- **Fehlende Passung.** Die Geschäftsleitung versucht, den Mitarbeitern ihre Führungs- und Wertekultur aufzupressen, ohne

Rücksicht auf bestehende Dynamiken (Überhitzung). Die Folgen sind Verwirrung und Widerstand der Führungsebene, unter denen auch die Mitarbeiter leiden. Man wartet ab, was passiert. Die Organisation als Ganzes tendiert zum Stillstand.

- **Revolution.** Die Geschäftsleitung versucht, offensichtlich »negative« Werte zu implantieren (Überhitzung): Opportunismus, »Freund oder Feind«-Denken, Controlling ohne menschliche Orientierung, ein nicht nachvollziehbares Leistungs- und Vergütungssystem, ein ausschließlich auf Zerstörung aufgebautes Welt- und Wettbewerbsbild (»Wir oder die anderen«).

Letztlich führt jedes der drei Szenarien zur Burnout-Belastung der Führungsschichten. Grundlage jeder Führung nach unten ist ein klarer Impuls von oben und zwar in den folgenden Bereichen:

- Unternehmenskultur
- Leistungserwartungen im engeren Sinn (Umsatz, Projektziele etc.)
- Leistungserwartungen im weiteren Sinn: zeitliche Verfügbarkeit (Wochenarbeitszeit, Wochenendarbeit, Termindichte), kommunikative Verfügbarkeit (»CrackBerry«-Syndrom, Vernetzung, E-Mail-Handhabung etc.)

Erst wenn die »Sonne« in allen drei Dimensionen erkennbar »strahlt« und diese Strahlung in einem wertschätzenden, produktiven Sinn zum Unternehmen passt, hat ein Unternehmen die Chance, strukturelle Komponenten von Burnout bei seinen Führungskräften aufzulösen.

Kein Spielraum, nirgends

Wie leiden Führungskräfte unter Burnout? Führungskräfte haben in der Regel das klassische »Sandwich«-Problem: Sie bekommen Order und Ziele von oben, die sie durchsetzen sollen. Gleichzeitig müssen sie auch den Alltag ihrer Mitarbeiter steuern und begleiten. So sind sie den Ansprüchen von oben und unten ausgesetzt und sitzen »mitten in der Falle«. Ein Gleichgewicht zu finden zwischen den expliziten und impliziten Vorgaben der Geschäftsführung, eigenen Vorstellungen und den Ansprüchen ihrer Mitarbeiter ist ein schwieriges, komplexes Unterfangen. Aus dieser Gesamtdynamik ergeben sich folgende Burnout-Fallen für Chefs:

> **Führungskräfte leiden unter dem Sandwich-Problem.**

- **Demotivation.** Oft leiden Führungskräfte darunter, nicht selbst gestalten zu können und sehen den Wald vor lauter Bäumen nicht mehr. Das berüchtigte »Tagesgeschäft« ist so vollgestopft mit Terminen, Gesprächen und Facharbeit, dass kein Platz zum Nachdenken und zu sorgfältig überlegter Planung bleibt. Chefs sehen sich oft selbst als Getriebene, die – nach den Vorgaben der Geschäftsführung und den Mitarbeiternöten – eigene Impulse an dritter Stelle der Prioritätenskala gar nicht mehr umsetzen können. Dieser Umstand wiegt schwer, da sich Führungskräfte in der Regel durch Kompetenz und Tatkraft auszeichnen. Wenn diese Eigenschaften nun durch strukturelle Grenzen und ein entsprechendes »Sonnensystem« gebremst werden, leidet die »intrinsische Motivation«, das heißt, die von innen kommende Motivation, die unabhängig von Bezahlung, Belohnung und Statussymbolen sprudelt. Im Gegenzug wird die »extrinsische Motivation« durch äußere Faktoren wie Gehalt oder ein eigenes Büro sowohl geweckt als auch befriedigt. In der fortgeschrittenen Phase kommt es bei Führungskräften – und Mitarbeitern – zum »Dienst nach Vorschrift«: Nachdem die intrinsische Motivation fast auf null gesunken ist, wird die Arbeitsleistung nur noch von extrinsischen Faktoren und drohenden Sanktionen wie der Angst vor Rauswurf aufrechterhalten.

- **Trichter-Syndrom.** Dieses Phänomen ist auch unter dem Spruch »Scheiße rollt immer nach unten« bekannt: Unangenehme Dinge, Entlassungen, Change Management, unrealistische Zielforderungen werden durch die Hierarchie so lange nach unten durchgereicht, bis sie bei jemandem hängenbleiben, der sich entweder nicht wehren kann (»Ober sticht Unter«) oder sich verpflichtet fühlt, das Problem zu lösen, und sich daher auch gar nicht wehren will (Vorsicht, Burnout-Falle). Zur ersten Kategorie gehören beispielsweise überzogene Vertriebsziele, die die Außendienstler an der Front ausbaden müssen, nur damit die Planungsbilanz des Vorstands stimmt, die sowieso schon »auf Kante genäht ist«. Zur zweiten Kategorie gehört unter anderem die neu berufene Teamleiterin, der nach einigen Wochen zusätzlich zu den vereinbarten Aufgaben weitere Tätigkeiten aufgedrückt werden, weil im Moment niemand anderes da ist und das Unternehmen an dieser Stelle aus Kostengründen auch niemanden einstellen will. Es sei ja »nur für ein paar Wochen«, so der Chef. Was natürlich Quatsch ist, weil der Chef weiß, dass niemand Neues eingestellt wird und er die Teamleiterin völlig richtig als pflichtbewusste und lenkbare Kraft einschätzt, die nicht wagen wird, ihre Überlastung infrage zu stellen. Eher brennt sie mittelfristig aus und fällt ganz aus dem System.

- **Eigene Burnout-Anfälligkeit.** Das bringt uns zur dritten Gefahr für Führungskräfte: den eigenen Burnout-Mechanismen. Viele Chefs sind durch Selbstausbeutung, ungezählte Überstunden und hohe Eigeninitiative zu ihrer Position gekommen. Es ist normal, dass sie ihr selbstausbeuterisches Verhalten als »Erfolgsstrategie« erleben, die ihnen Geld, Verantwortung und Status beschert. Daher sind viele Führungskräfte betriebsblind, was ihren eigenen Burnout oder den Burnout ihrer Mitarbeiter angeht. Schließlich hat man sich selbst gehörig für den eigenen Erfolg angestrengt. Warum sollte man es den Mitarbeitern leichter machen? Viele Menschen machen ihr eigenes Denken und Handeln zum Maß aller Dinge. Chefs sind da nicht anders. In fast allen Projekten zur Unternehmensveränderung hat man das Problem, dass zielstrebige und strikt ergebnisorientierte Führungskräfte nun auf einmal »lasche« Kriterien wie Mitarbeiterzufriedenheit propagieren sollen. Was soll denn das? Die sollen arbeiten. Und wer nicht spurt, kann ja gehen. Solche Sätze werden manchmal gesagt und noch öfter gedacht. Wie aber sollen Führungskräfte mit diesen *Mind sets* bei sich und ihren Mitarbeitern erfolgreich Burnout bekämpfen? Ein Ding der Unmöglichkeit. Ich säge doch nicht an dem Ast meiner Erfolgsstrategie (»Aufstieg und Geld durch Selbstausbeutung«), auf dem ich schon seit Jahren sitze! Der einzige Weg aus diesem Dilemma ist ein entsprechender Impuls der »Sonne«, der Geschäftsführung, der lauten muss: »Liebe Chefs, ihr habt die Freiheit, einen neuen Weg und eine neue Erfolgsstrategie auszuprobieren. Ich als Sonne gebe folgende Impulse: Weniger Selbstausbeutung ist okay, sogar erwünscht. Ich schaffe ein System, das Selbstausbeutung nicht mehr belohnt. Ich erwarte, dass ihr auch Selbstausbeutung bei euren Mitarbeitern nicht mehr belohnt, weder offiziell noch stillschweigend.«

> **Auch Führungskräfte sind anfällig für Burnout.**

- **Sozialer Stress.** Führungskräfte tragen in mehrfacher Hinsicht eine besondere Kommunikationslast. Sie sind in Kontakt mit immer neuen Ansprechpartnern, müssen in der Regel immer »einen kommunikativen Kanal offen haben« und haben meist Defizite in modernen Kommunikationstechnologien wie Chat, Blog oder Facebook. Neue Ansprechpartner bedeuten wechselnde Kommunikationsmuster, intensive soziale Kompetenz bis hin zu Stress und zum »Desocializing«-Syndrom: So ist zum Beispiel bei Menschen in sozialen Berufen, die tagsüber intensiven Kontakt mit anderen Menschen haben, eine abendliche Abschottungstendenz zu beobachten. Sie sind »plattgeredet« und wollen einfach niemanden mehr sehen oder hören. Verständlich, wenn man sich den ganzen Tag auf verschiedenste

Persönlichkeiten einstellen musste. In abgemilderter Form trifft dieses Phänomen auch Führungskräfte, die darum eine hohe Sozial- und Selbstkompetenz benötigen. Umso verwunderlicher, dass viele Firmen anscheinend davon ausgehen, eine Führungskraft erledige die diffizile Aufgabe der Menschenführung quasi nebenbei. Man sei ja selbst Mensch, könne sich artikulieren und wäre daher mehr als ausreichend für die Führung von Menschen qualifiziert. Weit gefehlt.

■ **Information Overload.** Führungskräfte, die heute in Unternehmen Verantwortung tragen, sind meist über 40 Jahre alt. Diese Generation besteht eben nicht aus den *Digital Natives*, die mit Facebook, Twitter und dem Internet aufgewachsen sind, sondern aus *Digital Immigrants*, die sich moderne Kommunikationsformen wie Instant Messaging oder auch schlichte E-Mail-Benutzung erst erarbeiten müssen. Das spielerische Element von technischer Kommunikation geht verloren und die Verbindung zu anderen über Telefon, BlackBerry, Instant Messaging, E-Mail, Twitter, Social Networks, Geo-Dienste, Fax und Brief (ja, den gibt's auch noch) wird zur eigenständigen, anstrengenden Management-Aufgabe. Der Geschäftsführer eines Unternehmens antwortete einst auf die Frage, was er denn mit den 800 täglich auflaufenden E-Mails in seinem Posteingang mache, mit dem kurzen, trockenen Statement: »Ich lösche sie alle. Wer was Wichtiges hat, ruft an.« So leicht kann es sich leider nicht jeder machen. Darum würde es Unternehmen guttun, gerade ihre Führungskräfte in modernen Kommunikationstechniken zu schulen, damit deren Stress abnimmt und sie durch die Wahl des richtigen Kommunikationsmittels auch ihre Mitarbeiter weniger unter Stress setzen.

Wie man sieht, gibt es durchaus einige Bereiche, in denen Führungskräfte durch strukturelle und persönliche Umstände anfällig für Burnout sind. Wenn man das Problem mit einem Stichwort charakterisieren sollte, trifft es »Komplexität« beziehungsweise »multidimensionale Führung« wohl am besten. Führung ist nichts, was man nebenbei erledigt. Der Alltag eines modernen Chefs besteht zu einem nicht unerheblichen Maß aus Menschenführung – neben dem Tagesgeschäft, terminlichen Verpflichtungen und unvorhergesehenen Notfällen.

»Führung« ist über die Jahre hinweg immer anspruchsvoller, dynamischer und komplexer geworden. Sie stellt hohe Anforderungen an Führungskraft und Mitarbeiter. Der eine muss deutlich machen, was er will, muss den Rahmen vorgeben, und das einerseits klar und verständlich, andererseits aber »sozial kompetent« und auf verständnisvolle Weise. Der Mitarbeiter wiederum muss die (situative) Macht des Chefs anerkennen, muss den Rahmen und das Machtgefüge akzeptieren. Auch das ist nicht leicht. Jeder kennt eine Geschichte, in der ein Höherstehender seine

Multidimensionale Führung lautet das Problem.

Macht missbraucht. Und können wir aus unserem eigenen Kenntniskreis eine solche Geschichte nicht abrufen, nutzen wir die Tagespresse und identifizieren Fehler und Machtmissbrauch »derer da oben«. Diese Problemverschiebung ist zwar kurzfristig entlastend, darf uns aber nicht ablenken von den Dingen, die wir als Mitarbeiter bei uns selbst verändern können und die auf eigenen Versäumnissen beziehungsweise blinden Flecken beruhen.

Ende der Fahnenstange

Wie lösen Führungskräfte bei ihren Mitarbeitern Burnout aus? Wie wir gesehen haben, hängen Burnout und Führung auf verschiedenen Ebenen zusammen. Die »Sonne« (Geschäftsführung) beeinflusst die »inneren Planeten« (Führungskräfte), und die wiederum sind den »äußeren Planeten« (Mitarbeitern) am nächsten. Die »Schuld« für Burnout allein bei sich selbst – egal, ob man nun Mitarbeiter oder Chef ist – zu suchen, greift zu kurz, wie wir inzwischen wissen. Dass die Wertekultur und die Organisation von Information und Arbeitsabläufen ebenfalls eine zentrale Rolle spielen, darf als sicher gelten. Und als Drittes spielt eben Führung, genauer das Führungsverhalten in Unternehmen, eine wichtige Rolle im Burnout-Geschehen. Denn neben den Gesprächen mit Kollegen bergen die Kommunikation zwischen Mitarbeiter und Führungskraft (Jahresgespräch, Meetings, Zielvereinbarungsgespräch, Motivationsgespräch, 4-Augen-Feedback, Reportings) sowie die tägliche Routinearbeit einige Burnout-Gefahren. Die nachfolgenden Faktoren verdeutlichen dies:

- **Grenzüberschreitung.** Burnout ist unter anderem die Unfähigkeit, Grenzen zu ziehen. Sich selbst gegenüber, aber auch gegenüber anderen Menschen – zum Beispiel dem Chef. Bevor man viel nachdenkt, hat man sich eine neue Aufgabe aufgeladen, die einem der Chef präsentiert. Wie der Abfangreflex, nachdem man über einen Stein gestolpert ist, nimmt man ebenso reflexartig die Aufgabe an, ohne einen Moment innezuhalten und die Gesamtsituation zu prüfen. Da kann man sich noch so oft einreden, man »müsse halt Nein sagen«. Im entscheidenden Moment, in der konkreten Situation fallen diese kognitiven Schutzmauern, und der Reflex übernimmt die Steuerung des eigenen Handelns. Aus Pflichtbewusstsein, aus Angst, den anderen zu enttäuschen, oder aus der Hoffnung heraus, die Währung »Selbstausbeutung« würde sich irgendwann einmal in die Münze »Anerkennung« verwandeln. In der Interaktion mit der Führungskraft gibt es nun jede Menge Gelegenheit für den

  > **Das Führungsverhalten im Unternehmen spielt eine entscheidende Rolle beim strukturellen Burnout.**

  Burnout-Betroffenen, mit seinem Reflex auf die Nase zu fallen. Wir erinnern uns: Oft geraten speziell Burnout-Gefährdete, die viel leisten wollen und können, in das Räderwerk einer hochfordernden Umgebung (als Paradebeispiel kann man hier die Szene der Unternehmensberatungen nennen, die den Burnout zur hippen Lebenseinstellung umstilisieren, um ständig neue, junge, hungrige Menschen zu verschleißen). Diese hochfordernde Umgebung kann den Burnoutler in vielerlei Hinsicht und besonders durch die Interaktion der Führung manipulieren.

- **Perfektionismus.** Chefs haben natürlich ein Interesse an möglichst guten Arbeitsergebnissen. Hier rennen sie bei perfektionistischen Mitarbeitern offene Türen ein. Bis zum Masochismus sind Burnoutler bereit, an Dokumenten zu feilen oder Zahlen zu überprüfen, wenn der Chef den entsprechenden Wink gibt. Erkennt der Chef ein entsprechendes Dressurpotenzial, muss er nur ein paar Mal in diese Richtung Andeutungen machen oder Arbeitsaufträge erteilen, um den entsprechenden Persönlichkeitsreflex bei seinem Mitarbeiter dauerhaft zu aktivieren. Der Perfektionist ist als Detailarbeiter eine Bereicherung, als Entscheider jedoch eine Qual, da er sich nicht dazu durchringen kann, Dinge ab einem gewissen Reifestadium freizugeben und mit Unzulänglichkeiten zu leben. Perfektionisten können auch mit dem »Pareto-Prinzip«, nach dem es bei den meisten Dingen bereits reicht, sie zu 80 Prozent zu erfüllen, wenig anfangen. Ihr Anspruch, Dinge zu 100 Prozent zu erfüllen, verbindet sich oft mit der Unfähigkeit, sich über eben diese 100 Prozent zu freuen. Im Moment der Zielerreichung definieren sie einen höheren Anspruch und damit ihre eigene Leistung als ungenügend. So erzeugen sie einen Kreislauf, der sie immer weitertreibt.

  > Perfektionisten opfern sich bis zum Masochismus für die Firma auf.

- **Vater-Kind-Syndrom.** Viele Burnout-Betroffene berichten von ihrer Angst, den Chef oder generell Menschen, die etwas von ihnen wollen, zu enttäuschen. Sie begründen das mit einer angeblich geforderten hohen Qualität der Arbeit, damit, dass andere das auch täten etc. In Coachings schälen sich auf einer tiefen Persönlichkeitsebene oft Sätze heraus wie: »Wenn ich andere Menschen enttäusche, verliere ich ihre Anerkennung (ihre Liebe).« Natürlich möchte jeder in seiner Arbeit gute Ergebnisse abliefern, egal ob er Fliesenleger oder Unternehmensberater ist. Was ist jedoch der Unterschied zwischen einem ambitionierten Burnout-Betroffenen und einem Nicht-Burnout-Betroffenen? Das Heischen nach Anerkennung erfolgt bei einem Nicht-Burnout-Betroffenen tatsächlich auf der Ebene der erwachsenen Tätigkeit. Er bewahrt sich eine gewisse Unabhängigkeit vom Endergebnis seiner Arbeit. Mit anderen Worten: Wenn er versagt, geht die Welt nicht unter. Beim »echten« Burnout-Betroffenen schon. Denn sowohl die Sehnsucht nach Anerkennung als auch die Furcht vor Enttäuschung agieren auf einer tiefen, meist kindlichen Persönlichkeitsebene. Äußerlich findet vielleicht gerade ein Beurteilungsgespräch zwischen Mitarbeiter und Chef statt. In Wirklichkeit sitzt jedoch ein kleiner Junge vor seinem Vater, den er nicht enttäuschen will, nicht enttäuschen darf, denn er hat gelernt, sich die Liebe seines Vaters zu erkaufen. Szenen seiner Kindheit stehen ihm manchmal – eher halbbewusst – vor Augen, in denen er noch einmal die Kränkungen erlebt, mit denen ihn sein Vater aus falsch praktizierter Liebe motivieren wollte. 20 oder 30 Jahre später sitzt derselbe Junge auf seinem Stuhl vor seinem Chef und hat immer noch eine Rechnung mit seinem Vater offen. Und versucht, sie in seinem Job zu begleichen. Eine Gleichung, die nie aufgehen kann. Soviel er auch ackert, er wird nie erlöst sein von dem Erwartungsdruck, den sein Vater aufgebaut hat. Da er das nicht weiß, greifen im Gespräch mit seinem Chef und im Arbeitsalltag die Reflexe seiner Kindheit: buckeln, sich reinstressen, noch mehr machen, super Qualität abliefern. Einzig, um das Phantom der Vaterliebe doch noch zu fangen und endlich erlöst zu werden aus diesem Teufelskreis. Endlich geliebt zu werden, ohne etwas leisten zu müssen.

- **Anerkennungslüge.** Nun darf man nicht glauben, dass nur Männer in die »Vater-Kind-Falle« tappen. Wenn Männer eher für das Vater-Kind-Syndrom anfällig sind, gehen Frauen der »Anerkennungslüge« beziehungsweise dem »Anerkennungsdarlehen« auf den Leim. Die Denkstrategie dieser Frauen sieht folgendermaßen aus: »Ich will Anerkennung. Irgendwann werde ich für meine immensen Anstrengungen belohnt werden, und zwar von meinem Umfeld (dem Chef, den Kollegen, der Freundin). Das ist wichtig, denn ich darf mich nicht selbst loben.« Und so ist es wie mit einem Darlehen, in das man einzahlt, das aber nie zurückgezahlt wird. »Eingezahlt« werden durchgearbeitete Nächte, perfekte Arbeitsdokumente, konfliktträchtige oder zerbrochene Beziehungen, Rückgang des Privatlebens. So erzählte mir eine Klientin einmal verblüfft: »Herr Väth, ich lebe jetzt seit acht Jahren in Frankfurt, aber ich habe in meinem Adressbuch keinen einzigen Privatkontakt von hier. Ich habe vollständig für die Firma gelebt.« Die Dame kam in einer Umbruchsituation zu mir. Sie wollte weg von ihrer Firma und kam wie aus einem dunklen Tunnel. Es gab in den vergangenen Jahren nur die Firma – ein hochforderndes Umfeld, in das sie, um im Bild zu bleiben, eingezahlt und eingezahlt hatte. Sie hatte vergebens auf die »Auszahlung« des Darlehens gewartet: öffentliche Anerkennung, Gehaltserhöhung oder auch nur eine simple Aufmunterung. All das kam nicht. Es ist eine bittere Erfahrung, wenn Burnout-Betroffene erkennen, dass sie jahrelang »eingezahlt« haben und nun ihr Investment quasi komplett abschreiben müssen. Man fragt sich: Wie konnte ich nur so dumm sein? Wieso habe ich die Zeichen nicht früher erkannt? Dabei ist die »Abschreibung« in zweifacher Hinsicht schwer zu verdauen: einmal die Tatsache selbst, dass man sich zurückziehen will, zurückziehen muss, um nicht vollständig im Burnout zu versinken. Und zum Zweiten die Enttäuschung über sich selbst und die Scham, einem solchen Selbstbetrug aufgesessen zu sein. Man ist verunsichert und fragt sich: Kann ich meinem Urteil eigentlich noch trauen, wenn ich jahrelang so blind in die falsche Richtung gelaufen bin? Wie konnte ich mich so lange so ausnutzen lassen, ohne es zu merken?

> **Burnout-Betroffene investieren oft jahrelang, ohne die erwünschte Anerkennung je zu erreichen.**

- **Fehlendes Selbstbewusstsein.** Fast jeder kennt das Sprichwort »Eigenlob stinkt«. Das wird uns kulturell bedingt bereits früh eingetrichtert. Man lobt sich und seine Fähigkeiten nicht selbst, sonst ist man »eingebildet«, »arrogant«, ein »Schnösel«. Gesellschaftlich gesehen hält man den Einzelnen damit in Abhängigkeit. Er ist abhängig vom Lob und der Einschätzung anderer.

Das wird schon in der Schule geübt, wo man ständig auf unseren Schwächen herumreitet. Wenn man gut in Mathematik ist, bekommt man in den USA ein Mathestipendium. In Deutschland sagt man: »Aber in Deutsch bist du schlecht.« Dieser kleine Vergleich sagt alles über die Fehler- und Anerkennungskultur unseres Erziehungssystems. Aufgrund dieser gesellschaftlichen Grundlage wird es dem Einzelnen sehr schwer gemacht, eigene Stärken zu entwickeln, darauf stolz zu sein und sie produktiv einzusetzen. Denn das ist nur gestattet in dem Maße, in dem die Umwelt darauf positiv reagiert. Durchbricht man die unsichtbare Mauer, die einen klein hält – als Künstler, Unternehmer oder schlicht als jemand, der seinen eigenen Weg geht –, reagiert das System mit Ablehnung. Alles soll möglichst gleich verteilt sein, von der Intelligenz über das Gehalt bis zur weltweiten Produktion von Soja. Fokussiert auf die persönliche Burnout-Problematik bedeutet das: Burnout-Betroffene sind in der Regel extrem abhängig von der wohlwollenden Beurteilung anderer. Stellen Sie sich einen Menschen vor, der auf zwei Beinen geht. Ein Bein ist die Anerkennung anderer, das andere Bein ist die realistische Selbsteinschätzung, die auch Ja sagt zu den eigenen Stärken. Überlegen Sie selbst: Macht es Sinn, auf einem Bein durch die Gegend zu hüpfen? Wohl eher nicht. Trotzdem tun viele von uns genau das, jeden Tag ihres Berufslebens. Für ein gesundes Selbstbewusstsein brauchen wir die Bestätigung von außen genauso wie unsere innere Überzeugung, die in sich ruht in dem Bewusstsein, bestimmte Dinge kompetent zu beherrschen. Dieses Bewusstsein ist bei vielen Burnout-Betroffenen zu gering ausgeprägt.

- **Sinnentleerung.** Wie im ersten Kapitel bereits angesprochen, ist es für Menschen in unserer heutigen westlichen Gesellschaft zunehmend wichtig, in ihrer Arbeit einen Sinn zu entdecken, einen Beitrag für die Gesellschaft, ein »Hier stehe ich und weiß, was und warum ich es tue«. Reduziert eine Geschäftsführung oder der eigene Chef die Möglichkeit einer Sinnorientierung, indem nur noch die nackte Zahl regiert, beraubt er den Mitarbeiter einer wichtigen Antriebsquelle. Und Antrieb, Motivation, ist ja in der Arbeitswelt kein Selbstzweck. Er ist ein wichtiger Baustein für eine hervorragende Arbeitsleistung, sozusagen die zweite Luft auf den letzten Sprintmetern. Die Orientierung an reinen Zahlen ist in deutschen Führungszirkeln immer noch sehr weit verbreitet – teilweise zu Recht. Denn die Zahlen müssen stimmen, sonst muss man Leute entlassen, und dann geht es ihnen erst recht schlecht. Gefährlich wird es dann, wenn man den Glauben an den Gott der Zahl – der Shareholder Value ist nur eine Spielart davon – überstrapaziert und vergisst, dass jegliches Arbeitsergebnis letztlich von Menschen produziert wird. Hinter jeder Zahl steht quasi ein Mensch, der sie getippt hat. Findet keine »Sinnbefüllung« durch das Management statt, leidet der Mitarbeiter in gewisser Weise Hunger. Denn der Teil seiner Seele, der ihm normalerweise sagt: »Sei stolz auf das, was du hier tust. Es ist ein guter Job. Du bewirkst damit das und das.«, wird nicht gefüttert und kann somit für den Gesamtselbstwert keine positiven Gefühle produzieren. Welche wiederum sehr wichtig für eine konstante Motivation sind.

Sinnentleerte Arbeit führt in den Burnout.

Insgesamt kann man für den Zusammenhang von Führung und Burnout Folgendes festhalten: Führungskräfte verursachen nicht nur Burnout bei ihren Mitarbeitern, sondern leiden selbst darunter. Sie sind Teil des Systems, einer Abwärtsspirale, die man durchbrechen muss. Dies geschieht, indem man an einem Punkt ansetzt und die Wirklichkeit in Unternehmen verändert. Idealerweise passiert das direkt bei der »Sonne« – der Geschäftsführung – die, was die Unternehmensstruktur und die Unternehmenskultur angeht, den größten Handlungsspielraum hat. Führung ist in der Interaktion von Führungskräften untereinander und von Führungskräften mit den Mitarbeitern komplex und mehrdimensional. In dieser Komplexität lauern Gefahren und spezifische Burnout-Problematiken. Beachtet man diese nicht, ist es höchstwahrscheinlich, dass eine Organisation Burnout »produziert«.

8. KAPITEL
Markt und Moral

Dennis Becher hatte es nicht kommen sehen. Seit über zehn Jahren war er nun für seine Firma tätig gewesen. Es waren gute Jahre dabei gewesen und weniger gute, wie das halt so ist. Das Leben ist kein Ponyhof, hatte ihn schon sein alter Herr stets ermahnt.

Umso mehr zählten für Dennis Becher Dinge wie Loyalität, Anstand und Respekt. Es konnte in der Abteilung ruhig auch mal rappeln im Karton. Das machte nichts, sondern sorgte vielmehr für klare Verhältnisse und eine Perspektive zum Weitermachen. Ein ehrliches Wort war ihm allemal lieber als dieses Hintenrum, das bei der Konkurrenz abging.

Und nun das. Die Kündigung, einfach so. Von dem Chef, für den er in den letzten drei Jahren so manches Wochenende geopfert hatte. Mit dem er auch mal auf Messen zusammen einen gehoben hatte. Becher verstand die Welt nicht mehr. Sein moralischer Kompass hatte anscheinend erheblich ausgesetzt, war ihm keine Hilfe mehr in einer Unternehmenswelt, die ihre eigenen Wertvorstellungen und moralischen Gesetzmäßigkeiten schrieb. Das beschönigende Wort von der »Restrukturierung« war ihm im Gedächtnis haften geblieben, auch, als von »Freistellung« statt von Entlassung die Rede war. Plötzlich schien sich auch die Sprache neu zu erfinden. Ein Tisch hieß nicht mehr Tisch, sondern vielleicht Nahrungspräsentationsmöbel.

Dennis Bechers Herz füllte sich mit Bitterkeit, als er an die neue Imagekampagne seiner Firma dachte. Hehre Werte wurden dort beschworen, von »absoluter Kundenorientierung« war die Rede, von »Mehrwert«, von »gemeinschaftlichem Miteinander«. Wie sollte dieses »Miteinander« denn aussehen, wenn einem wie ihm nach zehn verdienten Jahren so mir nichts, dir nichts der Stuhl vor die Tür gesetzt wurde?

Nicht einmal einen vernünftigen Abschied hatte man ihm gegönnt. Oder wenigstens ein inoffizielles Wort des Bedauerns fallen lassen. Zehn Jahre waren mit einem Mal verpufft, hatten sich aufgelöst in diesem Gefühl des Verrats. Im Bewusstsein, dass sein Moralkodex anscheinend irgendetwas nicht mitgekriegt hatte. Irgendwas war schiefgelaufen, aber Dennis Becher hätte nicht sagen können, was.

Ein kluger Vater sagte einst zu seinem Sohn: »Es sind nicht unsere Fähigkeiten, die zeigen, wer wir wirklich sind. Es sind unsere Entscheidungen.« Man kann ein noch so begabter Pianist sein: Wenn man nicht übt, wird das Talent verkümmern. Man kann ein noch so guter Läufer sein: Ohne Training wird man mit der Zeit immer langsamer. *Use it or lose it.*

Unsere Entscheidungen zeigen, wer wir sind.

Werte beeinflussen unser ganzes Leben. Sie entscheiden genauso über Kleinigkeiten, wie zum Beispiel, was wir heute zu Mittag essen, wie über die wichtigen Dinge: welches Auto ich kaufe, welchen Partner ich wähle, in welche Ausbildung ich investiere oder wie ich mein Geld anlege. Viele dieser Entscheidungen treffen wir nebenbei, manchmal mit schwerwiegenden Folgen.

So investieren Menschen zum Beispiel sehr viel Zeit in die Wahl ihres Autos: Wie viel darf es verbrauchen? Wie viel Platz soll es bieten? Ist es umweltfreundlich? Habe ich steuerliche Vor- oder Nachteile? Oft denkt man wochen-, manchmal monatelang daran herum, fasst Dinge in Tabellen zusammen, wälzt Testhefte und hat nach dem Kauf dennoch ein klein wenig Bauchschmerzen – man könnte ja trotz aller Gründlichkeit die falsche Wahl getroffen haben.

Ganz anders dagegen bei der Altersversorgung. Obwohl diese Entscheidung um vieles schwerer wiegt als ein neues Auto, beschäftigen sich Menschen eher weniger mit den vielen Möglichkeiten der privaten und gesetzlichen Vorsorge: Oft nimmt man, ohne groß zu überlegen, das Produkt, das einem die Werbung oder der Finanzberater anbietet. Dabei kann man in der Regel die Argumente oder Tabellen gar nicht nachvollziehen. Man verlässt sich auf sein Gefühl. Das Ergebnis: In Deutschland gibt es mehr abgeschlossene Policen für Lebensversicherungen als Einwohner. Erst in den letzten Jahren entspinnt sich langsam eine gesellschaftliche Diskussion mit kritischen Stimmen, die die negativen Aspekte dieser Altersvorsorge thematisieren. Und auf einmal dämmert es manchen Menschen, wie sorglos sie bislang ihr Geld deponiert haben.

In diesem Kapitel geht es weder um Altersvorsorge noch um das Wesen von Entscheidungen. Die beiden Eingangsbeispiele sollen eins klarmachen: In allen Lebensbereichen müssen wir Entscheidungen treffen, jeden Tag. Auch in der Arbeitswelt. Und unsere Entscheidungen gründen auf persönlichen Werten, die man im Leben entwickelt. Vielleicht will man ja ein paar Tausender mehr für sein Auto bezahlen, wenn man dafür mit Hybridantrieb oder gleich komplett mit Erdgas fährt. In diesem Fall ist einem die Erfüllung einer persönlichen Überzeugung viel Geld wert.

Man kann seine Erziehung und die Glaubenssätze, mit denen man aufwächst, mit seinen unterschiedlichen Erfahrungen kombinieren. Als Ergebnis bilden sich über die Jahre und Jahrzehnte hinweg bestimmte individuelle Werte heraus, Prinzipien, die erklären, »wie das Leben läuft«. Jeder von uns trägt einen solchen »Werte-Rucksack« mit sich herum und kramt jeden Tag in unterschiedlichen Situationen Werte heraus und benutzt sie.

Stellen Sie sich vor, Sie machen Urlaub in einer fremden Stadt und haben die Wahl zwischen zwei Cafés zum Frühstücken. Das eine ist erlesen und teuer, das andere Mainstream und billig. Der eine kramt nun in seinem Rucksack und holt den Wert »Preisbewusstsein« heraus. Er denkt: »Ein Frühstück ist es nicht wert, so viel Geld zu investieren. Ich frühstücke lieber billig.« Der andere nutzt den Wert »Genuss« und sagt sich: »Für mein Geld bekomme ich Qualität und schließlich bin ich im Urlaub. Das ist es mir wert.« Der eine wird ins billige Mainstream-Café gehen, der andere in das eher noble. Beide aber handeln aufgrund ihrer Erfahrungen und Werte.

Von Bäumen und Mathematik

Kennen Sie Benoît Mandelbrot? Dieser geniale, kürzlich verstorbene Mathematiker war der Begründer der fraktalen Geometrie.[1] Fraktale sind Gebilde, deren Gesamtstruktur sich in kleinen und immer kleineren Teilen derselben Großstruktur wiederfindet; weltberühmt wurde Mandelbrot durch das Bild des »Apfelmännchens«.

Man muss kein begnadeter Mathematiker sein, um Fraktale zu verstehen. Schauen Sie sich einen Baum an: Der Stamm wächst hinauf, teilt sich in größere Äste, diese Äste wiederum in kleine, diese wiederum in noch kleinere und so fort. Bäume sind im Grunde genommen grobe, von der Natur konzipierte Fraktale.

Was haben Fraktale mit Unternehmenswerten zu tun? Stellen Sie sich ein Unternehmen als Ganzes vor. Vielleicht einen Mittelständler, 500 Mitarbeiter, Filialen in drei Ländern. Diese Firma hat nun einen Katalog von Unternehmenswerten, einerseits postulierte und andererseits tatsächlich gelebte. Da ist oft die Rede vom »Marktführer«, man »stelle den Menschen in den Mittelpunkt«, sei bekannt für seine »hohe Effizienz« und den »Respekt untereinander«. Im Endeffekt streben alle Unternehmenswerte auf zwei Dimensionen jeweils einem Endpunkt zu: Wir sind die Besten und wir sind die moralisch Guten.

Natürlich klafft zwischen Anspruch und Wirklichkeit oft eine große Lücke. In der Organisationsentwicklung ist der Unterschied zwischen gelebten und gewünschten Werten eines der größten Hindernisse. Unabhängig davon lässt sich dieser Gesamtkatalog von Unternehmenswerten mit dem »Apfelmännchen«-Bild von Mandelbrot vergleichen: Stellen Sie sich vor, dieses Bild hängt in einem Museum an der Wand. Von Weitem sieht es eher verschwommen aus, man erkennt keine Einzelheiten, nur den Gesamtumriss.

Zwischen postulierten und gelebten Unternehmenswerten klafft oft eine große Lücke.

Beim Näherkommen erkennt man plötzlich auch kleine und kleinste Strukturen, ist fasziniert von der Perfektion und Schönheit der Konstruktion.

- Die kleinsten Strukturen im Bild an der Museumswand sind die Mitarbeiter beziehungsweise deren Werte. Tagein, tagaus gehen sie in die Firma, machen ihren Job, reden miteinander, verhalten sich, entscheiden über Vorgänge und Personen und versuchen, ihre persönlichen Wertvorstellungen zu verwirklichen. Die größeren Strukturen sind Teams und Abteilungen, die aus den kleineren Strukturen, den Mitarbeitern, gebildet werden. Auch sie sind als Teil des Bildes klar erkennbar: Man sieht ihre Grenzen, sieht, wie sie sich ins Gesamtbild (die Firma) fügen und wie sie aus den kleinsten Einheiten (den Mitarbeitern) zusammengesetzt sind.

- Die mittleren Einheiten, Teams und Abteilungen, produzieren wiederum Gruppenwerte. So ist vielleicht ein Forschungsteam der Firma besonders innovativ und stolz darauf. Das Selbstbild der Gruppe gründet auf diesem Stolz und dem Bewusstsein, dazuzugehören. Damit verbunden sind die Bereitschaft, hart zu arbeiten, und die Erwartung, dass sich jedes Teammitglied voll einsetzt. Eine andere Abteilung ist vielleicht bekannt dafür, zu »mauern«, andere Abteilungen zu behindern und nichts Produktives zum Gesamtergebnis des Unternehmens beizutragen. Vielleicht ist dieses Team ja auch stolz auf sein Verhalten, weil es glaubt, sich »richtig« zu verhalten, während der Rest der Firma »die Realität einfach nicht erkennt«.

- Und schließlich haben wir das Unternehmen als Ganzes, das Werte nach innen und außen formuliert beziehungsweise abstrahlt. Oft werden eine schriftliche Vision und ein Leitbild angefertigt, nachdem sich die kleineren Strukturen des Fraktals, Abteilungen und einzelne Mitarbeiter, richten sollen. Das Topmanagement bemüht sich, eine Sollkultur zu etablieren, ohne zu beachten, dass ein Teil der kleineren Strukturen vielleicht nicht auf »Soll«-Befehle reagiert. Außerdem klafft nicht selten eine Lücke zwischen dem von der Geschäftsleitung postulierten Wertekatalog und dem, was sie selbst vorlebt. Im schlimmsten Fall bereitet die Presse diese Lücke auf und macht sie öffentlich.

Viele Unternehmenslenker wünschen sich ihre Organisationen als perfekte Fraktale: Man bräuchte nur einmal einen Algorithmus zu programmieren, der alle nötigen Werte enthält, würde auf »Enter« drücken und somit alle Werte in den Köpfen der Abteilungen und Mitarbeiter dauerhaft verankern.

Menschen lassen sich nicht programmieren.

Leider sind Menschen keine Computer und Firmen keine perfekten Fraktale – eine Tatsache, die man einer immer noch verstörend hohen Zahl von Unternehmen beibringen muss.

Startet eine Unternehmensführung dennoch innerhalb eines Change-Prozesses eine solche »Werteprogrammierung«, ohne auf die Rückkopplung durch die Mitarbeiter zu achten, ändern die Ebene der Abteilungen und noch mehr die Ebene der Mitarbeiter die Programmierung. Es schleichen sich neue und veränderte Codezeilen ein. Bis die Werteprogrammierung in den letzten Winkel des Unternehmens dringt, ist sie ein bunter Flickenteppich, eine Mischung aus Leitbild, kollektiver Intelligenz, persönlicher Erfahrung aller Mitarbeiter und politischer Einflussnahme.

Stellen wir uns den Prozess einmal andersherum vor: 500 Mitarbeiter, jeder ein eigener Fraktal-Algorithmus, würden versuchen, von unten nach oben eine Unternehmensprogrammierung zu schreiben, in der möglichst alle individuellen Wertevorstellungen berücksichtigt werden sollen. Das erscheint bereits nach kurzem Nachdenken, wenn nicht als Ding der Unmöglichkeit, so doch als sehr unökonomisch und zeitaufwendig. Bis man sich auf eine Grundprogrammierung geeinigt hätte, wären wahrscheinlich die meisten schon verhungert. Was lehrt uns also der Fraktal-Vergleich?

1. **Organisationen weisen Ähnlichkeit mit Fraktalen auf.** Es gibt übergeordnete Einheiten, deren Strukturen sich in kleineren Einheiten wiederfinden. Die größte Ordnungsmacht hat die Ebene der Unternehmensführung, danach kommt der Obere Führungskreis, dann das Mittelmanagement und die Abteilungsleiter, Teamleiter und schließlich die Mitarbeiter.

2. **Trotzdem kann man kein komplettes »Firmen-Fraktal« *top down* schreiben.** Weil Menschen keine Computer sind, verändern sie den von oben verordneten »Wertecode« zwangsläufig. Es liegt in der Natur des Menschen, Dinge zu prüfen, zu vergleichen und gegebenenfalls zum eigenen Vorteil zu ändern.

3. **Der Fraktal-Prozess funktioniert nicht von unten nach oben.** Eine Hauptstruktur, ein Gesamtplan lässt sich in kleineren Formaten reproduzieren und von oben nach unten herunterbrechen – nicht umgekehrt. Daher installieren Parteien, Verbände, Firmen oder Clubs so früh wie möglich nach Gründung einen ersten Kodex der Zusammenarbeit, eine Art provisorisches Hauptfraktal, an dem man sich ausrichtet.

4. **Es dürfen keine zwei Fraktal-Programmierungen (tatsächlich gelebte Werte und noble Sollwerte) nebeneinander existieren.** Dieses Phänomen ist sehr weit verbreitet und eines der größten Hindernisse für eine tatsächliche Werteveränderung in Unternehmen. Zwei grundsätzliche Fraktal-Programmierungen schaffen Verwirrung, überschreiben sich gegenseitig. Im schlimmsten Fall stürzt das Programm ab beziehungsweise die Firma meldet Insolvenz an.

5. **Die Fraktal-Programmierung wird ständig verbessert beziehungsweise umgeschrieben.** Mitarbeiter kommen und gehen, Abteilungen setzen sich neu zusammen. Als stabilisierendes Element kann lediglich das Wertekorsett auf Ebene der Geschäftsführung dienen. Deren bestimmende Elemente sind: Leitbild, Vision, persönliches Verhalten und Image der Geschäftsführung.

Der Mechanismus, der sich aus diesen fünf Punkten ergibt, mündet in eine »Unternehmenskultur«. Diese Unternehmenskultur ist letztlich eine komplexe, sich stetig wandelnde Matrix aus Fraktalen der Mitarbeiter-, der Abteilungs- und der Geschäftsführungsebene.

Der Code des Grauens

Kennen Sie den Film *Eine Frage der Ehre* mit Tom Cruise? Dort untersucht Cruise den Mord an einem Soldaten und kommt mit dem berüchtigten »Code Red« in Kontakt, einem ungeschriebenen Gesetz der Marines: Wenn ein Marine nicht spurt oder die Gruppe schädigt, wird er von seinen Kameraden einem Code Red, einer brutalen Strafaktion, unterzogen. In dem sehenswerten Streifen muss Cruise als Anwalt der beiden wegen Mordes angeklagten Marines beweisen, dass ihnen der Code Red befohlen worden war. Ein schwieriges Unterfangen.

In jedem von uns steckt ein kleiner Marine. Auch wenn wir nicht mit Gewehren durch den Schlamm robben, bilden wir unsere eigenen ungeschriebenen Gesetze: für uns selbst, in unserer Familie, in unseren Firmen, unserer Gesellschaft. Manche dieser Gesetze sind so tief im kollektiven Bewusstsein verankert, dass sie den Status eines »Tabus« erhalten: Inzest ist beispielsweise ein solches Tabu. Ein Tabu zu brechen bedeutet, sich in der Gesellschaft oder in seiner Gruppe ins Abseits zu stellen. Aus diesem Abseits führt meist kein Weg zurück. Zu schwer wiegt der »Verrat« an den Werten der Gruppe. Man muss den Tabubrecher ausschließen und hart bestrafen, um sich selbst der eigenen Rechtmäßigkeit zu versichern.

Tabubruch führt ins gesellschaftliche Abseits.

Unzählige Romane, Theaterstücke und Filme setzen sich mit Tabubruch und Tabubrechern auseinander. Sie leben vom Konflikt zwischen dem Tabubrecher und seiner Gruppe, von Konflikten und dem meist tragischen Ende. Es gibt verschiedene Institutionen in einer Gesellschaft, die definieren, was ein Tabu ist: das Gesetz, die öffentliche Meinung, die eigene Erziehung, das Gewissen oder religiöse Lehren. Und nun kommt wieder die in Kapitel 1 besprochene Atomisierung der Moral ins Spiel. Wir können uns in unserer Gesellschaft immer weniger darauf einigen, was eigentlich ein Tabu ist:

- Abtreibung? Längst nicht mehr. Pro Jahr werden allein in Deutschland über 140 000 Embryos abgetrieben. Ein Atheist nennt das vielleicht »Geburtenkontrolle«, ein konservativer Katholik »Massenmord«.

- Präimplantationsdiagnostik (PID)? Darüber wird gerade intensiv gestritten.
- Sterbehilfe? Auch nicht mehr so recht. Durch einige Präzedenzfälle und Gerichtsurteile muss die Gesellschaft auch hier zu einem neuen Gleichgewicht und einer neuen Formulierung des »Tabus« finden.

Man könnte noch weitere Beispiele für gesellschaftliche Tabus aufzählen. Doch letztendlich zählen in der Burnout-Bekämpfung als Phänomen der Arbeitswelt vor allem solche Tabus und ungeschriebenen Gesetze, die in Unternehmen kursieren. Unabhängig von ihrem Inhalt gibt es für ungeschriebene Gesetze zwei Wege der Entstehung: Entweder eine Firma bildet über lange Zeit einen übergeordneten Code aus, eine Corporate Identity, die einen Transport von Werten und Tabus über die Jahre hinweg sicherstellt. Oder der einzelne Mitarbeiter bringt seine eigenen Gesetze mit und versucht, sie in seinem Wirkungsfeld umzusetzen. Egal ob individuell oder kollektiv erzeugt, gibt es einen Katalog von Werten, die Burnout fördern, besonders wenn sie als Bestandteil der Unternehmenskultur nicht mehr hinterfragt werden. In der Form von Geboten und Verboten irrlichtern sie durch Zimmer und Gänge, werden transportiert, aufgesogen – nicht durch Instruktionen oder Mitarbeitergespräche, sondern durch Blicke, ein Schulterzucken, eine abfällige Bemerkung. Folgende ungeschriebenen, ungesunden Gesetze sind in heutigen Unternehmen durchaus üblich:

- **»Bei uns geht keiner vor 7/8/9 Uhr heim.«** In vielen Betrieben werden Mitarbeiter in Sippenhaft genommen. Obwohl sie ihre Arbeit vielleicht schon viel früher erledigt haben, können sie erst zum kollektiv vereinbarten Zeitpunkt nach Hause gehen. Dies ist nicht nur völlig unökonomisch, sondern widerspricht auch dem Grundsatz *Work smart, not hard.* Da der reine Arbeitnehmer-Anwesenheits-Job langfristig aussterben dürfte, wird die reine Anwesenheitszeit als

Work smart, not hard.

Gradmesser der Bezahlung an Bedeutung verlieren. Im Gegenzug bekommt der *Impact*, also das tatsächliche Ergebnis, ein größeres Gewicht.

- **»Wenn ich im Urlaub arbeite, können meine Mitarbeiter das auch.«** Ein klassischer Fall von Fraktal-Übertragung. Als Abteilungsleiter erwarte ich, dass meine Mitarbeiter meine fehlerhafte Programmierung übernehmen. So wird die schädliche Wirkung eines Codes potenziert. Es leidet nicht mehr nur einer, sondern gleich eine ganze Abteilung. Und dass man aus einem Urlaub nicht erholt zurückkommt, in dem man die ganze Zeit auf Stand-by getrimmt ist, dürfte klar sein.

- **»Es gibt keine zweiten Sieger.«** Ein Wert ohne Maß und Ziel, stellt er doch das »Gewinnen« an die erste und einzige Stelle. Eine Übersetzung dieses Codes ist zum Beispiel die *Up-or-out*-Strategie von McKinsey. Neue Berater müssen sich regelmäßig nach oben qualifizieren oder werden gefeuert (auf der Internetseite von McKinsey wird von 3-monatigen Bewertungsrhythmen gesprochen[2]). Angeblich geht es hier um eine Auslese der Besten. Schwierig nur, wenn das Gros der Analysen dann eben ständig Frischlinge von der Uni machen, da erfahrene Köpfe gar nicht mehr nahe am Kunden arbeiten.

- **»TEAM = Toll, ein anderer macht's.«** Ein beliebtes Zitat in Trainings und immer für einen Lacher gut. Doch hinter der ironischen Fassade steckt ein ernster Kern. »Verantwortungsdiffusion« heißt das psychologische Prinzip, das hier zum Tragen kommt: Wenn fünf Leute um einen Schwerverletzten herumstehen, traut sich oft niemand einzugreifen, weil man nicht aus der Masse heraustreten will. Also stirbt der Verwundete. Einer muss die Verantwortung übernehmen und die Situation managen. Gleiches gilt für Teams, deren Mitglieder ein geringes Maß an Eigenverantwortung mitbringen.

- **»Ich Chef, du nix.«** Anders ausgedrückt: nach oben buckeln, nach unten treten. Man versucht, möglichst bald nach oben zu kommen, um die Last der Tritte zu verringern. Die jeweils untere Ebene hat nichts zu melden. Sehr beliebt in Unternehmen, deren Chefs immer noch von ihrer Zeit beim Bund beeindruckt sind und in einer Art nostalgischem Anfall die Befehlskette in ihrer Firma einführen.

Viel Lärm um nichts?

Entscheidungen beruhen auf Werten. Werte entstehen in Unternehmen auf verschiedenen Ebenen: Unternehmensführung, Abteilungen, Mitarbeiter. Es gibt konstruktive und destruktive Werte, wie wir gesehen haben. Bleibt die Frage: Ist die Wertediskussion für die Wirtschaftssphäre relevant?

Zweifellos kann man in den letzten Jahren eine immer größere Diskussion zu Ethik, Werthaltungen und gesellschaftlicher Verantwortung in Unternehmen feststellen. Allein die Bewegung der *Corporate Social Responsibility (CSR)* erfreut sich in der Imagepflege vor allem von Konzernen immer größerer Beliebtheit. CSR zielt letztlich darauf ab, den Bürgern zu sagen: Schaut her, wir sind gar nicht so böse. Wir kümmern uns um die Umwelt, spenden für Plantagen in Nigeria oder Schulen in Afghanistan und haben ein Herz für Kinder und die tibetische Langohrfledermaus.

Corporate Social Responsibility soll den Wertekodex des Unternehmens abbilden.

CSR ist ein schmaler Grat, auf dem die Unternehmen wandeln. Einige ihrer Aktionen sind unter dem Begriff »Greenwashing« als fragwürdige Kampagnen angeblicher Umweltschutzaktivitäten bekannt geworden. Ein unrühmliches Beispiel gab hier der Energieriese RWE ab: Er produzierte aufwendige TV-Werbespots, um auf seinen angeblich klimafreundlichen Strom aufmerksam zu machen. Es wurde jedoch aufgedeckt, dass RWE nur zwei Prozent seines Stromes aus erneuerbaren Energien gewinnt. Darüber hinaus waren die in den Werbespots gezeigten Gezeitenkraftwerke noch überhaupt nicht im Einsatz.

Die Wirtschaft hat ein grundsätzliches Glaubwürdigkeitsproblem, wenn es um soziale Belange und die Umsetzung von Werten welcher Art auch immer geht. Das liegt nicht daran, dass Unternehmen gierige Kraken wären. Manche vielleicht schon, aber nicht die breite Masse. Das Problem ist vielmehr ein philosophisches: Können Firmen, die dem Prinzip »Leistung gegen Geld« folgen, überhaupt glaubwürdig Werte leben? Muss eine Werteorientierung nicht schon deshalb scheitern, weil das notwendige Gewinndenken der Wirtschaft ein Bild des »guten Menschen« verhindert? Liegt darin vielleicht die Krux der »doppelten Werte-Buchführung«: hier ein hehres Leitbild mit dem »Menschen im Mittelpunkt«, dort ein gnadenloses *Hire and fire*?

In der Gesundheitsbranche, speziell in der Pflege, sieht man das Spannungsfeld zwischen menschlichen Werten einerseits und dem ökonomischen Wert »Geld« andererseits wie unter einem Brennglas. Auch Alten- und Pflegeheime sollen immer wirtschaftlicher und gewinnorientierter arbeiten. Als Folge davon haben Pfleger und Schwestern für die einzelnen Pflegehandlungen immer weniger Zeit. Anstatt ihre Arbeitskraft in die tatsächliche Pflege zu investieren, müssen sie immer häufiger Tabellen ausfüllen und Verwaltungstätigkeiten leisten. Das kostet wiederum Zeit, die ihnen in der Pflege fehlt: ein Teufelskreis.

Die Quadratur des Kreises: Unternehmenswerte und Gewinnmaximierung.

Viele Menschen, die in der Pflege arbeiten, beschreiben nicht mehr die körperliche Arbeit als größte Anstrengung, sondern den zeitlichen Stress und das Gefühl, ihre Patienten nur noch durchzunummerieren und entsprechend abzuarbeiten.

Es gibt regelrechte Zeitkataloge: soundso viele Minuten für Haarewaschen, soundso viele Minuten für Anziehen und so weiter. Sehen wir eine Reportage im Fernsehen, die sich mit diesen Dingen beschäftigt, beschleicht uns ein ungutes Gefühl. Als ob man die Zuwendung zu anderen Menschen mit Geld aufwiegen könnte. Etwas in uns sträubt sich, Hinwendung und Fürsorge mit »kaltem« Geld aufzuwiegen. Auch hier winkt früh der Burnout.

Unser Instinkt betrügt uns nicht. Seit die Menschheit die Bezahlung und das Prinzip »Arbeit gegen Leistung« erfunden hat, kämpft sie um das richtige Maß, um faire Entlohnung, um soziale Gerechtigkeit und um die Stellung von Geld im allgemeinen Wertesystem. In der Pflegebranche erscheint der Versuch, eine Leistung in Geld umzurechnen, eben besonders unpassend und unnatürlich.

Nicht nur hier. In früheren Tagen gab es das Bild des »ehrbaren Kaufmanns«, dessen Handschlag galt. Man hielt sich auch an mündliche Verträge und ein Ehrenwort hatte noch keinen schalen Beigeschmack. Umgekehrt könnte man auch sagen: Je weniger Vertrauen da ist, umso mehr Bürokratie brauchen wir, um uns abzusichern. Ein Bekannter meinte einmal zu mir, die besten Deals schließe er auf einer Serviette ab. Dort seien die zwei, drei wichtigsten Punkte notiert. Gäbe es Ärger, nütze einem ein Vertrag sowieso nicht viel.

In Bayern gibt es heutzutage noch Viehmärkte, wo der Geschäftsabschluss per Handschlag üblich ist. Man kennt sich und weiß, dass man sich noch öfter begegnen wird. Wenn der Ruf hier zerstört ist, kann man sein Geschäft dichtmachen. So werden das Überschaubare, der persönliche Kontakt und verlässliche Werte zum gemeinsamen Nährboden, auf dem die Wirtschaft sprießt.

Doch in einer immer größeren Wirtschaft mit anonymisierten Kunden funktioniert das nicht mehr. Der angeblich so geschätzte Kunde wird zur schlichten Nummer und zum Verwaltungsfall. Und eine Nummer muss man nicht wertschätzen. Man kann sie berechnen, benutzen, Umsatztabellen mit ihr füllen. Ein ernsthaftes Gespräch wird man mit einer Nummer sicher nicht führen. Und genau dieses Phänomen erleben wir jeden Tag: Krankenkassen, die vereinbarte Leistungen nicht

> **Die Anonymität des Marktes befördert den Werteverfall.**

zahlen. Banken, die 80-Jährigen Versicherungspolicen mit einer Laufzeit von 30 Jahren aufschwatzen. Die GEZ, von der man wie ein Verbrecher behandelt wird. »Beratungsgespräche« bei Telefonfirmen, in denen man frech angelogen wird und sich hinterher nicht einmal juristisch wehren kann.

Soll so die Zukunft aussehen? Wenn nicht, müssen wir die Frage, ob Unternehmen einen Wertekanon ausbilden sollten, mit Ja beantworten. Teilweise. Aber wie? Und welche Werte?

Im Grunde müssen wir an das Problem von zwei Seiten herangehen. Wenn wir von wertebasierter Wirtschaft sprechen, geht es um drei Phänomene: die Werte, die das Unternehmen hervorbringt beziehungsweise hervorbringen will, die Werte, die der Mitarbeiter als Mensch mitbringt, und die gesellschaftlichen Werte:

- **Unternehmenswerte.** Werte, die von Unternehmen geschaffen werden, haben am Wertegeschehen eher indirekten Anteil. Sie sind im besten Fall Ausdruck guten Willens und eines Kommunikationsangebots an Mitarbeiter und Kunden. Dennoch haben sie auch immer etwas Künstliches an sich, etwas Konstruiertes. Kein Unternehmen ist so individuell, dass es sich tatsächlich ein eigenes Werteprofil geben könnte. Entsprechend steril und hohl wirken manche Leitbilder, die man auf Pressemitteilungen und Homepages liest.

  Da schreibt ein Sportunternehmen: »Wir orientieren uns an unseren Konsumenten, indem wir ständig die Qualität, das Design und das Image unserer Produkte sowie unsere organisatorischen Strukturen verbessern. Wir wollen den Erwartungen der Konsumenten gerecht werden, diese sogar übertreffen und dadurch höchsten Mehrwert schaffen.«[3] Dass man sich am Kunden orientiert, sollte selbstverständlich sein, auch dass man »Mehrwert« – was auch immer das im konkreten Fall sein soll – schaffen will.

  > **Unternehmenswerte geraten häufig mit unseren persönlichen Werten in Konflikt.**

  Ein Autohersteller berichtet über seine »Mission«, derzufolge seine Fahrzeuge »durch modernes und herausragendes Design, technologische Innovationen sowie hohe Verarbeitungsqualität begeistern. Im Mittelpunkt steht dabei stets der Anspruch, wegweisende Fahrzeugkonzepte zu entwickeln und somit die hohen Erwartungen der Kunden zu erfüllen.«[4] Wie beim obigen Beispiel denkt man sich: gut und schön. Einzigartig hört sich aber anders an.

  Selbstverständlich ist es grundsätzlich ein gutes Zeichen, wenn ein Unternehmen versucht, sich als besonders verantwortungsbewusst zu profilieren. Nichts anderes sind solche Formulierungen von Leitbildern. Warum aber empfinden Menschen, empfinden Kunden, Mitarbeiter und die Öffentlichkeit so oft ein Unbehagen, eine Disharmonie bezüglich solcher Sätze? Das Unternehmen definiert einen bestimmten Satz an Werten, die es verwirklichen will, einen »Wertekanon zweiter Ordnung«. Dieser steht nicht im luftleeren Raum, sondern prallt auf den »Wertekanon erster Ordnung«, den wichtigeren der beiden. Dieser wird gebildet aus den Alltagswerten der Menschen, die als Mitarbeiter das Unternehmen formen oder als Kunde bei ihm einkaufen. Und genau hier entsteht ein Problem.

- **Individuelle Ethik.** Menschen bringen als Individuen ihren »Wertekanon erster Ordnung« mit. Selbst wenn sie wollten, könnten sie ihn nicht ablegen, egal ob positiv oder negativ. Wenn ich beispielsweise im Leben alles der Prämisse »Mir das meiste« unterordne, ist das erst einmal auch ein Wert. Vielleicht einer, der sich für meine Umwelt negativ auswirkt, aber ein Wert. Bleiben wir jedoch bei Werten im herkömmlichen Begriffssinn: Respekt, Toleranz, Fairness etc. Solche Werte bilden die Eckpfeiler unseres Spielfeldes, das da heißt: Öffentlichkeit oder Betrieb oder Familie. Wie einen Werkzeugkasten tragen wir unseren individuellen Wertekatalog mit uns herum und setzen ihn in den dafür geeigneten Situationen ein. Dieser Wertekanon ist aus Erfahrungen gewachsen und über die Lebenszeit hinweg äußerst stabil. Es wäre darum ein Fehlschluss, würde man bei Veränderungsprozessen in Organisationen immer nur die Unternehmenswerte im Blick behalten und ignorieren, dass es auf individueller Ebene mindestens ebenso mächtige Werteströmungen gibt.

- **Allgemeine Ethik.** Neben den Unternehmenswerten und den individuellen Wertvorstellungen gibt es auch noch Werte allgemeiner Art. Diese sind universell gültig und nicht verhandelbar. Man fordert sie selbstverständlich ein, weil man weiß, dass ohne sie ein Zusammenleben nicht möglich wäre und wir bald alle wieder auf den Bäumen leben würden. Es ist eine der größten Errungenschaften der Zivilisation, solche Werte auch rechtlich verbindlich festzuschreiben, zum Beispiel in der Genfer Konvention. Normalerweise werden universelle Werte immer dann sichtbar, wenn es um existenzielle Grenzziehungen geht. Zum Beispiel das Tötungsverbot. Es ist daher einigermaßen beunruhigend, wenn scheinbar aufgeklärte Staaten wie die USA dieses universelle Tötungsverbot quasi offiziell außer Kraft setzen, indem sie beispielsweise Osama Bin Laden kurzerhand umbringen, statt ihm den Prozess zu machen. Durch solche Aktionen erodiert das weltumspannende Verständnis von universellen Werten, und es stellt sich die Frage, was uns denn zukünftig noch »heilig« sein soll.

Eines der größten Probleme, wenn es um Werte in Unternehmen geht, ist die Tatsache, dass sich Werte erster Ordnung und Werte zweiter Ordnung widersprechen. Konkret bedeutet das: Menschen in Unternehmen teilen bestimmte Werte, die sie erfüllt sehen wollen, zum Beispiel Gerechtigkeit, Fairness, angemessen transparente Kommunikation, Anerkennung von Leistung, Perspektive und einige andere. Solche Werte haben für Menschen Priorität, weil sie das ganz normale Zusammenleben regeln. Auch im Betrieb. Aus der Erfüllung dieser Werteerwartungen durch das Unternehmen entstehen aufseiten der Mitarbeiter automatisch Motivation und Leistung. Nicht nur, weil diese Werte erfüllt sind, sondern weil die Gemeinschaft der Kollegen sie in der Bringschuld sieht. Das fordert das Gerechtigkeitsprinzip des »Förderns und Forderns«: Wenn das Unternehmen bei den genannten Werten in Vorleistung geht, ist das arbeitende Kollektiv ebenso in die Pflicht genommen, diese Werte einzuhalten und zu leben. Auf Mitarbeiter, die diese Werte nicht teilen, wird normalerweise Gruppendruck ausgeübt. Sie passen sich an oder fallen aus dem Unternehmen heraus. Dann »hat man nicht zusammengepasst«.

> **Firmenleitbilder sind oft nur ein künstliches Korsett ohne lebendigen Inhalt.**

In der Diskussion um Werteentwicklung in Unternehmen besteht das zentrale Problem darin, dass sich Firmen in Form eines »Leitbildes« oder einer »Vision« ein künstliches Wertekorsett geben, ohne die Grundvoraussetzungen des Wertekanons erster Ordnung zu erfüllen. Man gibt die Kür ohne die Pflicht. Das ist ungefähr so, als ob ich beim Boston-Marathon mitrennen wollte, ohne dafür anständig geübt zu haben. Daher laufen solche gut gemeinten Anstrengungen leider oft ins Leere. Die Marketingabteilung erfindet ein glorioses Leitbild, das die Unternehmensführung strahlend abnickt. Nur leider findet der ganz normale Mitarbeiter dazu keinen Zugang, weil er in seinem unmittelbaren Umfeld die elementaren Wertevoraussetzungen nicht erfüllt sieht. Als da wären so bekannte Probleme wie:

- Chefs, die für die Arbeit ihrer Mitarbeiter das Lob einheimsen (Verstoß gegen *Fairness*)
- Mobbing in einer Abteilung, während Kollegen versuchen, sich herauszuhalten (Verstoß gegen *Solidarität*)
- weibliche Angestellte, die auch bei gleichem Alter und gleicher Qualifikation systematisch schlechter bezahlt werden als ihre männlichen Kollegen (Verstoß gegen *Gerechtigkeit*)
- willkürliche Anreizsysteme, die man mit der eigenen Leistung nicht steuern oder verstehen kann (Verstoß gegen *Leistungsprinzip*)
- Doppelbotschaften, die die eigene Meinung verschleiern (Verstoß gegen *Authentizität*)

Die Liste ließe sich verlängern. Entscheidend ist: Genau wie für die Unternehmensleitung kommt auch für den Mitarbeiter vor der Kür die Pflicht. Erst wenn Einigkeit darüber herrscht, dass die Grundwerte erfüllt sind, kann ein Unternehmen darüber nachdenken, »individuelle« Unternehmenswerte zu entwickeln. Dieser Mechanismus würde auch zu einem deutlichen Rückgang von Burnout führen, weil sich der Betrieb automatisch darauf konzentrieren würde, den Stress zu verringern, der bei Mitarbeitern durch den beständigen Verstoß gegen Grundwerte hervorgerufen wird. In diesem Sinne wäre die erste Firmenpflicht, keine »Mission« zu entwerfen, sondern in einer Art ethischem Grundkurs über den Wertekanon erster Ordnung abzustimmen und diesen umzusetzen. Das hätte folgende Vorteile:

> **Ein Wertekonsens im Unternehmen ist unabdingbar.**

- **Das Unternehmen würde sich eine Debatte um künstliche Leitbilder sparen.** Dieser Wertekanon zweiter Ordnung endet in aller Regel in eher nichtssagenden Phrasen und Formeln von Kundenorientierung, Nachhaltigkeit oder was eben gerade Mode ist. Außer in einigen tatsächlich einzigartigen Unternehmen bleibt ein solches Leitbild immer eine Hülle ohne Inhalt.

- **Die Produktivität der Mitarbeiter würde steigen.** Sobald ein Programm von Grundwerten eingesetzt und kontrolliert wird, entspannt sich der Mitarbeiter, weil er die Werte bereits kennt und weiß, wie wichtig es ist, diese einzuhalten. Das schafft Motivation. Außerdem kann er sich nicht mehr damit herausreden, sich nicht mit der Firma zu identifizieren. Es geht jetzt nicht mehr um eine künstlich geschaffene Leitkultur, sondern um universale Werte, die jeder Mensch teilt und versteht.

- **Burnout würde verringert.** Im Fall von Unternehmenswerten bedeutet Burnout, dass Werte erster Ordnung nicht gelebt oder pervertiert wurden. Mit einer Konzentration auf entsprechende Korrekturen nimmt das Unternehmen Druck von gefährdeten Mitarbeitern. Die Spannung zwischen dem Kanon erster und zweiter Ordnung verringert sich. Negative Werte, die sich eingeschlichen haben (siehe die Glaubenssätze auf Seite 110 ff.), werden ausgemerzt.

- **Die Innovationskraft würde steigen.** Innovation braucht kreativen Input und Motivation. Diese kommen nur in einem angstfreien Umfeld zustande. Eine Firma mit einem klaren Wertekanon erster Ordnung schafft ein solches Umfeld.

- **Es gäbe einen deutlichen Schub beim Image und beim Umsatz.** Menschen honorieren Ethik, weil sie wissen, dass eine gemeinsame Ethik ihr Überleben schützt. Sobald ein Unternehmen einen Wertekanon erster Ordnung lebt und nach außen vertritt, schafft dies Vertrauen. Glaubwürdigkeit, Image und Produktabsatz steigen.

Edel sei der Mensch, …

… hilfreich und gut, schreibt Goethe. Dieser Satz des Dichters enthält zwei Botschaften: Erstens schreibt er schon einmal einige gute Werte erster Ordnung fest – Hilfsbereitschaft, Edelmut und Güte. Zweitens enthalten Goethes Gedichtzeilen einen Appell: Wir müssen uns *aktiv* dafür entscheiden, diese Werte zu leben. Wenn man so will, entsteht ein Zirkel: Werte und Überzeugungen beeinflussen unsere Entscheidungen, aber wir müssen diese Entscheidungen auch durchsetzen, damit wir unsere Werte weiterleben können.

»Es gibt nichts Gutes, außer man tut es«, lautet eine andere Weisheit. Es reicht nicht, sich schöne Werte in Unternehmen zu wünschen. Man muss auch bereit sein, dafür zu kämpfen und sich entsprechend zu verhalten. Daher müssen Mitarbeiter sich ihrer Werte bewusst sein, die sie von außen ins Unternehmen mitbringen. Auf der Gegenseite versuchen Firmen ja bereits in Bewerbungsgesprächen herauszubekommen, was ihre zukünftigen Ingenieure, Krankenpfleger oder Teamassistenten bewegt, um zu sehen, ob diese »ins Team passen«. Mit dieser Maßnahme versucht man, einen gewissen Grundkonsens an Werten im Unternehmen zu etablieren – allerdings nicht am Kanon erster Ordnung, sondern an der künstlichen Konstruktion zweiter Ordnung. Ein riskantes Unterfangen, das eher von Glück als von Können beherrscht wird. Letzten Endes kann und muss der Mitarbeiter dem Unternehmen seine Werte erster Ordnung anbieten und bereit sein, diese im Unternehmen umzusetzen, zu entwickeln und zu verteidigen. Das ist der einzige Weg des Mitarbeiters, der menschlichen Seite gegenüber der Geldseite mehr Gewicht zu verleihen.

Die Unternehmensleitung ist Vorbild.

Auf der anderen Seite ist es die Pflicht des Unternehmens, besonders der Unternehmensleitung, als personifizierte Verkörperung des Wertekanons erster Ordnung zu fungieren. Als »Leuchtturm« der ethischen Orientierung. Fällt dieser aus, stranden die Mitarbeiter an den Klippen der Versuchung und der moralischen Desorientierung. Daher haben Führungskräfte und hochrangige Manager selbstverständlich Vorbildfunktion. In alten Zeiten gründete die Schlagkraft eines Heeres unter anderem darauf, wie sehr die Soldaten bereit waren, für ihren Feldherrn beziehungsweise für das, wofür er stand, in den Tod zu gehen. Aufgabe der Unternehmensführung ist es zunächst nicht, ein zwangsweise künstliches Leitbild zu entwerfen. Vielmehr muss sie die Durchsetzung und Einhaltung des moralischen Grundkatalogs sicherstellen. Nur diese Maßnahme sichert auf lange Frist die moralische Glaubwürdigkeit nach innen und außen.

Im Grunde eine bestechend einfache, aber kompliziert durchzuführende Aufgabe. Kompliziert nicht wegen schwieriger Konzeption und Prozessgestaltung, sondern in ihrer persönlichen Herausforderung für alle Beteiligten äußerst anspruchsvoll. In diesem Sinne wird das erfolgreiche Unternehmen des 21. Jahrhunderts ein moralisch »erfolgreiches« Unternehmen sein. Erfolg bedeutet hier, dass der Wertekanon erster Ordnung erkannt, akzeptiert, umgesetzt und beibehalten wird. Dies dürfte in Zeiten gesättigter Märkte auch einen entscheidenden Wettbewerbsvorteil ausmachen.

Unternehmenswerte sind kein Phänomen, das man sich als Firma aussuchen kann. Sie sind offen oder verdeckt präsent, jederzeit. Ein Unternehmen hat jedoch die Wahl, möglichst viele solcher Werte offen und konstruktiv zu verhandeln und die Grundwerte gegenüber seinen Mitarbeitern sicherzustellen. Dies setzt einen Heilungsprozess in Gang, der über individuelles Burnout-Geschehen hinausgeht. Entscheidend ist, Moral und Ethik nicht als individuellen Präsentkorb zu verstehen. Wichtige Werte sind universell und nicht verhandelbar. Wer das versteht, kann seinem Unternehmen viel Arbeit an artifiziellen Leitbildern ersparen und als Mensch und Unternehmenslenker dafür sorgen, dass Mitarbeiter und Kunden seine Firma freiwillig und als zufriedene Menschen wachsen lassen.

Erfolgreich = moralisch erfolgreich.

9. KAPITEL

Der Cooldown – eine Utopie?

Cooldown – ein angenehmes Wort, ein beruhigendes Wort. Abkühlen, herunterregeln, ruhig werden. Viel besser als das Wort Burnout, das in seiner Lautmalerei unmittelbar an Sodbrennen erinnert. Kraftwerke brauchen Kühlung, Computerprozessoren oder Automotoren – aber Menschen? Wie sollte ein Cooldown aussehen, ein speziell auf Burnout zugeschnittener Cooldown, der unsere Betriebsamkeit und unseren Stress drosselt, sodass wir wieder klar denken können?

Über die letzten 150 Jahre, vom Konzept der Neurasthenie bis zum modernen Begriff unserer Tage, hat sich Burnout als selbstverständliche Nebenwirkung der Arbeitsgesellschaft etabliert. Wir leben mit ihm, wie wir mit der alljährlichen Erkältung leben: ärgerlich, aber man kann leider nichts machen. Im wichtigen Feld unserer Arbeitsgestaltung haben wir quasi vor den Verhältnissen kapituliert, gehen automatisch davon aus, dass eine hohe Produktivität, das Prinzip der Arbeitsteilung und technologischer Fortschritt nur um den Preis selbstzerstörerischer Aufopferung zu haben sind. Wir haben die selbst verschuldete Unmündigkeit verlassen, nur um uns an die Kandare der Maschine und des *Business Process Engineering* legen zu lassen.

Der Zwang des multimedialen Zeitalters erscheint unvermeidlich: Haben wir überhaupt eine Chance gegen die Reizüberflutung? Gibt es das überhaupt noch: Unerreichbarkeit? Sind Forderungen nach einem »ethischen Management« nicht maßlos naiv? Alle diese Fragen sind berechtigt. Bislang haben sich die Öffentlichkeit, die intellektuelle Klasse und die Unternehmen um die Beantwortung dieser und ähnlicher Fragen gedrückt.

Dahinter steckt eine durchaus logische Kosten-Nutzen-Überlegung: Wieso sollte man ein Haus einreißen, in dem die Mehrheit mit den bestehenden Bedingungen noch mehr oder weniger gut zurechtkommt? Wieso sollte man ohne Not die Systemfrage stellen? Eine solche Sichtweise ist menschlich. Man will keine schlafenden Hunde wecken. In Situationen wie dieser wird man zum echten Konservativen und prüft mehrmals genau, ob man wirklich etwas verändern will. Denn der *Status quo*, obwohl anstrengend, verursacht doch am wenigsten Kräfteverschleiß. Zwei Volksweisheiten drücken das pointiert aus. Die erste lautet: »Besser den Spatz in der Hand als die Taube auf dem Dach.« Die zweite: »Es kommt nichts Besseres nach.«

Können wir dem Burnout überhaupt entkommen?

In diese menschliche Grundtendenz des Beharrens auf alten Verhältnissen reiht sich die Burnout-Industrie ein, die einen eher defätistischen Ansatz der Burnout-Bekämpfung verfolgt. Dort geht es eben nicht um eine sinnvolle strukturelle Prävention. Man scheut die Anstrengung eines Paradigmenwechsels und konzentriert sich darauf, die Auswirkungen von Burnout durch die Behandlung der Betroffenen abzumildern. Man sammelt eben die Leichen ein. Hierin kann man der Burnout-Industrie nur begrenzt einen Vorwurf machen: Immerhin trennt sie in ihrer Funktion als Weiterbildner und Nachsorgeinstanz ihr menschenzentriertes Weltbild von dem geldzentrierten Weltbild der Wirtschaft. Ob man diese paradigmatische Kluft jemals wird überwältigen können, bleibt fraglich. Meiner Meinung nach sollte es der Anspruch einer humanistischen Psychologie sein, der Wirtschaft dahingehend Brücken zu bauen, in deren Sprache zu sprechen, ohne ihren eigenen Wesenskern, den menschenzentrierten Ansatz, aufzugeben.

Früher dachte man, die Theorie, wonach der Mensch das Maß aller Dinge sei, bedeute einen Abfall vom Glauben. Heute scheint das Geld das Maß aller Dinge zu sein, das den Menschen längst aus dem Fokus verdrängt hat. Daher müssen wir in der Burnout-Prävention klarmachen, dass die reine Orientierung am Geld eine verhängnisvolle Koordinatenverschiebung verursacht hat. Mit dem Geld als Maß aller Dinge hat sich die Gier in den Vordergrund geschoben. In der Finanzkrise hat sie uns alle an den Rand des Abgrunds geführt. Und ich meine nicht nur die angebliche Gier der »Bankster«, sondern unser aller Gier, die sich in Renditeversprechungen und dem Traum vom schnellen Geld manifestiert: egal, ob wir Immobilienkäufer in den USA, in Großbritannien oder kurzfristig orientierte Spekulanten

Die Ökonomisierung aller Lebensbereiche ist *der* Auslöser für Burnout.

sind. Cooldown bedeutet in diesem Sinne auch, bestimmte, mit Geld verbundene Symbole nicht überzubewerten. Wir werden unseren Fokus hinsichtlich der Lebensqualität vom Pol des materiellen Wohlstands hin zum Pol der geistigen Gesundheit und insbesondere des Miteinanders verschieben müssen.

Wir haben in unserer zivilisatorischen Entwicklung einen Punkt erreicht, an dem wir den Kopf nicht mehr in den Sand stecken können. Weil die Kosten für Burnout nicht mehr nur von Einzelnen getragen werden. Weil Burnout eben nicht mehr nur als Krankheit Einzelner und deren anfälliger Psyche abgetan werden kann. Burnout hat systemischen Charakter, und es wäre kurzsichtig, dies festzustellen und gleichzeitig bei der Diskussion um eine Verringerung von Burnout ebendiese Aspekte aus Bequemlichkeit oder Unkenntnis auszublenden.

Burnout ist eine Gesellschaftskrankheit, und wie bei jeder Krankheit bedarf es zu ihrer Bekämpfung einer genauen Diagnose. Ohne anständige Diagnose gelingt die bestgemeinte Therapie nicht. Daher wird es Zeit, den Blick zu weiten für neue Diagnoseverfahren. Es wird Zeit, den Lichtkegel der Taschenlampe zu vergrößern, damit nicht nur der einzelne Burnout-Betroffene

Burnout ist eine Gesellschaftskrankheit.

davon erfasst wird. Es wird Zeit, alle am Burnout Beteiligten in die Pflicht zu nehmen: den Betroffenen, sein Unternehmen, seine Familie und die wissenschaftlich-intellektuelle Klasse. Nur im Koordinatensystem dieser Diskussionsteilnehmer lässt sich Burnout in gesellschaftlichem Maßstab nicht nur behandeln, sondern verhindern. Und wie bei jeder Krankheit gilt auch für den Burnout: Vorsorge ist besser – und billiger – als Nachsorge.

Dieses Buch sollte einen Eindruck von den vielfältigen Faktoren vermitteln, die Burnout verursachen. Es sollte klarmachen, wie notwendig es ist, jetzt zu handeln. Und dass entscheidende Faktoren zur Verhinderung von Burnout nicht in der Macht Einzelner liegen. Oft hilft eben kein Anti-Stress-Programm oder ein Zeitmanagement-Seminar. Vielmehr müssen wir die Unternehmen selbst in die Pflicht nehmen, an den strukturellen Bedingungen zu arbeiten, die Burnout verursachen. Wir müssen ihnen klarmachen, dass sie, indem sie ihre Mitarbeiter zerstören, letzten Endes auch ihre Produktivität zerstören und ihre Firma aufs Spiel setzen. Denn intelligente und hervorragend ausgebildete Fachkräfte sind nichts, was in Deutschland demnächst auf den Bäumen wachsen wird. Der Wissensarbeiter von morgen will gehegt und gepflegt werden, sonst wechselt er ganz fix die Stelle. Wir müssen Schluss machen mit menschenfeindlichen Prozessketten und dem Verheizen motivierter Leute. Wir müssen Führungskräfte ausbilden, die diese Bezeichnung verdienen, die einen Reifegrad der Persönlichkeit erreicht haben, der es ihnen erlaubt, Menschen tatsächlich zu führen und sie fachlich und sozial verträglich anzuleiten. Wir müssen in Firmen Sanktionssysteme installieren, die unethisches Verhalten bestrafen, und die positive Leuchtturmfunktion der Unternehmensführung verstärken. Wir müssen Werte erster Ordnung in Firmen etablieren und leben, damit diese auch wirksam auf Mitarbeiter und Kunden ausstrahlen und damit aus bloßen Konsumenten loyale, weil wachsame Kunden werden.

Schließlich ist eine gesellschaftliche Debatte vonnöten, die unser unerbittliches Arbeitsmodell zur Diskussion stellt. Wollen wir es länger hinnehmen, dass sich Arbeitslose weggeworfen und wertlos fühlen? Wieso haben wir nicht schon längst eine etablierte Trennungskultur in Unternehmen? Firmen geben sich wahnsinnig Mühe, neue Mitarbeiter zu finden und anzuwerben. Liegt die Braut allerdings erst im Bett, lässt der Bräutigam oft alles Umwerben fahren. Nicht umsonst hat man bei Kündigungen oft das Gefühl, Zeuge beim Entsorgungsprozess auf einer Müllkippe zu sein.

Um anständig mit Kündigung und Arbeitslosigkeit als einer häufigen Folgeerscheinung von Burnout umzugehen, müssen wir uns als Arbeitgeber, Arbeitnehmer und Menschen an sich unserer großen Angst stellen: Wer sind wir, wenn wir nicht arbeiten? Ist da noch jemand in uns, wenn wir nicht der große Geldverdiener sind oder die selbstbewusste Karrierefrau?

Wer sind wir ohne unseren Job?

Tragen uns unsere sozialen Netze noch oder haben wir Angst vor der Stille, die herrschen wird, wenn wir uns aus der Arbeitssphäre verabschieden, vom trügerischen Sinnversprechen unserer Malocherexistenz, von unserem BlackBerry und der Suchtmaschine E-Mail? Wer sind wir als Mensch hinter dem Arbeitstier? Vor dieser Frage haben die meisten von uns so viel Angst, dass wir als Kollektiv eine gesellschaftliche Diskussion darüber bislang vermieden haben. Denn Arbeit bedeutet Bewegung und in der Bewegung kann man viel verstecken: Produktivität oder Furcht.

Burnout ist nichts, was einfach so passiert, was einem zustößt. Burnout ist ein Prozess des Willens auf gesellschaftlicher, ökonomischer und individueller Ebene. Wir wollen den Burnout, wir brauchen ihn. Manche als Statussymbol, um wenigstens im Scheitern heroisch unterzugehen. Manche, um ihre Villa abbezahlen zu können. Manche, weil sie eben keinen anderen Sinn im Leben finden als Arbeit. In jedem Fall ist der individuelle Burnout das Feigenblatt, das wir über unser gesellschaftliches Schweigen legen. Solange wir Burnout als Phänomen des Einzelnen brandmarken können, brauchen wir uns nicht damit zu beschäftigen. Burnout, ich? Gott bewahre. Erst wenn man selbst zusammenbricht, wendet sich das System, dem man bislang so treu gedient hat, gegen einen.

Die Frage muss nicht nur für den einzelnen Betroffenen lauten: Was bist du bereit, für die Befreiung vom Burnout aufzugeben? Denn Burnout ist eine Sucht, und für die Loslösung von derselben muss man einen Preis zahlen. Die mindestens ebenso wichtige Frage an uns als Gesellschaft muss lauten: Sind wir bereit, Burnout als Feigenblatt unserer Hochleistungsgesellschaft loszulassen? Sind wir bereit, endlich in eine Diskussion einzusteigen, die die selbstmörderische Spirale von Kick und Burnout beendet?

Ist Burnout also eine zwangsläufige Folge unserer modernen Leistungsgesellschaft? Können wir ihn eindämmen? Wollen wir das überhaupt? Immerhin liegen in den Wurzeln des Burnout – Leistungsorientierung, Perfektionismus, der Drang zum »Höher, schneller, weiter« – unsere Erfolgsrezepte für eine dynamische, komplexe Arbeitsgesellschaft. Dieses Buch ist kein Manifest, das sich anschickt, den kollektiven Geisteszustand ins Mittelalter zurückzubomben. Das ist weder möglich noch erstrebenswert. Wie so oft im Leben geht es um die richtige Balance. Und die bekommen wir anscheinend noch nicht richtig hin.

Hier ist nicht die individuelle Work-Life-Balance gemeint, sondern ein neues »Gleichgewicht des Bewusstseins« zwischen Arbeitsleistung, angemessener Vernetzung und Kommunikation, Rückzug und einem Selbstwert, der nicht nur aus Arbeit besteht. Dieses Gleichgewicht ist nichts, was der Einzelne nur mit sich selber ausmacht. Es ist ein gesellschaftlicher Lernprozess, der sich zwischen unterschiedlichen Polen einpendeln muss. Dort spielen so scheinbar banale Fragen eine Rolle wie: Habe ich meiner Frau noch etwas zu sagen, auch wenn ich nicht über die Arbeit spreche? Wie lange darf ich mein Telefon ausschalten, ohne in Gewissensnöte gegenüber meinem Chef zu geraten? Wann habe ich das letzte Mal über wirklich wichtige Dinge des Lebens nachgedacht? Würde ich wollen, dass meine Kinder den gleichen Job machen wie ich? Wenn nicht: warum nicht?

Wir brauchen ein neues Gleichgewicht des Bewusstseins.

Die Koordinaten unserer mentalen Landkarte werden sich verschieben, sobald genügend Leute anfangen, sich solche Fragen zu stellen. Und die Zeit dafür ist reif. Es findet ein Bewusstseinswandel statt. Lebensqualität, Bio-Food, Klimawandel, Nachhaltigkeit schlagen in der Debatte um unsere Zukunft und die Zukunft unserer Kinder immer mehr durch. Neben dem Bruttoinlandsprodukt schlagen Forscher erstmals ernsthaft vor, zur Messung des Fortschritts einen »Glücksindex« einzusetzen, der die Zufriedenheit und damit ein Stück weit auch die mentale Gesundheit der Bevölkerung misst.

Die mit großen materiellen Gaben gesegnete westliche Gesellschaft kann von ihrem Wohlstandszenit im Grunde nur absteigen. Entwicklungs- und Schwellenländer sind dabei, in großem Stil und mit atemberaubender Geschwindigkeit materiellen Wohlstand nachzuholen und wirtschaftlich mit dem Westen gleichzuziehen. Hier seien als Beispiele nur China, Indien oder Brasilien genannt.

Der nächste Entwicklungssprung unserer westlichen Gesellschaft kann demnach nur ein geistiger sein, ein zivilisatorischer. Neben unseren fraglosen technologischen Errungenschaften könnten wir einen weiteren Exportschlager produzieren: die von Angst und Burnout freie, produktive und werteorientierte Arbeitsgesellschaft, die den Menschen in all seinen Facetten wahr- und ernst nimmt. Europa könnte wieder zum Vorreiter werden, zum zivilisatorischen Leuchtfeuer, als das es sich in seiner Geschichte so gerne dargestellt hat. So könnte eine neue geistige Bewegung der Entschleunigung entstehen.

> **Eine geistige Bewegung der Entschleunigung ist das Ziel.**

Was steckt hinter dieser Entschleunigung? Brauchen wir sie wirklich? Oder haben wir es nur mit den hysterischen Anwandlungen einer Handvoll Mediziner und Psychologen zu tun? Kulturkritik ist so alt wie die Kultur selbst. Schon Sokrates motzte über seine Schüler, die aufmüpfig seien und unfähig zu lernen. In diesem Licht erscheint eine Kulturkritik gegenüber den neuen Medien, der Möglichkeit einer grenzenlosen Vernetzung und dem Eintauchen in faszinierende digitale Welten als eher altbackener und gestriger Versuch tintenbeklekster Professoren, die Angst vor ihrer ersten E-Mail haben.

Doch so einfach ist es leider nicht. Zum ersten Mal in der Menschheitsgeschichte verändert sich tatsächlich unsere Gehirnstruktur durch unsere Art zu kommunizieren und Informationen zu verarbeiten. Noch wissen wir nicht, ob zu unserem Nutzen oder zu unserem Schaden. Noch nie hatten Menschen so sehr zwischen solch vielen Informationsquellen zu wählen, und noch nie konnten sie deren Qualität weniger beurteilen. Aber Information kann über Leben und Tod entscheiden. In der Urzeit war es sehr wichtig, giftige von ungiftigen Pflanzen zu unterscheiden; ein Selbstversuch konnte tödlich enden. Daher ist es verwunderlich, wie sehr Menschen bereit sind, auf die Qualität von Informationen zugunsten ihrer Masse zu verzichten. Mit anderen Worten: Es ist mir egal, wer irgendwelche Dokumente an WikiLeaks weiterreicht, solange ich mehr als 500 Facebook-Freunde habe. Das digitale Selbst mit seinen unendlichen Möglichkeiten der Informationsgewinnung lässt den Blick verschleiern für die tatsächliche Qualität einer Information. Selbst gestandene Journalisten hinterfragen teilweise nicht mehr die Quellenangaben bei Wikipedia.

Burnout zu bekämpfen bedeutet daher auch, ein neues Gleichgewicht zwischen Informationsmasse und deren Qualität herzustellen. Ich muss mich beschränken können. Dafür muss man neue Medien nutzen können, muss sie beherrschen und sich neue Kompetenzen aneignen, etwa für die effektive Suche nach Informationen. Man muss sich in der Vernetzung disziplinieren und sich Inseln der Muße schaffen. Nicht um der Faulheit zu frönen, sondern weil wir inzwischen wissen, dass Muße ein immens wichtiger Baustein unserer Intelligenz ist, auf den wir auch in unserer technisierten Gesellschaft nicht verzichten können. Das berühmte »Heureka« entfuhr Archimedes auch nicht am Zeichentisch, sondern in der Badewanne. Als er Muße hatte, seine Gedanken schweifen zu lassen.

Wir brauchen Mut zur Muße.

Ist der Cooldown, das Drosseln der Burnout-Gefahr in der Gesellschaft, eine Utopie? Wie Spock sagen würde: »Ich sehe die Chance einer Möglichkeit für einen Cooldown.« Natürlich ist es einfacher, Symptombekämpfung zu betreiben. Nachsorge für Burnout-Betroffene ist wichtig, keine Frage. Allerdings sollten wir die Nachsorge nicht zu unserer alleinigen Strategie im Umgang mit Burnout werden lassen. Das löst auf Dauer keines der strukturellen Probleme, aus denen Burnout hervorgeht.

Burnout als strukturelles Problem zu begreifen und bekämpfen zu wollen, ist ein relativ neues Phänomen. Daher ist mit entsprechendem Widerstand zu rechnen. Das ist normal und liegt in der Natur der Sache und des Menschen. Dennoch wird die Zeit kommen, in der strukturelle Ansätze zur Bekämpfung von Burnout in Unternehmen zum Standardrepertoire von Organisationsentwicklern und Change Managern gehören. Dafür braucht es aber mehr als einen gut gefüllten Methodenkoffer. Dafür braucht es eine neue gesellschaftliche Diskussion, es braucht Manager mit der Vision einer »Arbeitsgesellschaft mit menschlichem Antlitz« sowie Arbeitnehmer und Bürger, die sich vom Burnout befreien wollen und mehr verlangen als die kurzfristige Symptombehandlung der Burnout-Industrie. Es braucht ein neues Denken für eine neue Zeit.

Ein neues Denken für eine neue Zeit.

Ich denke, das schaffen wir.

Anmerkungen

1. Kapitel: Die alltägliche Überforderung

1 Bon Jovi, Jon: In Concert, New York City 1992.
2 Benner, Dietrich / Oelkers, Jürgen (Hrsg.): Historisches Wörterbuch der Pädagogik. Weinheim, 2004, S. 59.
3 Eickhoff, Hajo: Die Erfindung des Büros. Die Aufklärung in
Leben und Arbeit, 13.08.2008. In: bene.com. URL: http://bene.
com/bueromoebel/trends-entwicklung-des-bueros_03.html
(02.05.2011).
4 Pauer, Nina: Wir haben keine Angst. In: DIE ZEIT, 10.06.2010.
5 Frankl, Viktor: Das Leiden am sinnlosen Leben. Psychotherapie
für heute. Freiburg, 1977.
6 Fischer-Epe, Maren: Coaching: Miteinander Ziele erreichen.
Hamburg, 2002, S. 125 ff.
7 Ebd., S. 128.
8 Schmich, Mary: Advice, like youth, probably just wasted on the
young. In: Chicago Tribune, 01.06.1997. (Übers. d. Verf.)
9 Zentralverband der deutschen Wirtschaft: Medien verlieren
2 Milliarden Werbe-Euro netto: Werbemarkt sackt um 6%.
In: zaw.de. URL: http://www.zaw.de/index.php?menuid=33
(02.05.2011).
10 Toscani, Oliviero: Die Werbung ist ein lächelndes Aas. Frankfurt
am Main, 2000, S. 21f.
11 Schreiber, Matthias: Die Zehn Gebote – Eine Ethik für heute.
München, 2010.
12 N.N.: Katholische Kirche gründet Unternehmensberatung.

In: WELT ONLINE, 17.09.2010. URL: http://www.welt.de/
wirtschaft/article9678884/Katholische-Kirche-gruendet-
Unternehmensberatung.html (02.05.2011).

13 Klausmann, Birgit: Kirchen verkaufen und vermieten ihre
    Gotteshäuser. In: Der Westen, 16.11.2009. URL: http://www.
    derwesten.de/staedte/duesseldorf/Kirchen-verkaufen-und-
    vermieten-ihre-Gotteshaeuser-id2079298.html (02.05.2011).

14 GfK Custom Research: Pressemitteilung vom 08.08.2008. URL:
    http://www.gfk.com/imperia/md/content/presse/broschueren/
    produkte/pd_trust_index_august_08_dfin.pdf (02.05.2011).

15 Lambrecht, Matthias: Kreditkrise überfordert Manager.
    In: Financial Times Deutschland, 19.01.2009.

16 Popper, Karl: Alles Leben ist Problemlösen. München, 1997,
    S. 274.

17 Krieger, Sascha / Weinmann, Julia: Familie, Lebensformen und
    Kinder. In: Datenreport des Statistischen Bundesamtes 2008,
    S. 30.

18 Ebd., S. 31.

19 Ebd., S. 39 f.

2. Kapitel: Die Burnout-Industrie

1 Weltgesundheitsorganisation (WHO) / Dilling, Horst et al.
   (Hrsg.): Internationale Klassifikation psychischer Störungen.
   ICD-10, Kapitel V (F). Klinisch-diagnostische Leitlinien. Bern,
   2009.

2 Hillert, Andreas / Marwitz, Michael: Die Burnout-Epidemie.
   München, 2006, S. 32, 70.

3 Ebd., S. 77.

4 Edelwich, Jerry / Brodsky, Archie: Burn-out. Stages of des-
   illusionment in the helping professions. New York, 1980.

5 Hillert, Andreas / Marwitz, Michael: Die Burnout-Epidemie.
   München, 2006, S. 150.

6 Schöll, Raimund: Ihr Einfluss aufs Stimmungsbarometer.
   URL: http://www.atmosphaeriker.de/media/download/
   Stimmungsbarometer.pdf (02.05.2011).

7 Väth, Markus: Mein Name ist Leitbild, Unternehmensleitbild. In: mensch-chance.de. URL: http://mensch-chance.de/blog/mein-name-ist-leitbild-unternehmensleitbild (02.05.2011).

8 N. N.: Mobbing und Burnout kosten jährlich 6,5 Milliarden. In: WELT ONLINE, 01.05.2009. URL: http://www.welt.de/wirtschaft/karriere/article3659218/Mobbing-und-Burn-out-kosten-jaehrlich-6-5-Milliarden.html (02.05.2011).

9 Fürstenberg-Performance-Studie 2010. URL: http://www.fuerstenberg-institut.de/pdf/Fuerstenberg-Performance-Studie_Febr2010_Kurzfassung.pdf (02.05.2011).

10 Ströbele, Carolin: Moderne Sklavenhalter. In: ZEIT ONLINE, 21.09.2007. URL: http://www.zeit.de/online/2007/29/interview-wallraff-callcenter (02.05.2011).

11 N. N.: Jeder Vierte vor Burnout. In: Stepstone.de, 29.05.2007. URL: http://www.stepstone.de/Ueber-StepStone/presse/jeder-vierte-vor-burnout.cfm (02.05.2011).

12 DAK Gesundheitsreport 2009. URL: http://www.dak.de/content/filesopen/Gesundheitsreport_2009.pdf (02.05.2011).

13 Bundespsychotherapeutenkammer: Defizite der psychotherapeutischen Versorgung. URL: http://www.bptk.de/psychotherapie/zahlen_fakten/89070.html (10.04.2011).

14 Hillert, Andreas / Marwitz, Michael: Die Burnout-Epidemie. München, 2006, S. 81.

15 Ebd., S. 7.

16 Pfauth, Sarina: Frau Nimmersatt und ihr Burn-out. In: sueddeutsche.de, 16.03.2010. URL: http://www.sueddeutsche.de/leben/miriam-meckel-frau-nimmersatt-und-ihr-burn-out-1.11141 (02.05.2011).

17 Hillert, Andreas / Marwitz, Michael: Die Burnout-Epidemie. München, 2006, S. 44 ff.

3. Kapitel: Mythos Multitasking

1 Schirrmacher, Frank: Payback. Warum wir im Informationszeit-alter gezwungen sind zu tun, was wir nicht tun wollen, und wie wir die Kontrolle über unser Denken zurückgewinnen. München, 2009, S. 62, 64.

2 Andresen, Tino: Computer im Börsenhandel auf dem Vormarsch. In: Handelsblatt, 02.03.2009. URL: http://www.handelsblatt.com/finanzen/boerse-inside/computer-im-boersenhandel-auf-dem-vormarsch;2169987 (02.05.2011).

3 Schirrmacher, Frank: Payback. Warum wir im Informations-zeitalter gezwungen sind zu tun, was wir nicht tun wollen, und wie wir die Kontrolle über unser Denken zurückgewinnen. München, 2009, S. 80.

4 Niemann, Hans-Joachim et al.: Gehirn und Sprache. Wikibooks, 2008.

5 Seith, Anne: Bürowahnsinn kostet Unternehmen Milliarden. In: SPIEGEL ONLINE, 26.07.2007. URL: http://www.spiegel.de/wirtschaft/0,1518,495292,00.html (02.05.2011).

6 Lohr, Steve: Slow Down, Brave Multitasker, and Don't Read This in Traffic. In: New York Times, 25.03.2007. URL: http://www.nytimes.com/2007/03/25/business/25multi.html?_r=3&pagewanted=all&oref=slogin (02.05.2011).

7 Ebd.

8 Ebd.

9 Ebd.

10 Mark, Gloria / Gonzalez, Victor M. / Harris, Justin: No Task Left Behind? Examining the Nature of Fragmented Work. In: CHI, 2.–7. April 2005.

11 Vgl. Väth, Markus: Ihr Büro, der Produktivitätskiller. In: mensch-chance.de. URL: http://mensch-chance.de/blog/ihr-buero-der-produktivitaetskiller (02.05.2011).

12 Mark, Gloria / Gonzalez, Victor M. / Harris, Justin: No Task Left Behind? Examining the Nature of Fragmented Work. In: CHI, 2.–7. April 2005

13 Segert, Ralph: Kognitives Zappen und Multitasking. In:

segert.net. URL: http://segert.net/weblog/kognitives-zappen-und-multitasking (02.05.2011).

14 Welt-in-Zahlen.de: Ländervergleich. URL: http://www.welt-in-zahlen.de/laendervergleich.phtml?indicator=68&rc=44 (02.05.2011).

15 Gesundheitswesen Magazin: Multitasking – Frauen und Männer sind doch gleich. In: kvportal.de. URL: http://www.kv-portal.de/multitasking-frauen-und-maenner-sind-doch-gleich (02.05.2011).

16 Criss, Brandy R.: Gender Differences in Multitasking. URL: http://clearinghouse.missouriwestern.edu/manuscripts/815.php (02.05.2011).

17 http://de.wikipedia.org/wiki/Wir_haben_abgetrieben! (02.05.2011).

18 Deutsche Telekom: Pressemitteilung vom 15.03.2010. URL: http://www.telekom.com/dtag/cms/content/dt/de/829454 (02.05.2011).

19 N. N.: »Männer sind Rosinenpicker«. In: oe24.at, 19.08.2010. URL: http://www.oe24.at/oesterreich/politik/Maenner-sind-Rosinenpicker-Hausarbeit-Haushalt-Studie-Heinisch-Hosek/1597956 (02.05.2011).

20 Rohmann, Elke / Bierhoff, Hans Werner: Hausarbeit als Problem in Partnerschaften. In: familienhandbuch.de. URL: https://www.familienhandbuch.de/partnerschaft/beziehungsprobleme-und-loesungen/hausarbeit-als-problem-in-partnerschaften (02.05.2011).

21 Lossau, Norbert: Frauen überholen Männer bei den Hochbegabten. In: WELT ONLINE, 27.10.2008. URL: http://www.welt.de/wissenschaft/article2633973/Frauen-ueberholen-Maenner-bei-den-Hochbegabten.html (02.05.2011).

22 Popper, Karl: Alles Leben ist Problemlösen. München, 1997, S. 256.

4. Kapitel: Illusion Zeitmanagement

1 Kopp-Wichmann, Roland: Ich kann auch anders. Psychofallen im Beruf erkennen. Freiburg im Breisgau, 2010, S. 107.
2 Kelly, Janice: Entrainment in individual and group behaviour. In: McGrath, Joseph E. (Ed.): The psychology of time. Newbury Park, California, 1998.
3 Geißler, Karlheinz: Die meisten Ratschläge sind Ramschware – Über den Widersinn von Zeitmanagement. In: managerSeminare, 10/2009, S. 16.
4 Meckel, Miriam: Das Glück der Unerreichbarkeit. Wege aus der Kommunikationsfalle. München, 2009, S. 97 f.
5 N.N.: Mehr Studienabbrecher beim Bachelor. In: manager magazin online, 13.01.2010. URL: http://www.manager-magazin.de/unternehmen/karriere/0,2828,671666,00.html (02.05.2011).
6 N.N.: Technische Hochschulen führen wieder Diplom ein. In: FOCUS ONLINE, 01.08.2010. URL: http://www.focus.de/wissen/wissenschaft/bildung-technische-hochschulen-fuehren-wieder-diplom-ein_aid_536735.html (02.05.2011).
7 Trautmann, Katlen: Karrierefalle Bachelor. In: manager magazin online, 28.04.2009. URL: http://www.manager-magazin.de/unternehmen/karriere/0,2828,621526,00.html (02.05.2011).
8 Kelly, Janice: Entrainment in individual and group behaviour. In: McGrath, Joseph E. (Ed.): The psychology of time. Newbury Park, California, 1998.

5. Kapitel: Information Overload

1 Beyer, Susanne / Voigt, Claudia: »Plop, plop, plop«. In: SPIEGEL ONLINE, 08.03.2010. URL: http://www.spiegel.de/spiegel/0,1518,682147,00.html (02.05.2011).
2 Traufetter, Gerald: Allein über den Wolken. In: SPIEGEL ONLINE, 06.09.2010. URL: http://www.spiegel.de/spiegel/print/d-73600129.html (02.05.2011).

3 Klein, Stefan: Zeit: Der Stoff, aus dem das Leben ist. Frankfurt am Main, 2008.

4 Vgl. beispielsweise N.N.: »Newsweek« wurde verramscht. In: Financial Times Deutschland, 07.10.2010.

5 Väth, Markus: Ritalin – die kleine Pille für zwischendurch. In: mensch-chance.de. URL: http://mensch-chance.de/blog/ritalin-die-kleine-pille-fuer-zwischendurch (02.05.2011).

6 Mundle, Götz: Wie Manager ihr Hirn dopen. In: SPIEGEL ONLINE, 03.02.2010. URL: http://www.spiegel.de/wirtschaft/0,1518,674175,00.html (02.05.2011).

7 Klein, Stefan: Zeit. Der Stoff, aus dem das Leben ist. Frankfurt am Main, 2008, S. 179.

8 http://www.youtube.com/watch?v=CXFEBbPIEOI (02.05.2011).

9 Becker, Helmut / Meck, Georg: Massenschock im Kinderzimmer: In: FOCUS ONLINE, 29.12.1997. URL: http://www.focus.de/politik/ausland/japan-massen-schock-im-kinderzimmer_aid_169227.html (02.05.2011).

10 Liedtke, Dirk: Eine Lektion in Abhängigkeit. In: stern.de, 15.05.2009. URL: http://www.stern.de/digital/online/google-ausfall-eine-lektion-in-abhaengigkeit-700921.html (02.05.2011).

11 N.N.: Kann man sich blöd informieren? In: SPIEGEL ONLINE, 23.04.2005. URL: http://www.spiegel.de/netzwelt/web/0,1518,352825,00.html (02.05.2011).

12 Knüwer, Thomas: If Social Media were a drug. In: indiskretionehrensache.de, 09.06.2010. URL: http://www.indiskretionehrensache.de/2010/06/social-media-drug/ (02.05.2011).

13 Musashi, Miyamoto: Das Buch der fünf Ringe. München, 2006.

6. Kapitel: Die Entgrenzung der Arbeit

1 Schönburg, Alexander von: Die Kunst des stilvollen Verarmens. Berlin, 2006, S. 68.

2 N.N.: 39 Berufe und ihre wöchentliche Arbeitszeit. In: WELT ONLINE, 08.11.2007. URL: http://www.welt.de/wirtschaft/article1341027/39_Berufe_und_ihre_woechentliche_Arbeitszeit.html (02.05.2011).

3 Dörre, Klaus: Mensch sein – ohne Arbeit? Haltungen berufstätiger Menschen in Jena zu Erwerbslosen. Jena, 2009.

4 Löfken, Jan Oliver: Und es geht doch – Forscher »beamen« ein Atom. In: bild der wissenschaft, 18.06.2004. URL: http://www.wissenschaft.de/wissenschaft/news/242059.html (02.05.2011).

5 Jürgens, Kerstin / Voß, Günter: Gesellschaftliche Arbeitsteilung als Leistung der Person. In: Aus Politik und Zeitgeschichte. bpb, 34 / 2007.

6 http://de.wikipedia.org/wiki/Arbeitnehmer%C3%Bcberlassung (02.05.2011).

7 Schulte, Stefan: Awo Essen drückt Löhne mit Leiharbeit. In: Der Westen, 03.11.2010. URL: http://www.derwesten.de/nachrichten/Awo-Essen-drueckt-Loehne-mit-Leiharbeit-id3902043.html (02.05.2011).

8 N.N.: Airbus entlässt Leiharbeiter. In: n-tv.de, 18.01.2010. URL: http://www.n-tv.de/wirtschaft/Airbus-entlaesst-Leiharbeiter-article683981.html (02.05.2011).

9 Reuter, Joachim: Der große stern-Report: Was verdienen Selbstständige in Deutschland? In: stern.de, 24.03.2008. URL: http://www.stern.de/wirtschaft/arbeit-karriere/karriere/der-grosse-stern-report-was-verdienen-selbststaendige-in-deutschland-614790.html (02.05.2011).

10 Vgl. Vorstellung und Diskussion um: Friebe, Holm / Lobo, Sascha: Wir nennen es Arbeit. In: wirnennenesarbeit.de. URL: http://wirnennenesarbeit.de/index.html?nr=20060928113212 (02.05.2011).

11 Assheuer, Thomas: »Kreativ? Das Wort ist vergiftet.« In: DIE ZEIT, 04.11.10.

12 Groß, Thomas / Timm, Tobias: Die neue K-Klasse. In: DIE ZEIT, 04.11.10.
13 Zitiert nach Schnabel, Ulrich: Vom geistreichen Nichtstun. In: DIE ZEIT, 02.12.2010.

7. Kapitel: Das Chef-Problem

1 manager magazin 12 / 2010.
2 Ebd., S. 77 – 84.
3 Müller, Eva: Operation Weißer Riese. In: manager magazin 02 / 2008, S. 66.
4 Sprenger, Reinhard K.: Das autistische Unternehmen. In: manager magazin 12 / 2010, S. 110.

8. Kapitel: Markt und Moral

1 http://de.wikipedia.org/wiki/Beno%C3%AEt_Mandelbrot (02.05.2011).
2 McKinsey & Company: Karriere – Ihre Fragen. In: mckinsey. de. URL: http://www.mckinsey.de/html/karriere/ihre_fragen/ die_antworten/allg_04_leistung.asp (02.05.2011).
3 adidas Group: Unsere Mission. In: adidas-group.com. URL: http://www.adidas-group.com/de/ourgroup/values/default.aspx (02.05.2011).
4 Audi Investor Relations. In: audi.de. URL: http://www.audi.de/ de/brand/de/unternehmen/Investor_Relations/audi_auf_ einen_blick.html (02.05.2011).

Quellenverzeichnis

adidas Group: Unsere Mission. In: adidas-group.com. URL: http://
www.adidas-group.com/de/ourgroup/values/default.aspx
(02.05.2011).

Andresen, Tino: Computer im Börsenhandel auf dem Vormarsch.
In: Handelsblatt, 02.03.2009. URL: http://www.handelsblatt.com/
finanzen/boerse-inside/computer-im-boersenhandel-auf-dem-
vormarsch;2169987 (02.05.2011).

Assheuer, Thomas: »Kreativ? Das Wort ist vergiftet«. In: DIE ZEIT,
04.11.10.

Audi AG: Investor Relations. In: audi.de. URL: http://www.audi.de/
de/brand/de/unternehmen/Investor_Relations/audi_auf_einen_
blick.html (02.05.2011).

Becker, Helmut / Meck, Georg: Massenschock im Kinderzimmer: In:
FOCUS ONLINE, 29.12.1997. URL: http://www.focus.de/politik/
ausland/japan-massen-schock-im-kinderzimmer_aid_169227.
html (02.05.2011).

Benner, Dietrich / Oelkers, Jürgen (Hrsg.): Historisches Wörterbuch
der Pädagogik. Weinheim, 2004.

Beyer, Susanne / Voigt, Claudia: »Plop, plop, plop«. In:
SPIEGEL ONLINE, 08.03.2010. URL: http://www.spiegel.de/
spiegel/0,1518,682147,00.html (02.05.2011).

Bon Jovi, Jon: In Concert, New York City 1992.

Bundespsychotherapeutenkammer: Defizite der psychotherapeutischen Versorgung. URL: http://www.bptk.de/psychotherapie/
zahlen_fakten/89070.html (10.04.2011).

Criss, Brandy R.: Gender Differences in Multitasking. URL: http://

clearinghouse.missouriwestern.edu/manuscripts/815.php (02.05.2011).

DAK Gesundheitsreport 2009. URL: http://www.dak.de/content/ filesopen/Gesundheitsreport_2009.pdf (02.05.2011).

Deutsche Telekom: Pressemitteilung vom 15.03.2010. URL: http://www.telekom.com/dtag/cms/content/dt/de/829454 (02.05.2011).

Dörre, Klaus: Mensch sein – ohne Arbeit? Haltungen berufstätiger Menschen in Jena zu Erwerbslosen. Jena, 2009.

Edelwich, Jerry / Brodsky, Archie: Burn-out. Stages of des-illusionment in the helping professions. New York, 1980.

Eickhoff, Hajo: Die Erfindung des Büros. Die Aufklärung in Leben und Arbeit, 13.08.2008. In: bene.com. URL: http://bene.com/bueromoebel/trends-entwicklung-des-bueros_03.html (02.05.2011).

Fischer-Epe, Maren: Coaching: Miteinander Ziele erreichen. Hamburg, 2002.

Frankl, Viktor: Das Leiden am sinnlosen Leben. Psychotherapie für heute. Freiburg, 1977.

Friebe, Holm / Lobo, Sascha: Wir nennen es Arbeit. In: wirnennenesarbeit.de. URL: http://wirnennenesarbeit.de/index.html?nr=20060928113212 (02.05.2011).

Fürstenberg-Performance-Studie 2010. URL: http://www.fuerstenberg-institut.de/pdf/Fuerstenberg-Performance-Studie_Febr2010_Kurzfassung.pdf (02.05.2011).

Geißler, Karlheinz: Die meisten Ratschläge sind Ramschware – Über den Widersinn von Zeitmanagement. In: managerSeminare, 10/2009.

Gesundheitswesen Magazin: Multitasking – Frauen und Män-ner sind doch gleich. In: kvportal.de. URL: http://www.kv-portal.de/multitasking-frauen-und-maenner-sind-doch-gleich (02.05.2011).

GfK Custom Research: Pressemitteilung vom 08.08.2008. URL: http://www.gfk.com/imperia/md/content/presse/broschueren/produkte/pd_trust_index_august_08_dfin.pdf (02.05.2011).

Groß, Thomas / Timm, Tobias: Die neue K-Klasse. In: DIE ZEIT, 04.11.10.

Hillert, Andreas / Marwitz, Michael: Die Burnout-Epidemie. München, 2006.

Jürgens, Kerstin / Voß, Günter: Gesellschaftliche Arbeitsteilung als Leistung der Person. In: Aus Politik und Zeitgeschichte. bpb, 34/2007.

Kelly, Janice: Entrainment in individual and group behaviour. In: McGrath, Joseph E. (Ed.): The psychology of time. Newbury Park, California, 1998.

Klausmann, Birgit: Kirchen verkaufen und vermieten ihre Gotteshäuser. In: Der Westen, 16.11.2009. URL: http://www.derwesten.de/staedte/duesseldorf/Kirchen-verkaufen-und-vermieten-ihre-Gotteshaeuser-id2079298.html (02.05.2011).

Klein, Stefan: Zeit. Der Stoff, aus dem das Leben ist. Frankfurt am Main, 2008.

Knüwer, Thomas: If Social Media were a drug. In: indiskretion-ehrensache.de, 09.06.2010. URL: http://www.indiskretionehrensache.de/2010/06/social-media-drug/ (02.05.2011).

Kopp-Wichmann, Roland: Ich kann auch anders. Psychofallen im Beruf erkennen. Freiburg im Breisgau, 2010.

Krieger, Sascha / Weinmann, Julia: Familie, Lebensformen und Kinder. In: Datenreport des Statistischen Bundesamtes 2008.

Lambrecht, Matthias: Kreditkrise überfordert Manager. In: Financial Times Deutschland, 19.01.2009.

Liedtke, Dirk: Eine Lektion in Abhängigkeit. In: stern.de, 15.05.2009. URL: http://www.stern.de/digital/online/google-ausfall-eine-lektion-in-abhaengigkeit-700921.html (02.05.2011).

Löfken, Jan Oliver: Und es geht doch – Forscher »beamen« ein Atom. In: bild der wissenschaft, 18.06.2004. URL: http://www.wissenschaft.de/wissenschaft/news/242059.html (02.05.2011).

Lohr, Steve: Slow Down, Brave Multitasker, and Don't Read This in Traffic. In: New York Times, 25.03.2007. URL: http://www.nytimes.com/2007/03/25/business/25multi.html?_r=3&pagewanted=all&oref=slogin (02.05.2011).

Lossau, Norbert: Frauen überholen Männer bei den Hochbegabten. In: WELT ONLINE, 27.10.2008. URL: http://www.welt.de/wissenschaft/article2633973/Frauen-ueberholen-Maenner-bei-den-Hochbegabten.html (02.05.2011).

Mark, Gloria / Gonzalez, Victor M. / Harris, Justin: No Task Left Behind? Examining the Nature of Fragmented Work. In: CHI, 2.–7. April 2005.

McKinsey & Company: Karriere – Ihre Fragen. In: mckinsey.de. URL: http://www.mckinsey.de/html/karriere/ihre_fragen/die_antworten/allg_04_leistung.asp (02.05.2011).

Meckel, Miriam: Das Glück der Unerreichbarkeit. Wege aus der Kommunikationsfalle. München, 2009.

Müller, Eva: Operation Weißer Riese. In: manager magazin 02/2008.

Mundle, Götz: Wie Manager ihr Hirn dopen. In: SPIEGEL ONLINE, 03.02.2010. URL: http://www.spiegel.de/wirtschaft/0,1518,674175,00.html (02.05.2011).

Musashi, Miyamoto: Das Buch der fünf Ringe. München, 2006.

Niemann, Hans-Joachim et al.: Gehirn und Sprache. Wikibooks, 2008.

N.N.: 39 Berufe und ihre wöchentliche Arbeitszeit. In: WELT ONLINE, 08.11.2007. URL: http://www.welt.de/wirtschaft/article1341027/39_Berufe_und_ihre_woechentliche_Arbeitszeit.html (02.05.2011).

N.N.: Airbus entlässt Leiharbeiter. In: n-tv.de, 18.01.2010. URL: http://www.n-tv.de/wirtschaft/Airbus-entlaesst-Leiharbeiter-article683981.html (02.05.2011).

N.N.: Jeder Vierte vor Burnout. In: Stepstone.de, 29.05.2007. URL: http://www.stepstone.de/Ueber-StepStone/presse/jeder-vierte-vor-burnout.cfm (02.05.2011).

N.N.: Kann man sich blöd informieren? In: SPIEGEL ONLINE, 23.04.2005. URL: http://www.spiegel.de/netzwelt/web/0,1518,352825,00.html (02.05.2011).

N.N.: Katholische Kirche gründet Unternehmensberatung. In: WELT ONLINE, 17.09.2010. URL: http://www.welt.de/wirtschaft/article9678884/Katholische-Kirche-gruendet-Unternehmens-beratung.html (02.05.2011).

N.N.: »Männer sind Rosinenpicker«. In: oe24.at, 19.08.2010. URL: http://www.oe24.at/oesterreich/politik/Maenner-sind-Rosinenpicker-Hausarbeit-Haushalt-Studie-Heinisch-Hosek/1597956 (02.05.2011).

N.N.: Mehr Studienabbrecher beim Bachelor. In: manager magazin online, 13.01.2010. URL: http://www.manager-magazin.de/unternehmen/karriere/0,2828,671666,00.html (02.05.2011).

N.N.: Mobbing und Burnout kosten jährlich 6,5 Milliarden. In: WELT ONLINE, 01.05.2009. URL: http://www.welt.de/wirtschaft/karriere/article3659218/Mobbing-und-Burn-out-kosten-jaehrlich-6-5-Milliarden.html (02.05.2011).

N.N.: »Newsweek« wurde verramscht. In: Financial Times Deutschland, 07.10.2010.

N.N.: Technische Hochschulen führen wieder Diplom ein. In: FOCUS ONLINE, 01.08.2010. URL: http://www.focus.de/wissen/wissenschaft/bildung-technische-hochschulen-fuehren-wieder-diplom-ein_aid_536735.html (02.05.2011).

Pauer, Nina: Wir haben keine Angst. In: DIE ZEIT, 10.06.2010.

Pfauth, Sarina: Frau Nimmersatt und ihr Burn-out. In: sueddeutsche.de, 16.03.2010. URL: http://www.sueddeutsche.de/leben/miriam-meckel-frau-nimmersatt-und-ihr-burn-out-1.11141 (02.05.2011).

Popper, Karl: Alles Leben ist Problemlösen. München, 1997.

Reuter, Joachim: Der große stern-Report: Was verdienen Selbstständige in Deutschland? In: stern.de, 24.03.2008. URL: http://www.stern.de/wirtschaft/arbeit-karriere/karriere/der-grosse-stern-report-was-verdienen-selbststaendige-in-deutschland-614790.html (02.05.2011).

Rohmann, Elke / Bierhoff, Hans Werner: Hausarbeit als Problem in Partnerschaften. In: familienhandbuch.de. URL: https://www.familienhandbuch.de/partnerschaft/beziehungsprobleme-und-loesungen/hausarbeit-als-problem-in-partnerschaften (02.05.2011).

Schirrmacher, Frank: Payback. Warum wir im Informationszeitalter gezwungen sind zu tun, was wir nicht tun wollen, und wie wir die Kontrolle über unser Denken zurückgewinnen. München, 2009.

Schmich, Mary: Advice, like youth, probably just wasted on the young. In: Chicago Tribune, 01.06.1997.

Schnabel, Ulrich: Vom geistreichen Nichtstun. In: DIE ZEIT, 02.12.2010.

Schöll, Raimund: Ihr Einfluss aufs Stimmungsbarometer. URL: http://www.atmosphaeriker.de/media/download/ Stimmungsbarometer.pdf (02.05.2011).

Schönburg, Alexander von: Die Kunst des stilvollen Verarmens. Berlin, 2006.

Schreiber, Matthias: Die Zehn Gebote – Eine Ethik für heute. München, 2010.

Schulte, Stefan: Awo Essen drückt Löhne mit Leiharbeit. In: Der Westen, 03.11.2010. URL: http://www.derwesten.de/ nachrichten/Awo-Essen-drueckt-Loehne-mit-Leiharbeit-id3902043.html (02.05.2011).

Seith, Anne: Bürowahnsinn kostet Unternehmen Milliarden. In: SPIEGEL ONLINE, 26.07.2007. URL: http://www.spiegel.de/ wirtschaft/0,1518,495292,00.html (02.05.2011).

Segert, Ralph: Kognitives Zappen und Multitasking. In: segert. net. URL: http://segert.net/weblog/kognitives-zappen-und-multitasking/ (02.05.2011).

Sprenger, Reinhard K.: Das autistische Unternehmen. In: manager magazin 12/2010.

Ströbele, Carolin: Moderne Sklavenhalter. In: ZEIT ONLINE, 21.09.2007. URL: http://www.zeit.de/online/2007/29/ interview-wallraff-callcenter (02.05.2011).

Toscani, Oliviero: Die Werbung ist ein lächelndes Aas. Frankfurt am Main, 2000.

Traufetter, Gerald: Allein über den Wolken. In: SPIEGEL ONLINE, 06.09.2010. URL: http://www.spiegel.de/spiegel/ print/d-73600129.html (02.05.2011).

Trautmann, Katlen: Karrierefalle Bachelor. In: manager magazin online, 28.04.2009. URL: http://www.manager-magazin.de/unternehmen/karriere/0,2828,621526,00.html (02.05.2011).

Väth, Markus: Ihr Büro, der Produktivitätskiller. In: mensch-chance.de. URL: http://mensch-chance.de/blog/ihr-buero-der-produktivitaetskiller (02.05.2011).

Väth, Markus: Mein Name ist Leitbild, Unternehmensleitbild. In:

mensch-chance.de. URL: http://mensch-chance.de/blog/mein-name-ist-leitbild-unternehmensleitbild (02.05.2011).

Väth, Markus: Ritalin – die kleine Pille für zwischendurch. In: mensch-chance.de. URL: http://mensch-chance.de/blog/ritalin-die-kleine-pille-fuer-zwischendurch (02.05.2011).

Weltgesundheitsorganisation (WHO) / Dilling, Horst et al. (Hrsg.): Internationale Klassifikation psychischer Störungen. ICD-10, Kapitel V (F). Klinisch-diagnostische Leitlinien. Bern, 2009.

Welt-in-Zahlen.de: Ländervergleich. URL: http://www.welt-in-zahlen.de/laendervergleich.phtml?indicator=68&rc=44 (02.05.2011).

Wikipedia:
– http://de.wikipedia.org/wiki/Wir_haben_abgetrieben! (02.05.2011).
– http://de.wikipedia.org/wiki/Arbeitnehmer%C3%Bcberlassung (02.05.2011).
– http://de.wikipedia.org/wiki/Beno%C3%AEt_Mandelbrot (02.05.2011).

YouTube: http://www.youtube.com/watch?v=CXFEBbPIEOI (02.05.2011).

Zentralverband der deutschen Wirtschaft: Medien verlieren 2 Milliarden Werbe-Euro netto: Werbemarkt sackt um 6%. In: zaw.de. URL: http://www.zaw.de/index.php?menuid=33 (02.05.2011).

Register